权威·前沿·原创

皮书系列为

“十二五”“十三五”“十四五”时期国家重点出版物出版专项规划项目

BLUE BOOK

智库成果出版与传播平台

中国促进国际法治蓝皮书

BLUE BOOK OF CHINA'S PRACTICE IN PROMOTING THE INTERNATIONAL RULE OF LAW

中国促进国际法治报告（2023）

ANNUAL REPORT ON CHINA'S PRACTICE IN PROMOTING THE INTERNATIONAL RULE OF LAW (2023)

主　编／肖永平　冯洁菡

社会科学文献出版社
SOCIAL SCIENCES ACADEMIC PRESS (CHINA)

图书在版编目（CIP）数据

中国促进国际法治报告. 2023 / 肖永平，冯洁菡主编. --北京：社会科学文献出版社，2024.3
（中国促进国际法治蓝皮书）
ISBN 978-7-5228-3239-5

Ⅰ. ①中… Ⅱ. ①肖… ②冯… Ⅲ. ①国际法-国家责任-研究报告-中国-2023 Ⅳ. ①D992

中国国家版本馆 CIP 数据核字（2024）第 027856 号

中国促进国际法治蓝皮书
中国促进国际法治报告（2023）

主　　编 / 肖永平　冯洁菡

出 版 人 / 冀祥德
责任编辑 / 高明秀
文稿编辑 / 李惠惠　孙玉铖　白　银
责任印制 / 王京美

出　　版 / 社会科学文献出版社 · 国别区域分社（010）59367078
　　　　　地址：北京市北三环中路甲 29 号院华龙大厦　邮编：100029
　　　　　网址：www. ssap. com. cn
发　　行 / 社会科学文献出版社（010）59367028
印　　装 / 天津千鹤文化传播有限公司

规　　格 / 开 本：787mm × 1092mm　1/16
　　　　　印 张：16. 5　字 数：246 千字
版　　次 / 2024 年 3 月第 1 版　2024 年 3 月第 1 次印刷
书　　号 / ISBN 978-7-5228-3239-5
定　　价 / 168. 00 元

读者服务电话：4008918866

主编和主要作者简介

主编简介

肖永平 博士，教育部长江学者特聘教授，（国家高端智库）武汉大学国际法治研究院院长，教育部重点研究基地武汉大学国际法研究所所长。兼任中国国际私法学会常务副会长、中国法学会常务理事、中国国际法学会副会长、中国法学会体育法研究会副会长、外交部国际法咨询委员会顾问、最高人民检察院咨询委员会委员、最高人民法院国际商事专家委员会委员、中国国际贸易促进委员会经贸摩擦法律顾问委员会副主任等职。先后被中国法学会授予“全国十大杰出中青年法学家”，被中宣部评为“文化名家”，被中组部、人社部评为“哲学社会科学领军人才”，被中组部、中宣部、人社部、科技部授予“全国杰出专业技术人才”称号。主要研究领域为国际私法、体育法和仲裁法。主要代表作有《法理学视野下的冲突法》（专著）、《国际私法原理》（专著）、《体育争端解决模式研究》（主编）、*Conflict of Laws in the People's Republic of China*（合著）、《肖永平论冲突法》（专著）等。

冯洁菡 武汉大学法学院、教育部重点研究基地武汉大学国际法研究所教授、博士生导师，（国家高端智库）武汉大学国际法治研究院副院长，中国法学会 WTO 法研究会常务理事。先后被湖北省法学会评为“湖北省十大优秀中青年法学家”，被中央统战部、各民主党派、工商联、无党派人士联合评为“为全面建成小康社会作贡献全国先进个人”。主要研究领域为国际法、国际知识产权法、海洋法、国际人道法和国际刑法。主要代表作有《公共健康危机与知识产权国际保护问题研究》（专著）、《国际法》（上下卷，译著）、*Current Situations and Trends of Disputes over Invalidation of Pharmaceutical Patent Rights in China* 等。

主要作者简介

郭玉军 法学博士，曾任教育部重点研究基地武汉大学国际法研究所教授，博士生导师。曾兼任中国国际私法学会副会长兼秘书长，中国法学会理事，中国国际法学会理事，国际法协会会员，国际比较法协会联系会员。主要研究领域为国际私法、艺术法、文化遗产保护法和文化产业法。主要著作有《国际贷款法》（专著）、《网络社会的国际法律问题研究》（主编）、《国际法与比较法视野下的文化遗产保护问题研究》（主编）、《一个法学家的世纪追梦——韩德培思想研究》（主编）。主要论文有《美国选择性争议解决方式（ADR）介评》《把握21世纪国际私法的发展趋势——评〈国际民商新秩序的理论建构〉》《论国际投资条约仲裁的正当性缺失及其矫正》《中国国际私法立法反思及其完善——以〈涉外民事关系法律适用法〉为中心》。

聂建强 法学博士，武汉大学法学院教授，博士生导师，教育部重点研究基地武汉大学国际法研究所副所长。主要研究领域为国际经济法学、知识产权法学。主要代表作有 *The Enforcement of Intellectual Property Rights in China*（专著）。

杨泽伟 法学博士，教育部长江学者奖励计划特聘教授，武汉大学法学院教授、博士生导师，教育部重点研究基地武汉大学国际法研究所副所长，兼任国家履行《禁止化学武器公约》专家委员会委员，教育部新世纪优秀人才，霍英东教育基金会高等院校青年教师基金奖获得者。主要研究领域为国际法基本理论、国际能源法和海洋法。主要代表作有《国际法析论》（第五版，独著)、《国际法史论》（第二版，独著)、《主权论——国际法上的主权问题及其发展趋势研究》（独著）和《中国能源安全法律保障研究》（独著）等，在《法学研究》、《中国法学》、《世界历史》、*Journal of East Asia & International Law*、*HongKong Law Journal* 等发表中英文学术论文数十篇。

乔雄兵 法学博士，武汉大学法学院、教育部重点研究基地武汉大学国际法研究所副教授，硕士生导师。主要研究领域为国际私法、国际民事诉讼法、国际商事仲裁法。主要代表作有《域外取证的国际合作研究——以〈海牙取证公约〉为视角》（专著)、《论转基因食品安全的国际法规制——以〈卡塔赫拉生物安全议定书〉为视角》（论文)、《外国法院判决承认与执行中的正当程序考量》（论文）等。

漆　彤 武汉大学法学院、教育部重点研究基地武汉大学国际法研究所教授、博士生导师，（国家高端智库）武汉大学国际法治研究院副院长。主要研究领域为国际投资法、国际贸易法和国际金融法。主要代表作有《跨国并购的法律规制》（专著)、《“一带一路”国际经贸法律问题研究》（专著)、《中国海外投资法律指南》（主编)、《国际贸易法新编》（主编）等。

陈海嵩 武汉大学环境法研究所教授、博士生导师，武汉大学法学院副院长。主要研究领域为环境法基础理论、比较环境法。主要代表作有《中国环境法治转型的规范阐释》（专著)、《解释论视角下的环境法研究》（专著)、《中国环境法典编纂的基本理论问题》（主编)、《环境治理视阈下的“环境国家”——比较法视角的分析》（论文）等。

摘　要

《中国促进国际法治报告（2023）》是教育部重点研究基地武汉大学国际法研究所和（国家高端智库）武汉大学国际法治研究院策划编撰的中国国际法年度实践专题研究报告。本书主要由总报告、国家实践篇和理论贡献篇三个部分共9篇报告组成，最后附有《2022年中国促进国际法治大事记》，综合分析和评价2022年中国在国际法治的各个重要领域所表明的理念、坚持的原则和立场，以及采取的具体行动，系统展示了中国对促进国际法治发展作出的重要贡献，有助于增强中国践行国际法治的透明度，有助于世界各国和社会各界客观认识和评价中国促进国际法治发展的事实。

总报告指出，2022年，新冠疫情跌宕反复，俄乌冲突硝烟弥漫，地缘政治博弈加剧，国际格局走向复合多元。国际法的总体发展态势呈现俄乌冲突冲击现行国际法原则、规则与机制，国际规则制定主导权争夺依然激烈，以及政治外交博弈的司法化日益突出等特点。作为负责任的发展中大国，中国始终旗帜鲜明地坚持多边主义与正确义利观，坚持统筹推进国内法治和涉外法治，维护以国际法为基础的国际秩序，在丰富与创新涉外立法与司法实践、通过外交促进国际法发展、推动国际治理体系变革以及发展中国国际法学理论方面成绩斐然。2023年，中国在建构自主国际法知识体系补齐我国涉外法治建设短板、运用国际法提高国际传播能力等方面多措并举深化国际法研究和运用，加快高素质涉外法治人才培养，为推动构建人类命运共同体贡献力量。

在涉外立法与司法实践的新发展方面，中国注重构建完整的法律体系，更加重视立法的精细化，持续优化营商环境，在民事诉讼法修订、仲裁司法审查案件报核、涉外民商事案件管辖、高质量共建“一带一路”、自由贸易试验区建设、国际商事法庭的建立与推进、陆上国际贸易规则创新、海事纠纷解决以及国际规则的遵守和参与制定等领域取得丰硕成果。在促进国际制度发展、推动国际治理变革领域，中国积极开展元首外交，以实际行动践行人类命运共同体理念，坚定维护以国际法为基础的国际秩序，坚定支持以联合国为核心的国际体系，主动参与国际法治建设和实践活动。在推动中国国际法话语体系发展方面，中国学者更加重视新时代国际法的理论创新，推出中国特色的国际法理论，进一步增强中国国际法学者在国际法发展中的话语权。

关键词： 国际法治　涉外法治　国内法治　国际治理　中国国际法理论

目　录

Ⅰ　总报告

Ⅱ　国家实践篇

Ⅲ 理论贡献篇

皮书数据库阅读**使用指南**

总 报 告

General Report

B.1

2022年中国促进国际法治：回顾与展望

肖永平　冯洁菡*

摘　要： 2022年，新冠疫情跌宕反复，俄乌冲突硝烟弥漫，地缘政治博弈加剧，国际格局走向复合多元。国际法的总体发展态势呈现俄乌冲突冲击现行国际法原则、规则与机制，国际规则制定主导权争夺依然激烈，政治外交博弈的司法化日益突出等特点。作为负责任的发展中大国，中国始终旗帜鲜明地坚持多边主义与正确义利观，坚持统筹推进国内法治和涉外法治，维护以国际法为基础的国际秩序，在丰富与创新涉外立法与司法实践、通过外交促进国际法发展、推动国际治理体系变革以及发展中国国际法学理论方面成绩斐然。2023年，中国在建构自主国际法知识体系补齐我国涉外法治建设短板、运用国际法提高国际传播能力等方面多

* 肖永平，教育部长江学者特聘教授，（国家高端智库）武汉大学国际法治研究院院长，教育部重点研究基地武汉大学国际法研究所所长，主要研究领域为国际私法、体育法和仲裁法；冯洁菡，武汉大学法学院、教育部重点研究基地武汉大学国际法研究所教授、博士生导师，（国家高端智库）武汉大学国际法治研究院副院长，主要研究领域为国际法、国际知识产权法、海洋法、国际人道法和国际刑法。

措并举深化国际法研究和运用，加快高素质涉外法治人才培养，为推动构建人类命运共同体贡献力量。

关键词： 国际法治　人类命运共同体　国际治理　“一带一路”　涉外法治体系

2022 年，新冠疫情跌宕反复，南北发展鸿沟扩大，百年变局加速演变，不确定性进一步加剧。俄乌冲突搅动欧亚大陆地缘安全格局，引发西方全面制裁，粮食安全、能源安全叠加卫生安全，全球性挑战愈加严峻。逆全球化态势持续，全球贸易投资减速，全球供应链本地化、短链化、意识形态化成为新趋势。世界进入新的动荡变革转型期，国际社会互信共识衰减，协商合作削弱，《联合国宪章》确立的战后多边国际秩序、理念、规则和机制面临多重挑战，政治外交的博弈越来越体现为秩序、规则与理念之争。①

回顾 2022 年，国际法的总体发展态势呈现以下特点。

第一，俄乌冲突冲击现行国际法原则、规则与机制。自 2022 年 2 月俄乌冲突爆发以来，各方对冲突性质、《联合国宪章》第 51 条自卫权的解释以及是否构成侵略各执一词，基于安理会否决权构建的集体安全制度遭遇挑战。联合国大会未经表决通过第 76/262 号关于否决权问题的决议，要求安理会常任理事国行使否决权后，联大自动召开正式会议，并由联合国成员讨论否决权的行使。② 该决议意在增强联大对安理会否决权的监督，且将“行使否决权”这一议题纳入第 77 届联大会议议程。这对以《联合国宪章》为核心的国际法体系将产生何种影响有待关注。禁止核武器、核裁军和防核扩

① 参见《当前国际法形势与我国外交条法工作——外交部条法司司长马新民在中国国际法学会 2023 年学术年会上的主旨报告》，“外交部条约法律司”人民号，2023 年 6 月 3 日，https：//rmh. pdnews. cn/Pc/ArtInfoApi/article? id=35991382。

② 参见联大第 76/262 号决议“在安全理事会发生投否决票情况时进行大会辩论的长期授权”，2022 年 4 月 26 日。

散相关国际法问题也成为讨论热点。此外，西方国家对俄罗斯及其实体和个人实施的经济、金融、能源等领域的单边或集体制裁以及俄罗斯的反制措施，涉及管辖权、国家主权豁免、反措施的合法性、世界贸易组织（WTO）安全例外条款、国际人权法、国家责任法等诸多国际法原则、规则与机制，在法律解释和法律适用方面还缺乏法律清晰度和确定性。

第二，国际规则制定主导权争夺依然激烈。尽管以《联合国宪章》和联合国体系为基石的国际和平与安全法律秩序遭遇严峻挑战，但相关领域国际规则制定方兴未艾。在海洋领域，国家管辖范围外海域生物多样性（BBNJ）养护和可持续利用问题国际协定的谈判持续推进，联合国国际法委员会“海平面上升对国际和平与安全的影响”议题受到高度关注。在生态环境领域，第五届联合国环境大会通过决议建立政府间谈判委员会，防治全球塑料污染国际法律文书谈判正式启动。在全球公共卫生治理领域，世界卫生组织（WHO）主导的“两步走”方案，即《国际卫生条例》的修订与“大流行病公约”的谈判同时进行。在人权领域，联大于2022年底通过决议，[①] 决定就《防止及惩治危害人类罪条款草案》以及是否制定“危害人类罪公约”问题进行讨论。此外，《联合国打击网络犯罪公约》、跨国公司与人权法律文书、私营军事和安保公司法律文书、国际海底“区域”矿产资源开发规章等国际立法进程均在有序推进。

第三，政治外交博弈的司法化日益突出。各国日益重视通过法律战实现政治外交诉求，国际司法机构作用日益突出。俄乌冲突爆发后不久，乌克兰向国际法院提起针对俄罗斯的关于《防止及惩治灭绝种族罪公约》的诉讼，并请求国际法院发布临时措施。[②] 国际法院以史无前例的效率发布了临时措施。未来，其对管辖权和使用武力合法性等实体国际法问题的论证有待观察。[③] 同

---

① 参见联大第77/249号决议“危害人类罪”，2022年12月30日。

② 参见“Allegations of Genocide under the Convention on the Prevention and Punishment of the Crime of Genocide（*Ukraine v. Russian Federation*：*32 States Intervening*）”，国际法院网站，https：//www. icj-cij. org/case/182，最后访问时间：2023年7月25日。

③ 参见《当前国际法形势和我国外交条法工作》，“中国国际法前沿”微信公众号，2022年5月31日。

时，国际刑事法院检察官办公室也对乌克兰情势主动启动调查。此外，国际司法机构咨询意见程序成为气候变化、海洋环境保护、人权保护等国际社会共同利益与相关国家维护自身权益的重要手段。2022 年底，联合国大会通过决议请求国际法院就巴以问题发表咨询意见，① 小岛屿国家联合提请联合国海洋法法庭就气候变化问题发表咨询意见，② 其中涉及的民族自决权、长期占领的法律地位及其后果、气候变化、海洋环境保护以及海平面上升的影响等国际法问题值得关注。

作为负责任的发展中大国，中国坚定维护以联合国为核心的国际体系、以国际法为基础的国际秩序、以《联合国宪章》宗旨和原则为基础的国际关系基本准则。中国始终旗帜鲜明地坚持正确义利观，坚持统筹推进国内法治和涉外法治，加强涉外领域立法，践行国际法治和多边主义，提出全球安全倡议，践行全球发展倡议，推动构建人类命运共同体。

一　中国涉外立法与司法实践的新发展

（一）涉外立法的新发展

2022 年，中国继续坚持统筹推进国内法治和涉外法治，加强重点领域、新兴领域、涉外领域立法。在涉外法治领域，坚持问题导向，统筹立改废释纂，发挥不同立法形式在完善中国特色社会主义法治体系中的作用，为国际法治贡献中国智慧和中国力量。

1. 立足经济发展，进一步改善营商环境

2022 年，我国制定《中华人民共和国期货和衍生品法》，填补期货和衍

① 参见联大第 77/247 号决议“以色列在包括东耶路撒冷在内巴勒斯坦被占领土侵害巴勒斯坦人民人权的行为”，2022 年 12 月 30 日。

② “Request for an Advisory Opinion Submitted by the Commission of Small Island States on Climate Change and International Law（Request for Advisory Opinion submitted to the Tribunal）”，https：//www. itlos. org/fileadmin/itlos/documents/cases/31/Request_ for_ Advisory_ Opinion_ COSIS_ 12. 12. 22. pdf，最后访问时间：2023 年 7 月 25 日。

生品市场法制建设的空白，明确法律的域外适用条件、跨境交易与监管协作的具体规定，统筹考虑期货和衍生品市场，支持实体经济借助期货市场实现新突破，防范化解金融风险，维护国家金融安全。先后修订《中华人民共和国对外贸易法》《中华人民共和国进出口商品检验法实施条例》《中华人民共和国海关行政处罚实施条例》《中华人民共和国海关稽查条例》，深化“放管服”改革，完善相关制度设计，助力企业经营发展。

2. 坚持多措并举，形成生态环保法律制度体系

先后通过《中华人民共和国黑土地保护法》和《中华人民共和国黄河保护法》，构建“1+N+4”法律制度体系，为人与自然和谐共生的美丽中国建设奠定坚实法律基础。修订《中华人民共和国野生动物保护法》和《中华人民共和国农产品质量安全法》，平衡野生动物保护与利用的关系，维护生态安全，严格管理野生动物的国际科学研究和迁徙保护合作，实现农产品质量安全全链条监管，增强法律之间的系统性、整体性及协调性。

3. 回应人民关切，补齐民生保障法律短板

2022 年 9 月 2 日，十三届全国人大常委会三十六次会议表决通过《中华人民共和国反电信网络诈骗法》，明确规定打击范围，严格规范国外主叫号码真实性，限制两类电信诈骗高风险人群出境，加强国际执法司法合作，回应了广大人民群众的关切。

4. 坚持对外开放，为行使缔约权提供清晰指引

2022 年 10 月 16 日，国务院发布《缔结条约管理办法》，对国务院及国务院有关部门缔结条约、协定和其他具有条约、协定性质的文件的权限、缔约名义、审核决定、提请全国人民代表大会决定批准或者加入条约，以及条约的登记、保存、公布及其在特别行政区的适用等问题作了明确详细的规定，为相关部门依法行使缔约权提供了清晰指引。

5. 坚守国家安全，主动谋划涉外法律斗争武器

2022 年 3 月 11 日，十三届全国人大五次会议分别通过《中华人民共和国香港特别行政区选举第十四届全国人民代表大会代表的办法》和《中华人民共和国澳门特别行政区选举第十四届全国人民代表大会代表的办法》，

明确要求港澳特别行政区全国人大代表参选人不得危害国家安全。2022 年 12 月 30 日，十三届全国人大常委会三十八次会议发布关于《中华人民共和国香港特别行政区维护国家安全法》第 14 条和第 47 条的解释，明确规定维护国家安全高于香港独立司法权之上的条件。

（二）涉外司法实践的新发展

2022 年，全国各级法院依法开展审判工作，认真统筹推进国内法治和涉外法治要求，坚定不移贯彻对外开放的基本国策，加快推进涉外审判体系和审判能力现代化，依法平等保护中外当事人合法权益。全年审结一审涉外民商事案件 9.5 万件、海事案件 7.6 万件。在民事诉讼法修订、仲裁司法审查案件报核、涉外民商事案件管辖、高质量共建“一带一路”、自由贸易试验区建设、国际商事法庭的建立与推进、陆上国际贸易规则创新、海事纠纷解决以及国际规则的遵守与参与制定等领域取得丰硕成果。审结涉港澳台案件 12.1 万件，办理涉港澳台司法协助互助案件 4.6 万件，审结涉侨案件 4.4 万件。在《关于为粤港澳大湾区建设提供司法服务和保障的意见》基础上出台《关于支持和保障全面深化前海深港现代服务业合作区改革开放的意见》，基本实现内地与港澳民商事司法协助全覆盖。制定司法惠台措施 36 条，平等保护台胞台企合法权益。通过接收港澳台学生实习参访、推动线上解决纠纷与举办海峡两岸暨香港澳门司法高层论坛等举措，推动海峡两岸暨港澳的互动交流。[①] 此外，外交部与香港特区政府签署《关于在香港特别行政区设立国际调解院筹备办公室的安排》，明确国际调解院筹备办公室落地香港特区的具体事宜。该办公室依据《关于建立国际调解院的联合声明》设立，将是对现有国际争端解决机构与方式的重要补充。

各地方法院在涉港澳台、涉外案件司法规则指引、审判及总结方面积极作为，硕果累累。2022 年 12 月 29 日，广东省高级人民法院发布《关于粤

① 《最高人民法院工作报告（全文）》，最高人民法院网站，2023 年 3 月 8 日，https://www.court.gov.cn/zixun-xiangqing-391381.html。

港澳大湾区内地人民法院审理涉港澳商事纠纷司法规则衔接的指引（一）》，细化了管辖、司法协助等相关程序性事宜。12月30日，粤港澳三地法律部门统一发布《粤港澳大湾区跨境争议调解示范规则》，供三地调解机构及调解员在制定详细调解规则时参照适用。广东省高级人民法院分别于6月24日与12月26日发布两批粤港澳大湾区跨境纠纷典型案例，涉及侵权责任纠纷、合同纠纷、跨境金融纠纷、婚姻家庭纠纷、公司纠纷的法律适用与司法协助等问题。9月13日，上海市高级人民法院发布《上海市高级人民法院涉外、涉港澳台商事审判白皮书（2017—2021）》《上海法院涉外、涉港澳台商事审判典型案例选（2010—2020）》，首次发布《上海涉外商事审判域外法查明白皮书（2015—2021）》及典型案例。其他地方法院亦发布了相关报告或白皮书。

2022年，中国法院涉外司法审判实践中的新动向包括但不限于：解决了外国网络公司与中国用户签署的格式条款中的管辖条款效力、股权激励计划相关纠纷的性质、国际足联的决定与外国仲裁裁决之关系、香港个人破产令是否得到认可与执行等前沿问题；对承认与执行外国判决中互惠的认定更具开放性；更加尊重国际条约、外国法律和支持当事人意思自治。但是，部分案件依然存在涉外性判断不当、争诉问题定性不准、法律选择不说理或说理有瑕疵等问题。

二　中国外交对国际制度的促进与发展

2022年，中国以联合国、二十国集团、亚太经合组织、上海合作组织和金砖国家组织等多边组织或机制，以及中国—阿拉伯国家峰会、博鳌亚洲论坛等平台或机制为舞台，积极开展元首外交，阐述中国对国际制度的主张，致力于持续推动构建人类命运共同体，提升国际制度的价值目标，践行真正的多边主义，揭示国际制度的核心理念，维护以联合国为核心的国际体系，维护以国际法为基础的国际秩序，强化国际制度的法治保障。2022年4月，中国首次提出全球安全倡议，倡导坚持共同、综合、合作、可持续的安全观，坚持尊重各国主权、领土完整，坚持遵守《联合国宪章》宗旨和原则，坚持重视各国合理安全关切，坚持通过对话协商以和平方式解决国家间的分歧和争端，坚持统筹维护传统领域和非传统领域安全，为推动全球安全治理体系改革、破解人类安全困境、推动构建人类命运共同体提供了重要理念指引。

中国通过共同发布宣言、声明和公报，引导国际制度发展方向。2022年6月，中国主持召开的全球发展高层对话会发布《全球发展高层对话会主席声明》，落实全球发展倡议。金砖国家领导人举行第十四次会晤，通过了《金砖国家领导人第十四次会晤北京宣言》，重申对多边主义的承诺，维护国际法，包括作为其不可或缺基石的《联合国宪章》宗旨和原则，维护联合国在国际体系中的核心作用，强调进一步推进金砖外围对话和“金砖+”合作。11月6日，《湿地公约》第十四届缔约方大会部级高级别会议在湖北武汉举行，会议正式通过《武汉宣言》，呼吁各方采取行动，遏制和扭转全球湿地退化引发的系统性风险。11月11日，在柬埔寨金边，中国与东南亚国家联盟发布《纪念〈南海各方行为宣言〉签署二十周年联合声明》，重申《南海各方行为宣言》是中国—东盟对话关系中具有里程碑意义的文件，体现了各方根据包括1982年《联合国海洋法公约》在内的国际法，促进地区和平与稳定、增进互信与信心的共同承诺。

2022年，中国积极参与条约谈判或申请加入多边条约，签署和批准条约，进一步稳固中外关系的法律基础、加强国际制度的法治内涵，打造稳定、可预期的全球治理制度体系。中国先后与新加坡、白俄罗斯、厄瓜多尔、韩国等国举行自贸协定、自贸协定升级或升级后续谈判。中国与新加坡、墨西哥等国先后签署电子商务、数字经济和绿色发展协定或谅解备忘录，发展数字贸易和绿色经济国际合作。2022年8月18日，中国加入《数字经济伙伴关系协定》（DEPA）工作组正式成立。

2022年，中国继续扎实推动共建“一带一路”高质量发展。截至2023年6月，中国已经同152个国家和32个国际组织签署200余份共建“一带一路”合作文件。中俄签署反垄断执法和竞争政策领域合作协定等15项合作文件，中柬签署《柬埔寨桔井湄公河大桥及接线公路项目优惠出口买方信贷协议》等18项合作文件。中国与乌干达、尼加拉瓜、塞浦路斯、所罗门群岛先后签署经济技术、教育和民航等领域双边合作协定或谅解备忘录。

2022年，中国正式批准《1930年强迫劳动公约》《1957年废除强迫劳动公约》《关于修改二〇〇二年六月七日在圣彼得堡（俄罗斯联邦）签署的〈上海合作组织成员国关于地区反恐怖机构的协定〉的议定书》《制止与国际民用航空有关的非法行为的公约》等四项多边条约，以及与肯尼亚、刚果、摩洛哥和厄瓜多尔关于刑事司法协助的双边条约，启动批准《枪支议定书》的国内法律程序。2022年对中国生效的条约包括《区域全面经济伙伴关系协定》（RCEP）、《中华人民共和国政府和新西兰政府关于升级〈中华人民共和国政府和新西兰政府自由贸易协定〉的议定书》、《关于为盲人、视力障碍者或其他印刷品阅读障碍者获得已出版作品提供便利的马拉喀什条约》和《工业品外观设计国际注册海牙协定》。

三　国际治理变革与国际法领域的中国贡献

（一）坚定支持以联合国为核心的国际体系

1. 支持联合国各项改革议程

中国始终维护和践行真正的多边主义，坚定支持联合国的工作，坚定维护以联合国为核心的国际体系、以国际法为基础的国际秩序、以《联合国宪章》宗旨和原则为基础的国际关系基本准则。中国赞成会员国在联合国借助“联合一致共策和平”机制进行讨论。中国认为，安理会在实际工作中不能采取行动的具体情形多种多样，联大通过否决权问题决议意味着建立了一种自动触发联大召开会议的机制，在实践中很可能引发程序上的困惑和混淆，目前难以确定这样的安排能否达到决议的预期目的。中国主张安理会改革要从根源性问题入手，以联大非正式全体会议的形式推动各国在政府间谈判轨道上就各种改革思路和方案进行深入探讨。

就实现联合国2030年可持续发展议程面临的严峻挑战，中国主张国际社会应加强团结合作，坚持共商共建共享原则，维护各国正当发展权利，尊重各国自主选择的发展道路，反对霸权主义、强权政治，将发展问题置于全球宏观政策框架的核心位置，深化政策协调和务实合作，拓展合作伙伴关系。中国支持联合国在全球发展合作中发挥统筹协调作用，积极参与全球发展合作，发起成立“中国—联合国和平与发展基金”“全球发展和南南合作基金”。为推动全球发展倡议走向具体化、机制化、务实化，中国于2022年1月发起成立“全球发展倡议之友小组”，重点就加强政策对话、分享良好实践、促进务实合作等内容开展工作。

2. 促进国际法的编纂与逐渐发展

2022年，中国继续支持联合国国际法委员会各项工作，积极参与一般国际法强制性规范（强行法）、与武装冲突有关的环境保护、国家官员的外国刑事管辖豁免、与国际法有关的海平面上升、国家责任方面的国家继承、一般法律原则、国家对国际不法行为的责任、《国际卫生条例》修订、“大流行病公约”、国家管辖范围外海域生物多样性养护和可持续利用问题国际协定、国际海底“区域”矿产资源开发规章、福岛核污染水处置等议题的讨论、磋商与谈判，阐述中国观点与主张。

3. 维护国际和平与安全

维护国际和平与安全是联合国的宗旨之一。中国积极参与联合国维持和平行动，主张联合国同区域和次区域组织应推进和平与安全领域合作，应尊重各国自主选择争端解决方式的权利，在追究国际违法行为责任时应维护国际法的完整性和统一性，尊重当事国司法主权，恪守国家同意、补充性管辖等重要原则，不能搞政治操弄和有罪推定。对于乌克兰危机，中国认为国际社会应共同支持冲突和平解决、共同防止核风险、共同改善人道主义局势、共同减缓危机外溢影响。

在传统安全领域，中国一贯积极支持国际常规武器军控进程，已启动联合国《枪支议定书》国内批准程序，认真落实联合国轻小武器《行动纲领》和《识别与追查非法轻小武器国际文书》，积极支持《特定常规武器公约》

各项工作，忠实履行《武器贸易条约》义务。中国积极维护全球核安全。2022 年 11 月，第 77 届联大一委表决通过中国提交的“在国际安全领域促进和平利用国际合作”决议草案，进一步促进防扩散出口管制与和平利用携手并进。中国坚定维护以《不扩散核武器条约》为基石的国际核裁军与核不扩散体系，提出坚持真正的多边主义、巩固国际防扩散体系、保障各国和平利用权利、深入推进全面审议进程等四点主张。在非传统安全领域，中国积极参与消除恐怖主义行动，开展打击腐败与毒品犯罪的国际合作。

4. 推动全球人权治理

中国始终秉持以人民为中心的人权理念，提前十年实现联合国 2030 年可持续发展议程的减贫目标。中国积极推动全球人权治理，积极参与磋商粮食安全、人口老龄化、乌克兰危机涉及的人道问题、性暴力和人口贩运、妇女儿童、全球与重点地区爆发的难民问题、叙利亚人道问题、保护青少年权益与预防青少年违法犯罪等各项人权议题，谴责单边制裁措施损害人权，反对借人权问题干涉中国内政，反对借人权问题对别国施压。

（二）积极推动“海空天网”领域全球治理

1. 海洋领域

中国维护现代海洋法体系，全面参与联合国及《联合国海洋法公约》框架下的海洋治理机制，积极支持国际海洋法法庭、国际海底管理局和大陆架界限委员会的工作，深入参与国家管辖范围外海域生物多样性养护和可持续利用问题国际协定谈判和国际海底“区域”矿产资源开发规章制定等重要议题磋商。中国积极促进全球渔业可持续发展，正积极研究加入《关于预防、制止和消除非法、未报告和未加管制捕捞的港口国措施协定》。中国与东盟各国共同发表《纪念〈南海各方行为宣言〉签署二十周年联合声明》，重申由直接有关的主权国家通过友好磋商和谈判，以和平方式解决领土和管辖权争议，将继续与东盟各国一道，积极管控海上分歧，努力深化涉海合作，稳步推进“南海行为准则”磋商，致力于把南海建设成和平、友谊、合作之海。

2. 空天领域

在航空领域，中国全面支持国际民航组织（ICAO）能力建设和作用发挥，积极参与ICAO第41届大会及各委员会的议题讨论和报告审议，并与有关国家就加强国际航空合作达成多项共识。2022年10月，中国批准《制止与国际民用航空有关的非法行为的公约》。在航天领域，中国积极推动外空安全治理进程，倡导防止外空武器化和军备竞赛。中国积极参与联合国"负责任外空行为准则"开放式工作组磋商，与其他共提国向联大提出"防止外空军备竞赛的进一步切实措施""不首先在外空部署武器"等决议草案，主张缔结全面的、非歧视性的、对各方构成平等约束的防止外空军备竞赛和防止外空武器化的国际法律文书。中国坚持以联大审议通过的"空间2030"议程为指导，积极参与联合国外空委员会法律小组委员会"让空间惠及所有各国：关于空间活动法律框架的指导文件"以及空间碎片减缓相关议题的讨论。

3. 网络领域

中国支持谈判制定《联合国打击网络犯罪公约》，主张维护联合国信息安全开放式工作组作为联合国唯一信息安全进程的地位，以《全球数据安全倡议》为基础，制定反映大多数国家意愿和利益的网络和数据安全全球规则。中国积极推动网络空间全球治理，2022年7月牵头成立世界互联网大会国际组织。2022年11月举行的世界互联网大会乌镇峰会发布《世界互联网发展报告2022》和《中国互联网发展报告2022》。分论坛"网络法治"聚焦构建数字时代的法治保障体系，发布《反电信网络诈骗倡议》。分论坛"网络空间国际规则：实践与探索"就构建数字规则体系、加强数字发展国际合作、构建网络空间国际治理新秩序等热点问题进行讨论，发布《"构建网络空间命运共同体"系列国际研讨会成果汇编》（中英文），阐释中国推动完善网络空间治理国际规则，构建网络空间命运共同体的理念主张。

（三）大力维护国际经贸格局

2022年，中国致力于推动高水平对外开放，加快构建新发展格局，为世界经济复苏和落实联合国 2030 年可持续发展目标贡献力量。中国高度重视 WTO 工作，积极参与 WTO 改革，号召各方共同维护以 WTO 为核心的多边贸易体制。中国始终支持最不发达国家融入多边贸易体制，坚持以自身发展惠及最不发达国家。2022 年 6 月，中国在 WTO 第 12 届部长级会议谈判关键阶段主动宣布不寻求享受豁免决定所提供的灵活性，就新冠疫苗知识产权豁免达成部长决定发挥了建设性作用。在中国的推动下，WTO 成员实质性结束《投资便利化协定》文本谈判，这是中国在 WTO 主动设置的首个谈判议题。2022 年 12 月，联合国大会通过了中国首倡并全程参与谈判的《联合国船舶司法出售国际效力公约》。

中国继续深化与世界知识产权组织（WIPO）等国际组织以及各国各地区知识产权机构的交流合作。中国全面推动区域经济伙伴关系发展，颁布《关于高质量实施〈区域全面经济伙伴关系协定〉的指导意见》，保障协定的全面充分实施。2022 年，中国积极推动“一带一路”国际经贸合作平台建设，积极推动与巴西、沙特阿拉伯在贸易和投资领域的合作。

四　中国国际法理论的探索与发展

（一）国际公法学

2022 年，中国国际公法学的理论探索与发展主要体现在以下四个方面。一是推动“一带一路”建设高质量发展成为研究的热点问题。主要研究成果聚焦“一带一路”的推进方略、法治驱动进路、法治化与全球化的关系以及法治“一带一路”的内涵与构建路径。二是中国与《联合国海洋法公约》四十年的互动成为研究新动向。中国国际法学术机构和国际法学者就此议题举行专门研讨，聚焦中国与《联合国海洋法公约》四十年的互动历程、中国海洋法实践、塑造国际海洋法律秩序的中国贡献以及中国面临的挑战，以更积极主动的方式参与全球海洋治理，推动海洋可持续发展。三是国际法的新发展仍是研究重点。中国国际法学界主要聚焦国际法基本理论、国际组织法、极地法、国际航空与空间法以及武装冲突与国际人道法等领域。四是国际法精品意识不断增强。

（二）国际私法学

2022 年，在中国国际私法学会等学术团体的组织和推动下，中国学者聚焦国际私法前沿理论和司法实践中的热点问题，在冲突法基本理论、中国法的域外适用、制裁与反制裁及阻断法、外国法院判决的承认与执行及《中华人民共和国仲裁法》的修订完善等领域提出了一些有较强理论和现实意义的观点。这些理论成果对推动我国涉外法治体系的完善起到了重要作用。有待加强研究的领域主要包括中国法域外适用体系的构建、单边经济制裁带来的各种国际私法问题、国际私法实践创新及自主知识体系构建等。

（三）国际经济法学

2022 年，中国国际经济法学界围绕法治“一带一路”建设、制裁与反制裁规制、WTO 改革、补贴规则、数字贸易治理、国际投资争端解决机制、新型经贸协定等热点问题进行了较为集中的研究，积极探索相关法律制度的完善与创新，研究成果具有回应性与发展性。展望未来，数字经济将迎来高潮，WTO 改革、国际投资争端解决等仍然是热点问题，新型国际经贸协定、投资协定等规则需要更深入研究，国内相关配套制度需要建立和完善。因此，如何密切结合国内外新形势，聚焦国际经济法体系内的新问题、新趋势、新发展，维护中资企业合法权益，提升中国在国际经贸规则中的制度性话语权，建设国际经济新秩序，是中国国际经济法学界未来努力的方向。

（四）国际环境法学

中国始终坚持绿色发展观，秉持人类命运共同体理念，与各国一道共谋全球生态文明建设之路，共同应对前所未有的挑战。2022 年，中国学者研究视野聚焦国际环境法基本理论、生物多样性、海洋环境治理、应对气候变化、国际核安全以及国际水法等领域，学者们丰硕的研究成果为国际环境法学领域添砖加瓦，但有些问题仍然需要深入研究。例如，在国际环境治理问题上，环境问题已然构成风险社会的一个重要维度，如何利用人类命运共同体理念拓展环境治理的新思路；中国倡导人与自然和谐共生，坚持同舟共济、权责共担，携手全世界共同推进生态环境治理，如何就共同呵护人类赖以生存的地球家园提供中国主张、中国方案、中国智慧、中国力量，彰显中国对全球环境治理和生态文明建设的大国担当；等等。

五　2023年发展趋势

党的二十大报告提出“统筹推进国内法治和涉外法治”，这是我们党在我国发展进入战略机遇和风险挑战并存、不确定难预料因素增多的时期，在来自外部的打压遏制随时可能升级的新形势下作出的战略部署。2023 年，中国国际法学研究需要认真学习贯彻党的二十大精神，进一步拓宽历史视野，树立世界眼光，准确把握国内国际形势，围绕涉外法治工作大局，多措并举深化国际法研究和运用，注重理论与实践、研究与运用相结合，推进制度创新、理论创新和话语创新。①

（一）建构中国自主国际法知识体系补齐我国涉外法治建设短板

推进全面依法治国，一方面要“全面依法”，也就是把依法治国作为一项系统工程，统筹考虑法治建设的内部要素与外部要素，统筹安排立法、执法、司法、守法等各个环节的任务，使依法治国基本方略得到全面有效的推进；另一方面要“依全面之法”，即要根据国内法与国际法统筹国内国际两个大局，一并处理国内事务和国际事务。在开启全面建设社会主义现代化国家的新阶段，国际法应该作为中国特色社会主义法律体系的有机组成部分，也就是把国际强行法和一般法律原则、对我国有效的国际条约和国际习惯以

① 肖永平：《大力加强涉外法治工作》，《人民日报》2022 年 12 月 10 日，第 10 版；《构建国际法人才自主培养体系》，《法治日报》2022 年 11 月 16 日，第 9 版。

及中国法中专门调整各类对外关系的法律法规一并纳入我国法治体系，加强协调、统筹建设。

要统筹推进国内法治和涉外法治，必须加速构建中国国际法自主知识体系。这种自主知识体系既要有理论吸引力、制度塑造力与实践公信力，又要有有利于国际法知识的整合与创新、国际法人才的培养和国际法理论的传播。国际法在中国历经一百多年的发展，中国人从学习国际法、研究国际法到运用国际法，构建了由国际条约法、国际组织法、国际人权法、国际海洋法、国际刑法、国际环境法、国际民事诉讼法、国际商事仲裁法、国际贸易法、国际投资法、国际金融法、国际知识产权法、国际税法等组成的比较完备的学科体系。如果只是将如此丰富的国际法知识作为一个二级学科建设，就难以进行深化研究，既不利于融合相关国际法知识、创新国际法理论，也不利于国际法人才的培养，更不用说构建中国自主的国际法知识体系。

因此，只有将国际法作为一个与国内法并行的体系，让法学侧重于研究国内法律规范和现象、国际法集中研究国际法律规范和现象，按照国际法法理与历史，加强国际公法、国际私法、国际经济法、国际商法、国际争端解决法、对外关系法、国际环境法、国际刑法等二级学科建设，才能为建构国际法自主知识体系创造必要的条件。

（二）运用国际法提高国际传播能力

党的二十大报告提出："统筹外部安全和内部安全、国土安全和国民安全、传统安全和非传统安全、自身安全和共同安全，统筹维护和塑造国家安全，夯实国家安全和社会稳定基层基础，完善参与全球安全治理机制，建设更高水平的平安中国，以新安全格局保障新发展格局。"①

国际法既是时代的产物，也是国家间政治、经济、军事、文化等综合力量对比的反映，还是世界各国在国际合作与冲突中折中妥协的结果。现代国际法不仅是维护国家主权、促进国际合作的工具，也是保障国家安全的武

① 《党的二十大报告辅导读本》，人民出版社，2022，第 47 页。

器。在实践中，我国坚持在巩固以联合国安理会为基础的集体安全框架基础上，加强国际互信与安全合作，反对采取不符合国际法的单边制裁，彰显我国尊重国际法、坚持国际法的鲜明立场。

不管是落实全球安全倡议，还是健全我国国家安全体系，都特别需要运用国际法提高国际传播能力。为此，应该加强以下几个方面的工作。

第一，总结中国法治创新实践，讲好中国法治故事的理论性话语。密切关注我国法治建设的新理论、新实践，及时总结我国法治建设，特别是为推进全过程人民民主、弘扬全人类共同价值、落实全球发展倡议、构建人类命运共同体、建设生态文明而取得的涉外法治建设的新经验、好做法，生产一批理论性话语，为讲好中国法治故事、提升中国法治国际影响力打下良好基础。

第二，辨析国际事件法理曲直，发出中国学者的时事性话语。围绕国内外重点热点事件中的法律问题，提高事实核查能力、法律分析能力和法理辨析能力，在国际媒体及时发声，传播中国观点、中国立场。

第三，熟悉国际组织规则程序，形成全球治理规则议定的规则性话语。充分利用联合国国际法委员会、国际贸易法委员会、海牙国际私法会议等国际组织，积极参与相关国际规则的制定；长期跟踪研究重要国际组织提出的新议题，提高“破题”能力；积极参加重要国际组织的学术与立法活动，深度研究相关课题，形成“设题”能力。通过生产和传播共同性话语，不断扩大我国规则性话语的国际影响力，提高我国法治话语生产与输出的反应速度和理论深度。

第四，加强国际学术网络建设，扩大“国际朋友圈”的沟通性话语。通过创办国际学术期刊、主办国际学术论坛、吸引更多知华友华海外优秀人才来华工作等方式，传播立体、全面、真实的中国形象，提高中国国际法理论与实践的国际可信度与说服力。

（三）创新机制，培育高水平涉外法治人才

习近平总书记指出：“全面推进依法治国，建设一支德才兼备的高素质

法治队伍至关重要。"① 加强涉外法治工作，需要加快培养一批政治素质高、通晓国际规则、具有国际眼光和国际视野的涉外法治人才。我国国际法学科承担着国际公法、国际私法、国际经济法等国际法规则的研究和教学工作，在培养涉外法治人才方面发挥着重要作用。为涉外法治工作提供更有力的人才保障，需要在尊重涉外法治人才培养规律和我国国际法学科教学研究实际的基础上，加快完善国际法学科体系，优化培养方案。一是坚持以构建人类命运共同体理念为指导，整合现有国际法学科，完善由国际公法、国际私法、国际经济法、国际商法、国际争端解决法、国际法史等组成的国际法学科体系。二是建设高水平师资队伍，创新涉外法治人才培养模式，建立以实践为导向的涉外法治人才培养机制，主动服务国家战略，服务重点领域、新兴领域、涉外领域立法，科学有序扩大人才培养规模，切实提高人才培养质量，满足我国对涉外法治人才的迫切需求。

① 《习近平著作选读》第一卷，人民出版社，2023，第307页。

国家实践篇

State Practice

B.2 2022年中国促进国际法治：国内制度

肖永平　李 珏*

摘 要： 2022年，中国继续坚持统筹推进国内法治和涉外法治，在国际经济贸易、国家安全、生态环保、条约缔结等领域不断促进国际法治。持续优化营商环境，填补期货和衍生品市场法制建设的空白，进一步深化“放管服”改革，助力中外企业经营发展。在生态环保领域构建“1+N+4”法律制度体系，保护野生动物，维持生态平衡。回应人民关切，以“小切口”立法形式精准打击跨国电信网络诈骗犯罪。坚持对外开放，为行使缔约权提供清晰指引，为国际关系法治贡献中国智慧。坚守国家安全，在涉港澳国家安全问题上，不断丰富法律斗争武器，为其他国家解决区际问题提供中国经验。

* 肖永平，教育部长江学者特聘教授，（国家高端智库）武汉大学国际法治研究院院长，教育部重点研究基地武汉大学国际法研究所所长，主要研究领域为国际私法、体育法和仲裁法；李珏，教育部重点研究基地武汉大学国际法研究所博士后，主要研究领域为国际私法和国际家庭法。

关键词： 期货和衍生品法　黑土地保护法　黄河保护法　反电信网络诈骗法　缔结条约管理办法

2022年，全国人民代表大会及其常务委员会召开1次大会和6次常务委员会会议，统筹推进国内法治和涉外法治，加强重点领域、新兴领域、涉外领域立法。在涉外法治领域，坚持问题导向，统筹立改废释纂，发挥不同立法形式在完善中国特色社会主义法治体系中的作用，为国际法治贡献中国智慧和中国力量。①

一　立足经济发展，进一步改善营商环境

2022年，我国制定《中华人民共和国期货和衍生品法》（以下简称《期货和衍生品法》），修订《中华人民共和国对外贸易法》、《中华人民共和国进出口商品检验法实施条例》、《中华人民共和国海关行政处罚实施条例》（以下简称《海关行政处罚实施条例》）、《中华人民共和国海关稽查条例》，填补了相关法律空白，完善了相关制度设计，为进一步改善营商环境、促进经济发展奠定了法律基础。

（一）填补期货和衍生品市场法制建设的空白

2022年4月20日，全国人民代表大会常务委员会通过《期货和衍生品法》，有效填补了资本市场法治建设的空白。该法作为我国金融行业六大立法的“最后一块拼图”，标志着我国期货和衍生品市场发展进入新的法治化轨道。② 在涉外法治领域，以专门立法形式完善涉外条款规定，补齐涉外法

① 《全国人大常委会2022年度立法工作计划》，中国人大网，2022年5月6日，http：//www.npc.gov.cn/npc/c30834/202205/40310d18f30042d98e004c7a1916c16f.shtml。

② 李海洋：《奋力打造市场化、法治化、国际化一流营商环境——回望2022：我国商事法治建设稳步前进》，《中国商报》2023年1月3日，第1版。

律制度短板，加快涉外法律体系建设。[①]《期货和衍生品法》共 13 章 155 条，包括总则、期货交易和衍生品交易、期货结算与交割、期货交易者、期货经营机构、期货交易场所、期货结算机构、期货服务机构、期货业协会、监督管理、跨境交易与监管协作、法律责任和附则。该法对涉外法治的贡献包括以下几点。

第一，明确法律的域外适用条件、跨境交易与监管协作的具体规定。为了提高我国期货市场国际竞争力和影响力，《期货和衍生品法》明确规定了域外适用条款，不仅在中华人民共和国境内的期货交易和衍生品交易适用本法，而且在中华人民共和国境外的期货交易和衍生品交易及相关活动，扰乱中华人民共和国境内市场秩序，损害境内交易者合法权益的，依照本法有关规定处理并追究法律责任（第 2 条第 2 款）。为了吸引更多境外投资者和外资机构来华投资，推动国内相关期货品种的国际化进程，该法第 11 章规定了期货的跨境交易与监管协作，包括国务院期货监督管理机构的职责（第 118 条）、对境外期货交易场所上市的期货合约的监管（第 119 条）、境内单位或个人从事境外期货交易的资质（第 120 条）、境外机构在境内从事期货业务的批准与监管等具体内容（第 122 条、第 123 条）。

第二，统筹考虑期货和衍生品市场。我国期货和衍生品市场发展程度不同，《期货和衍生品法》从实际出发，重点规范期货交易，兼顾衍生品交易。一方面，详细规定了期货交易应实行期货交易保证金制度、持仓限额制度、交易者实际控制关系报备管理制度，期货结算机构应实施结算参与人制度、信息安全管理制度、违规违约处理制度、流动性管理制度，对保护交易者、规范期货交易、约束期货结算机构和期货服务机构等市场主体具有重要作用。另一方面，将衍生品交易纳入法律调整范围，确立了单一主协议的交易方式及备案制度（第 32 条、第 33 条）、终止交易净额结算制度（第 35 条）、交易报告库等基础制度，同时授权国务院制定具体管理办法作为兜

---

① 《全国人大常委会 2022 年度立法工作计划》，中国人大网，2022 年 5 月 6 日，http://www.npc.gov.cn/npc/c30834/202205/40310d18f30042d98e004c7a1916c16f.shtml。

底，使衍生品市场交易实现有法可依。

第三，支持实体经济借助期货和衍生品市场实现新突破。国家鼓励利用期货和衍生品市场从事套期保值等风险管理活动，采取措施推动农产品期货和衍生品市场发展，引导国内农产品生产经营（第 4 条）。明确会计师事务所、律师事务所、资产评估机构、期货保证金存管机构、交割库、信息技术服务机构等为期货服务机构（第 98 条），进一步明确上述期货服务机构的业务范围，明确交割库的禁止行为（第 100 条）。系统规定普通交易者保护制度，强调期货业协会的职责，落实交易者适当性管理制度并加大惩罚力度（第 104 条）。通过落实期货服务机构的职责、加强交易者适当性管理，可以有效控制普通交易者从事期货交易的风险，吸引更多投资者参与期货和衍生品交易。

第四，防范化解金融风险，维护国家金融安全。《期货和衍生品法》将风险管理作为重中之重，维护期货市场稳定和国家金融安全。在风控制度方面，健全期货市场的风险识别、预防和处置制度体系，建立和完善风险的监测监控与化解处置制度（第 5 条），规定异常情况下期货交易所可以采取的紧急措施（第 87 条）。在交易者风险管理方面，规定期货交易实行持仓限额（第 23 条）、当日无负债结算（第 39 条）、强行平仓等风控制度（第 41 条）。在加强监督管理方面，通过加大对违法行为的惩罚力度（第 12 章），显著提高违法成本，降低金融风险，有效维护期货市场稳定和国家金融安全。

（二）深化“放管服”改革，助力企业经营发展

针对“放管服”改革需要，采取打包形式修改相关法律。把改革决策同立法更好地结合起来，通过授权决定、改革决定，保障各领域改革创新，确保国家发展、重大改革于法有据。

第一，取消对外贸易经营者备案登记，提高贸易自由化、便利化水平。2022 年 12 月 30 日，全国人民代表大会常务委员会通过《关于修改〈中华人民共和国对外贸易法〉的决定》，删除第 9 条关于“对外贸易经营者未按照规定办理备案登记的，海关不予办理进出口货物的报关验放手续”的规

定。从审批到备案，再到取消备案，不断简化管理流程，促进制度型开放，有利于提高外贸企业的办事效率和我国高水平对外开放水平。

第二，优化营商环境，复制推广营商环境创新试点改革举措。2022 年 10 月 31 日，国务院办公厅发布《关于复制推广营商环境创新试点改革举措的通知》。该通知提出 9 条 50 项决定推广的改革举措，包括进一步破除区域分割和地方保护等不合理限制，健全更加开放透明、规范高效的市场主体准入和退出机制，持续提升投资和建设便利度，更好支持市场主体创新发展，持续提升跨境贸易便利化水平，维护公平竞争秩序，进一步加强和创新监管，依法保护各类市场主体产权和合法权益，优化经常性涉企服务。

（三）宽严相济，完善海关行政处罚规则

第一，放宽进出口商品检验鉴定机构的业务范围。2022 年 3 月 29 日，国务院发布了修订的《中华人民共和国进出口商品检验法实施条例》。新修订的实施条例将原第 54 条改为第 53 条，在保留不得违反国家有关规定的前提下，取消进出口商品检验鉴定机构超出其业务范围的惩罚，删除其中的“超出其业务范围，或者”和“情节严重的，由海关总署吊销其检验鉴定资格证书”的规定；将原第 59 条改为第 58 条，明确检验机构的资质，将其中的“经许可”修改为“依法设立”；相应地删去原第 37 条，即“在中华人民共和国境内设立从事进出口商品检验鉴定业务的检验机构，应当依法办理工商登记，并符合有关法律、行政法规、规章规定的注册资本、技术能力等条件，经海关总署和有关主管部门审核批准，获得许可，方可接受委托办理进出口商品检验鉴定业务”。

第二，严格处理违法报关且情节严重的行为。2022 年 3 月 29 日，国务院发布修订的《海关行政处罚实施条例》和《中华人民共和国海关稽查条例》，严格要求相关责任主体进行登记，“未经海关备案从事报关活动的，责令改正”，但不再取缔“未经海关注册登记和未取得报关从业资格从事报关业务”的行为（第 30 条）。对于报关企业和保管人员情节严重的违法行为，《海关行政处罚实施条例》直接“禁止其从事报关活动”，代替以前

“取消其报关从业资格”的规定（第28条）。《中华人民共和国海关稽查条例》对被稽查人情节严重的违法行为，同样直接“禁止其从事报关活动”，代替以前“撤销其报关注册登记”的规定（第31条第2款）。但对于报关人员的违法行为，《海关行政处罚实施条例》将原条文中的“撤销其报关注册登记、取消其报关从业资格”惩罚措施修改为“撤销其注册登记”“禁止其从事报关活动”（第11、27、31条）。

二 坚持多措并举，形成生态环保法律制度体系

在生态环保领域，坚持多措并举，先后通过《中华人民共和国黑土地保护法》和《中华人民共和国黄河保护法》，构建“1+N+4”法律制度体系；修订《中华人民共和国野生动物保护法》和《中华人民共和国农产品质量安全法》，对野生动物和农产品的进出口均实行严格管理，维持生态平衡和人民健康。

（一）构建“1+N+4”生态环保法律制度体系

经过不懈努力，生态环保领域形成了由1部基础性、综合性的环境保护法，若干部涉及大气、水、固体废物、土壤、噪声、海洋、湿地、草原、森林、沙漠等专门法律，长江、黄河、黑土地及审议中的青藏高原生态保护法草案等4部特殊区域法律组成的“1+N+4”法律制度体系，为人与自然和谐共生的美丽中国建设奠定坚实的法律基础。①

2022年，全国人民代表大会常务委员会先后通过《中华人民共和国黑土地保护法》和《中华人民共和国黄河保护法》，以法治方式促进环境保护，建设美丽中国，提高我国地标性自然环境的国际知名度与影响力。《中华人民共和国黑土地保护法》为保护和利用黑土地资源、维护生态系统平衡、保障国

① 《（两会受权发布）全国人民代表大会常务委员会工作报告（摘要）》，新华网，2023年3月8日，http：//www. news. cn/politics/2023lh/2023-03/08/c_ 1129420067. htm。

家粮食安全提供坚实保障。《中华人民共和国黄河保护法》对加强黄河流域生态环境保护，推进水资源节约集约利用，推动高质量发展，实现人与自然和谐共生具有重大意义。值得注意的是，这两部法律高度重视开放与合作，支持开展黑土地保护国际合作与交流（第 11 条第 4 款），加强黄河文化宣传，促进黄河文化国际传播，鼓励、支持举办黄河文化交流、合作等活动，提高黄河文化影响力（第 99 条第 2 款）。

（二）保护野生动物，维持生态平衡

为了拯救珍贵、濒危野生动物，维护生物多样性和生态平衡，为野生动物保护提供法治保障，2022 年 12 月 30 日，《中华人民共和国野生动物保护法》已由全国人民代表大会常务委员会修订通过，主要做了以下调整。

第一，平衡野生动物保护与利用的关系。明确界定“国家重点保护野生动物”是“有重要生态、科学、社会价值的陆生野生动物和地方重点保护野生动物”，规定出售、利用上述野生动物及其制品的，应当提供狩猎、人工繁育、进出口等合法来源证明（第 28 条）。

第二，加强海关检疫，维护生态安全。严格要求海关把好进出口野生动物的关卡，凭允许进出口证明书办理进出境检疫，并依法办理其他海关手续（第 37 条）。同时明确地方政府维护生态安全的职责，发现来自境外的野生动物对生态系统造成危害的，县级以上人民政府野生动物保护等有关部门应当采取相应的安全控制措施（第 40 条第 3 款）。

第三，严格管理野生动物的国际科学研究和迁徙保护合作。我国科研机构、高等学校、企业及研究人员应当依法取得批准后开展国际科学研究合作。所有实质性合作研究，应当按照规定提出国家共享惠益方案，遵守我国法律、行政法规的规定。否则，禁止向境外机构或者人员提供我国特有的野生动物遗传资源（第 38 条）。违反该规定的，由县级以上人民政府野生动物保护主管部门没收野生动物及其制品和违法所得，并处野生动物及其制品价值或者违法所得一倍以上五倍以下罚款；构成犯罪的，依法追究刑事责任（第 57 条）。针对有迁徙习惯的野生动物，我国除组织开展野生动物保护及

相关执法活动的国际合作与交流之外，还要加强与毗邻国家的协作，保护野生动物迁徙通道（第 39 条）。2022 年 10 月 30 日，全国人民代表大会常务委员会修订的《中华人民共和国畜牧法》明确规定“国务院农业农村主管部门”取代此前的“畜牧兽医行政主管部门”，具体负责境外引进畜禽遗传资源，向境外输出或者在境内与境外机构、个人合作研究利用列入保护名录的畜禽遗传资源的批准。

（三）实现农产品质量安全全链条监管

2022 年 9 月 2 日，全国人民代表大会常务委员会通过了新修订的《中华人民共和国农产品质量安全法》，其从生产环节到加工、消费环节，做好与食品安全法的衔接，实现农产品从田间地头到百姓餐桌的全过程监管。该法指出，国家建立健全农产品质量安全风险监测制度、农产品质量安全风险评估制度、农产品产地监测制度，保证流入市场的农产品符合我国农产品质量安全标准。此前出台的《中华人民共和国进出口食品安全管理办法》明确要求，“进出口食品生产经营者应当依照中国缔结或者参加的国际条约、协定，中国法律法规和食品安全国家标准从事进出口食品生产经营活动”（第 4 条第 2 款），如果“进口尚无食品安全国家标准的食品，应当符合国务院卫生行政部门公布的暂予适用的相关标准要求”（第 9 条第 2 款）。为避免法律法规相互矛盾，新修订的《中华人民共和国农产品质量安全法》从质量安全检验标准出发，删除了修订前的第 42 条“进口的农产品必须按照国家规定的农产品质量安全标准进行检验；尚未制定有关农产品质量安全标准的，应当依法及时制定，未制定之前，可以参照国家有关部门指定的国外有关标准进行检验”，避免与《中华人民共和国进出口食品安全管理办法》对食品生产经营者的要求产生冲突，增强法律之间的系统性、整体性、协调性。

三　回应人民关切，补齐民生保障的法律短板

近年来，跨国电信网络诈骗案件数量不断攀升，严重侵犯了人民群众的

财产权益。但我国现有法律较为分散、针对性不强、层级不高，迫切需要一部立法，全面、综合、快速、精准打击此类犯罪。2022 年 9 月 2 日，全国人民代表大会常务委员会通过《中华人民共和国反电信网络诈骗法》，该法的出台回应了广大人民群众的关切。

第一，明确规定打击范围。一是在中华人民共和国境内实施的电信网络诈骗活动，二是中华人民共和国公民在境外实施的电信网络诈骗活动，三是境外的组织、个人针对中华人民共和国境内实施电信网络诈骗活动的，或者为他人针对境内实施电信网络诈骗活动提供产品、服务等帮助的（第 3 条）。

第二，严格规范国外主叫号码真实性。电信业务经营者应当严格规范国际通信业务出入口局主叫号码传送，真实、准确向用户提示来电号码所属国家或者地区，对网内和网间虚假主叫、不规范主叫进行识别、拦截（第 13 条）。这种严格规范的限制性措施使普通群众在享受电信或其他金融服务时，能够保持更加理性、警惕的态度。

第三，限制两类电信诈骗高风险人群出境。一是前往电信网络诈骗活动严重地区的人员，出境活动存在重大涉电信网络诈骗活动嫌疑的，二是因从事电信网络诈骗活动受过刑事处罚的人员（第 36 条）。前者由移民管理机构直接决定不准出境，后者由设区的市级以上公安机关根据犯罪情况和预防再犯罪的需要，决定自处罚完毕之日起六个月至三年以内不准出境，并通知移民管理机构执行。

第四，加强国际执法司法合作。国务院公安部门等会同外交部门加强国际执法司法合作，与有关国家、地区、国际组织建立有效合作机制，通过开展国际警务合作等方式，提升在信息交流、调查取证、侦查抓捕、追赃挽损等方面的合作水平，有效打击遏制跨境电信网络诈骗活动（第 37 条）。

四　坚持对外开放，为行使缔约权提供清晰指引

2022 年 10 月 16 日，国务院发布《缔结条约管理办法》。这是贯彻落实党的二十大精神、加强涉外领域立法的重要举措，也是我国开展国际合作、

参与全球治理的重要手段。缔结条约是立法行为，同时涉及缔约权的分配和行使问题，需要根据国内法与国际法统筹国内国际两个大局，一并解决国内事务和国际事务。《缔结条约管理办法》对国务院及国务院有关部门缔结条约、协定和其他具有条约、协定性质的文件的权限、缔约名义、审核决定、提请全国人民代表大会决定批准或者加入条约，以及条约的登记、保存、公布及其在特别行政区的适用等问题作了明确详细的规定，为相关部门依法行使缔约权提供了清晰指引。①

第一，建立清晰的缔约权行使制度。明确规定外交部和国务院有关部门的工作范围。总体而言，外交部负责指导、督促国务院有关部门依照法定程序办理缔结条约工作，国务院有关部门在各自职权范围内负责办理缔结条约的相关工作（第 3 条）。司法部负责审查报请国务院审核并建议提请全国人民代表大会常务委员会批准或者加入，或者报请国务院核准、决定加入或者接受的条约，并提出法律意见（第 24 条）。清晰的权责分配，为提高我国缔约效率、确保条约质量提供了制度保障。

第二，坚持党中央的集中统一领导制度。明确规定地方各级政府无权缔结条约，除非中华人民共和国宪法、法律和国务院另有授权（第 4 条），同时规定：条约内容涉及政治、外交、经济、社会、安全等领域重大国家利益的，应当将条约草案及条约草案涉及的重大问题按照有关规定报告党中央（第 8 条）。该法通过党中央集中领导和重大问题报告制度，有效防范了国际法律风险。

第三，规定明确的时限制度。《缔结条约管理办法》对启动条约谈判，签署条约，出具全权证书，报请国务院审核，报国务院备案，送外交部登记、保存，通知外交部办理制作、交存或者交换批准书、核准书，通知特别行政区政府等行为均规定了明确的时限。例如，以中华人民共和国名义或者中华人民共和国政府名义谈判条约的，应在启动谈判前不少于 20 个工作日

① 吴琼：《〈缔结条约管理办法〉提升缔约管理法治化水平——访武汉大学国际法治研究院院长、教授肖永平》，《法治日报》2022 年 11 月 28 日，第 5 版。

报请国务院决定（第 9 条）；以中华人民共和国名义或者中华人民共和国政府名义签署条约的，应在签署前不少于 10 个工作日报请国务院决定（第 12 条）；等等。

第四，构建规范的征询特别行政区政府意见制度。需要征询特别行政区政府意见的条约包括两类。一是涉及外交、国防事务的条约，或者根据条约性质、规定应当适用于中华人民共和国全部领土的条约，应通过外交部通知特别行政区政府条约将适用于特别行政区（第 27 条）。二是其他多边条约，应通过外交部分别征询香港特别行政区政府、澳门特别行政区政府意见，具体由国务院有关部门会同外交部和国务院港澳事务机构办理；如果多边条约缔约方不限于主权国家，且根据《中华人民共和国香港特别行政区基本法》与《中华人民共和国澳门特别行政区基本法》，香港特别行政区和澳门特别行政区有权单独签订的，可以不征询特别行政区政府的意见（第 25 条）。这一制度是“一国两制”的完善和发展，为依法治港治澳提供了明确的制度安排。

五　坚守国家安全，不断丰富法律斗争武器

继续高度重视国家安全，在重大政治原则和大是大非问题上立场坚定，不断丰富法律斗争武器，防止外国干涉我国内政，维护国家安全，具体体现在以下两个方面。

第一，明确要求港澳特别行政区全国人民代表大会代表参选人不得危害国家安全。2022 年 3 月 11 日，第十三届全国人民代表大会第五次会议通过《中华人民共和国香港特别行政区选举第十四届全国人民代表大会代表的办法》和《中华人民共和国澳门特别行政区选举第十四届全国人民代表大会代表的办法》。这两部办法一致规定，任何人因危害国家安全被法院判决有罪的，即丧失参加全国人民代表大会代表选举的资格（第 11 条第 4 款）。

第二，明确规定国家安全高于香港独立司法权之上的条件。2022 年 12 月 30 日，全国人民代表大会常务委员会通过《关于〈中华人民共和国香港特别行政区维护国家安全法〉第十四条和第四十七条的解释》。该解释规定

国家安全不受香港司法权约束的条件如下。(1) 香港特别行政区维护国家安全委员会承担香港特别行政区维护国家安全的法定职责，有权对是否涉及国家安全问题作出判断和决定，工作信息不予公开。该决定不受司法复核，具有可执行的法律效力。(2) 香港特别行政区法院在审理危害国家安全犯罪案件中遇有涉及有关行为是否涉及国家安全或者有关证据材料是否涉及国家秘密的认定问题，应当向行政长官提出并取得行政长官就该等问题发出的证明书，上述证明书对法院有约束力。(3) 不具有香港特别行政区全面执业资格的海外律师担任危害国家安全犯罪案件的辩护人或者诉讼代理人可能引发国家安全风险。此类代理应当取得行政长官发出的证明书，若未取得，应由香港特别行政区维护国家安全委员会对该等情况和问题作出相关判断和决定。

六 总结与发展趋势

2022 年是新时代新征程中具有重要意义的一年。这一年，我国继续坚持统筹疫情防控与社会经济发展工作基调，北京成功举办第 24 届冬季奥林匹克运动会，中国共产党胜利召开第二十次全国代表大会，中国继续坚持统筹国内法治与涉外法治，坚定维护以联合国为核心的国际体系、以国际法为基础的国际秩序、以《联合国宪章》宗旨和原则为基础的国际关系基本准则。总结中国在 2022 年涉外法治方面的发展，其重点和特点如下。

一是注重构建完整的法律体系。如在生态环保领域，颁布实施《中华人民共和国黑土地保护法》和《中华人民共和国黄河保护法》，构建“1+N+4”法律制度体系，助力人与自然和谐共生的美丽中国建设，为完善国际环境保护法和生态法治提供中国经验。

二是更加注重立法的精细化。以《缔结条约管理办法》为例，缔结条约是立法行为，同时涉及缔约权的分配和行使问题，需要根据国内法与国际法统筹国内国际两个大局，一并解决国内事务和国际事务，《缔结条约管理办法》坚持科学立法、依法立法，对国务院和国务院有关部门参与缔结条约的职能、权限、程序、责任作了严格规定，为相关部门在缔结条约时依法行政提供了基本遵循；根据条约、协定和其他具有条约、协定性质的文件三种不同类型，分别对它们的缔约主体、报请国务院决定的内容、时限，以及条约的批准、核准、备案、保存、公布等作了详细规定，为提高我国缔约效率、确保条约质量提供了制度保障；对国务院的审核义务、国务院有关部门的审查责任、司法部的审查职责和向党中央报告的条件作了明确规定，为多主体、全过程统筹国内法治与涉外法治创造了条件；坚持中央全面管治权和保障特别行政区高度自治权相统一，对缔结条约时征询特别行政区政府意见的主体、条件、方式、事项、时限，以及条约扩展适用于特别行政区时的声明等作了具体规定，为依法治港治澳提供了明确的制度安排。

三是持续优化营商环境。以颁布实施《期货和衍生品法》为标志，我国期货和衍生品市场发展进入新的法治化轨道。以修订《中华人民共和国对外贸易法》与国务院和最高法院颁布一揽子规定为标志，打出支持中小微企业发展的“组合拳”，深化“放管服”改革，复制推广营商环境创新试点改革举措，为推动国际经济贸易法治化发展提供中国方案。

四是注重“小快灵”，从“小切口”入手，解决司法实践中面临的现实问题。以《中华人民共和国反电信网络诈骗法》为例，由于电信网络诈骗涉及金融、通信、互联网、个人信息保护等领域，该法在综合治理、源头治理、全链条治理上下功夫，作出系统的制度安排，为有效遏制跨国电信网络诈骗提供专门的法律制度。

2023年，我国根据中国共产党的二十大报告对全面依法治国作出战略部署，在重点领域、新兴领域、涉外领域加强立法，不断提高涉外工作法治化水平，为推进国际法治作出更大贡献，主要工作重点如下。

第一，加快完善涉外法律体系。习近平总书记指出：“人民群众对立法的期盼，已经不是有没有，而是好不好、管用不管用、能不能解决实际问题。”① 新时代，推进高水平对外开放对涉外法律体系建设提出新的更高要求，涉外法律体系在推进中国式现代化和社会主义法治建设中的分量更加

① 《习近平关于全面依法治国论述摘编》，中央文献出版社，2015，第43页。

突出、作用更加重要。但我国涉外法律体系还存在一些薄弱环节，一些领域涉外法律法规建设相对滞后。2023 年，为了增强我国涉外法律体系的系统性、整体性、协同性、时效性，实现国内法治和涉外法治相衔接、相协调，形成保障和服务高水平对外开放的法治合力，《中华人民共和国对外关系法》《中华人民共和国外国国家豁免法》等重要法律有望走完所有立法程序。

第二，着力提升涉外法律斗争能力。习近平总书记指出："在对外斗争中，我们要拿起法律武器，占领法治制高点，敢于向破坏者、搅局者说不。"① 当前，我国发展进入战略机遇和风险挑战并存、不确定难预料因素增多的时期，各种"黑天鹅""灰犀牛"事件随时可能发生，来自外部的打压遏制随时可能升级。国际上，某些西方国家为了维护霸权、打压竞争对手，滥用单边制裁和"长臂管辖"，将本国国内法律强制实施于域外非本国人员或实体，不仅扰乱正常的国际商业交易和国际贸易秩序，破坏全球贸易正常运行，而且侵蚀以联合国为核心的国际体系、以国际法为基础的国际秩序。我国将积极参与国际规则制定，推动依法处理涉外经济、社会事务，增强我国在国际法律事务中的话语权和影响力。丰富和完善涉外法律斗争的内容和形式，运用法治思维和法治方式反制打压遏制，健全反制裁、反干涉、反"长臂管辖"机制，提升涉外执法司法效能，不断完善防范化解外部风险挑战的法律"工具箱"。

第三，不断强化海外利益法治保障。随着对外开放水平的不断提高，中国与世界的联系越来越广泛和密切，越来越多的中国公民迈出国门、越来越多的中国企业走向世界，中国的海外利益不断拓展。同时，逆全球化思潮抬头，单边主义、保护主义明显上升，世界经济复苏乏力，俄乌冲突不断升级，世界进入新的动荡变革期，我国海外利益的保障面临诸多风险挑战。我国将把依法有效维护海外利益作为加强涉外法治工作的重要任务，加快我国法域外适用的法律体系建设，从实体和程序两个方面完善我国法域外适用的

① 《习近平法治思想学习纲要》，人民出版社、学习出版社，2021，第 120 页。

立法，增强与拓展我国法域外适用的能力和范围，为我国海外利益提供更强的法律保护；加快完善领事保护、投资保护、知识产权保护机制，努力做到中国公民和企业走到哪里，涉外法律服务就跟进到哪里。我国民事诉讼法涉外编的修订、“商事调解法”的制定，将得到立法机关的高度重视，参加、批准有关国际条约也会提上议事日程。

B.3

2022年中国促进国际法治：国内实践

郭玉军　韦艳茹*

摘　要： 2022年中国涉外案件的数量、丰富度及复杂性较上年均有一定提升。本报告从2022年中国各级人民法院作出的裁判文书中选取31件，从涉外民事诉讼的管辖权、法律适用、外国（区际）判决的承认（认可）与执行和涉外仲裁司法监督切入，以求以小见大，窥探全局。概而言之，中国各级人民法院2022年涉外司法审判实践中的新动向包括但不限于：解决了外国网络公司与中国用户签署的格式条款中的管辖条款效力、股权激励计划相关纠纷的性质、国际足联的决定与外国仲裁裁决之关系、香港个人破产令的认可与执行等前沿问题；对承认与执行外国判决上互惠的认定更具开放性；更为尊重国际条约、外国法律以及支持当事人意思自治。但是，部分案件依然存在涉外性判断不当、争诉问题定性不准、法律选择不说理或说理有瑕疵等问题。未来，中国各级人民法院应进一步着力加强司法能力建设，继续坚持司法支持仲裁的理念，坚持公正司法，提升涉外司法审判质量，保护中外当事人合法权益。

关键词： 管辖权　法律适用法　外国判决承认与执行　仲裁司法监督

---

* 郭玉军，法学博士，曾任武汉大学法学院、教育部重点研究基地武汉大学国际法研究所教授、博士生导师，主要研究领域为国际私法、艺术法、文化遗产保护法和文化产业法；韦艳茹，教育部重点研究基地武汉大学国际法研究所博士研究生，主要研究领域为国际私法。

2022 年，中国各级人民法院依法开展审判工作，认真统筹推进国内法治和涉外法治，坚定不移地贯彻对外开放的基本国策，加快推进涉外审判体系和审判能力现代化，依法平等保护中外当事人合法权益。全年审结一审涉外民商事案件 9.5 万件、海事案件 7.6 万件。在民事诉讼法修订①、仲裁司法审查案件报核②、涉外民商事案件管辖③、高质量共建“一带一路”④、自由贸易试验区建设⑤、国际商事法庭的建立与推进、陆上国际贸易规则创新、海事纠纷解决⑥以及国际规则的遵守与参与制定上取得了丰硕成果。审结

① 2022 年 12 月 27 日，最高人民法院院长周强就《中华人民共和国民事诉讼法（修正草案）》向全国人大常委会作说明，此次修订将主要涉及涉外民商事案件的管辖规则、妥善协调国际民商事诉讼管辖权冲突、丰富涉外送达手段、增设域外调查取证条款、完善承认与执行外国法院判决的制度规则等涉外编内容与部分非涉外编内容。参见《周强就民事诉讼法修正草案向全国人大常委会作说明》，最高人民法院网站，2022 年 12 月 27 日，https：//www. court. gov. cn/zixun-xiangqing-384341. html。

② 2022 年 1 月 1 日起，《最高人民法院关于修改〈最高人民法院关于仲裁司法审查案件报核问题的有关规定〉的决定》正式施行。参见《最高人民法院关于仲裁司法审查案件报核问题的有关规定》，最高人民法院网站，2021 年 12 月 25 日，https：//www. court. gov. cn/zixun-xiangqing-338601. html。

③ 2022 年 11 月 15 日，最高人民法院发布了《关于涉外民商事案件管辖若干问题的规定》，自 2023 年 1 月 1 日起施行。该规定对级别管辖问题进行了明确，肯定了各地中级人民法院与基层人民法院对于涉外民商事争议具有普遍的管辖权，将中级人民法院分为两类，分别划定管辖的金额标准。该规定是对新时代涉外民商事案件数量不断增加、当事人对提升案件效率的需求与日俱增问题的妥善应对，进一步体现了管辖权下沉的总体理念。参见《最高人民法院发布〈关于涉外民商事案件管辖若干问题的规定〉》，最高人民法院网站，2022 年 11 月 15 日，https：//www. court. gov. cn/zixun-xiangqing-379181. html。

④ 2022 年 2 月 28 日，最高人民法院发布《第三批涉“一带一路”建设典型案例》。这十个案例具有较强的示范作用；充分发挥了国际商事法庭一审终审优势，促进了国际商事纠纷的高效化解；加强了国际司法协助与合作，便利了外国判决与仲裁裁决的执行。参见《最高法发布第三批涉“一带一路”建设典型案例》，最高人民法院网站，2022 年 2 月 28 日，https：//www. court. gov. cn/zixun-xiangqing-347711. html。

⑤ 2022 年 2 月 28 日，最高人民法院发布了《人民法院服务保障自由贸易试验区建设典型案例》，涉及对外国投资者的利益保护、多元化商事纠纷解决机制的运用、促进新兴产业发展、恪守国际条约等多个促进涉外法治的案例，体现了人民法院在保障我国自由贸易实验区与片区上的丰硕成果。参见《人民法院服务保障自由贸易试验区建设典型案例》，最高人民法院网站，2022 年 2 月 28 日，https：//www. court. gov. cn/zixun-xiangqing-347701. html。

⑥ 2022 年 1 月 24 日，最高人民法院于 2021 年 12 月 31 日发布的《全国法院涉外商事海事审判工作座谈会会议纪要》正式实施。对于涉外商事、涉外海事以及仲裁司法审查问题共发布了 111 条规则明确相关事项，进一步统一法律适用的标准，提高和增强了司法透明度及可预期性。

涉港澳台案件12.1万件，办理涉港澳台司法协助互助案件4.6万件，审结涉侨案件4.4万件。出台粤港澳大湾区及前海、横琴合作区建设意见,[①] 并已基本实现内地与港澳民商事司法协助全覆盖[②]。此外，制定司法惠台措施36条，平等保护台胞台企合法权益。采取的接收港澳台学生实习参访、推动线上解决纠纷与举办海峡两岸暨香港澳门司法高层论坛等举措取得了良好成效，便利了海峡两岸暨港澳的互动交流。[③] 此外，外交部与香港特区政府签署了《关于在香港特别行政区设立国际调解院筹备办公室的安排》,[④] 明确国际调解院筹备办公室落地香港特区的具体事宜，该办公室依据《关于建立国际调解院的联合声明》设立，将是对现有国际争端解决机构与方式的重要补充。

各地方法院在涉港澳台、涉外案件司法规则指引、审判及总结方面积极作为，硕果累累。2022年12月29日，广东省高级人民法院发布了《关于粤港澳大湾区内地人民法院审理涉港澳商事纠纷司法规则衔接的指引（一）》，细化了管辖、司法协助等相关的程序性事宜。12月30日，粤港澳

① 2022年1月22日，最高人民法院印发《关于支持和保障横琴粤澳深度合作区建设的意见》《关于支持和保障全面深化前海深港现代服务业合作区改革开放的意见》，在国际争端的管辖权认定、简化司法协助程序、域外法查明和适用机制、建设国际商事争议解决中心、构建港澳法律服务参与诉讼等机制上为两个合作区先行先试提供了制度支持。

② 2022年2月15日，《内地婚姻家庭案件判决（相互承认及强制执行）条例》在香港生效，该条例包括在香港登记内地婚姻或家庭案件判决、在香港承认内地离婚证以及便利在内地承认和执行香港婚姻或家庭案件判决三个部分。同日，最高人民法院正式公布了2017年通过的《关于内地与香港特别行政区法院相互认可和执行婚姻家庭民事案件判决的安排》并宣布其正式施行。这将使大部分在两地的跨境婚姻家庭案件判决得到认可与执行，而不再仅限于解除婚姻关系等部分判决内容，进一步促进了两地司法合作与互助。2月25日，最高人民法院与澳门特别行政区签署《关于内地与澳门特别行政区就仲裁程序相互协助保全的安排》。这是对2007年两地签署的《关于内地与澳门特别行政区相互认可和执行仲裁裁决的安排》的完善和补充，有利于促进高效解决跨境民商事争议，完善多元化纠纷解决机制。

③《最高人民法院工作报告（全文）》，最高人民法院网站，2023年3月8日，https://www.court.gov.cn/zixun-xiangqing-391381.html。

④《中方将在香港特区设立国际调解院筹备办公室》，外交部网站，2022年11月1日，http://newyork.fmprc.gov.cn/web/wjb_673085/zzjg_673183/tyfls_674667/xwlb_674669/202211/t20221101_10795358.shtml。

三地法律部门统一发布了《粤港澳大湾区跨境争议调解示范规则》，供三地调解机构及调解员在制定详细调解规则时参照适用。广东省高级人民法院分别于 2022 年 6 月 24 日与 12 月 26 日发布两批粤港澳大湾区跨境纠纷典型案例，涉及侵权责任纠纷、合同纠纷、跨境金融纠纷、婚姻家庭纠纷、公司纠纷等法律适用问题与司法协助等多个问题。[①] 9 月13 日，上海市高级人民法院发布《上海市高级人民法院涉外、涉港澳台商事审判白皮书（2017—2021）》《上海法院涉外、涉港澳台商事审判典型案例选（2010—2020）》，并首次发布《上海涉外商事审判域外法查明白皮书（2015—2021）》及典型案例。[②] 其他地方法院亦发布了相关报告或白皮书。

本报告从 2022 年中国各级人民法院作出的裁判文书[③]中，共选取 31 件[④]进行报告，涉及涉外民事诉讼的管辖权、法律适用、外国（区域）判决的承认（认可）与执行和涉外仲裁司法监督。

---

① 《广东法院第四批粤港澳大湾区跨境纠纷典型案例》，广东法院网，2022 年 6 月 28 日，https：//www. gdcourts. gov. cn/gsxx/quanweifabu/anlihuicui/content/post_ 1047513. html；《广东法院第五批粤港澳大湾区跨境纠纷典型案例》，广东法院网，2022 年 12 月 27 日，https：//www. gdcourts. gov. cn/gsxx/quanweifabu/anlihuicui/content/post_ 1047684. html。

② 《上海高院通报涉外、涉港澳台商事审判五年情况首次发布域外法查明白皮书及典型案例》，上海市高级人民法院网站，2022 年 9 月 13 日，http：//www. hshfy. sh. cn/shfy/web/xxnr. jsp？ pa = aaWQ9MTAyMDI2NTcyMyZ4aD0xJmxtZG09bG0xNzEPdcssz&zd = xwxx。

③ 本报告的数据样本来自“威科先行·法律信息库”（https：//law. wkinfo. com. cn）与“中国裁判文书网”（http：//www. court. gov. cn/zgcpwsw/），检索案件裁判日期为 2022 年 1 月 1 日至 2022 年 12 月 31 日。对于管辖权、取证与送达、判决的承认与执行，主要依据《中华人民共和国民事诉讼法》（2021 年修正，2022 年 1 月 1 日起实施）及《最高人民法院关于适用〈中华人民共和国民事诉讼法〉的解释》（2022 年修正，2022 年 4 月 10 日起实施）相关条文进行检索，并以涉及《最高人民法院关于适用〈中华人民共和国民事诉讼法〉的解释》（2020 年修正，2021 年 1 月 1 日起实施）的 4 月 10 日之前的案件，以及《中华人民共和国海事诉讼特别程序法》及司法解释进行补充。对于准据法，分别以《中华人民共和国涉外民事关系法律适用法》及《最高人民法院关于适用〈中华人民共和国涉外民事关系法律适用法〉若干问题的解释（一）》（2020 年修正）全部条文检索，并以《中华人民共和国票据法》《中华人民共和国海商法》《中华人民共和国民用航空法》相关条文进行补充。对于仲裁相关事项，依据前述民事诉讼法相关规则以及《中华人民共和国仲裁法》（2017 年修正）与《最高人民法院关于适用〈中华人民共和国仲裁法〉若干问题的解释》等进行检索。

④ 选择案件时，主要从案件类型多样、新发展新进步、法官论理丰富性和正确性等角度考虑。

一　涉外民事诉讼

（一）管辖权

1. 格式条款约定管辖的效力应受限制

在“孙某某与北京领英信息技术有限公司等网络侵权责任纠纷”一案[①]中，原告孙某某为领英网注册会员，通过领英网推荐添加客户盖斯·戴维森（Geth Davidson），该客户多次向孙某某借款，而始终未归还欠款。因此，原告基于盖斯·戴维森与被告领英上海分公司、北京分公司存在关联关系，起诉被告并要求其承担侵权责任。

北京互联网法院将原被告关于管辖权的争议点归纳为两点：一是此案是否为涉外案件，适用法律为何及被告主体是否适格；二是此案管辖权确定的依据为何，该院是否对此案具有管辖权。

北京互联网法院认为，第一个争议点为处理管辖争议的先决问题。对于案件是否涉外，在管辖权异议阶段仅需根据审查的初步情况进行判断，至于双方争议的领英网是否由外国主体运营、相关服务是否由境外服务器提供等应留由实体审理阶段再行判断。此案中，被告提交的领英网《用户协议》显示，用户与 LinkedIn Corporation 签订该合同，据此可认定此案的涉外性。至于管辖权争议的法律适用，因管辖为程序性事项，直接适用法院地法，即中国法来认定应无异议。而对于是否需要一并处理被告主体问题，北京互联网法院认为，根据先例，受理法院对案件有管辖权是审理案件的前提，当确定诉讼主体与确定管辖权发生冲突时，受理法院应当首先就管辖权问题作出裁定。此案原告已初步举证此案与被告存在法律上的利害关系，足以对此裁定管辖权存在，被告是否确为领英网服务的提供者应在实体审理阶段进行认定。

第二个争议点则涉及领英网向用户提供的《用户协议》中的争议解决方

---

① （2020）京 0491 民初 35776 号。

式的约定是否构成有效的协议管辖的问题。《用户协议》属于格式条款，其约定“本用户协议引发或与之相关的任何纠纷的唯一解决方式是，提请相应的联邦法院或位于加利福尼亚州 Santa Clara 县的州法院予以解决”。北京互联网法院在裁判中主张，此种格式条款应根据《中华人民共和国民法典》第 496 条进行规制与约束。在此案中，争议管辖条款属于与合同相对方有重大利害关系的条款，但该条款并未采取足以引起对方注意的文字、符号、字体等特别标识的方式提醒用户注意，系未尽到合理提示和说明的义务，故该格式条款不成立。此外，即使争议管辖条款已尽到合理提示义务，但约定在中国用户住所地以外的国家法院诉讼，不合理地提高了用户寻求救济的成本，符合《中华人民共和国民法典》第 497 条约束的内容。故约定的管辖条款不应赋予效力。

在此基础上，北京互联网法院认为，根据《中华人民共和国民事诉讼法》（以下简称《民事诉讼法》）第 29 条以及《最高人民法院关于互联网法院审理案件若干问题的规定》，基于此案被告领英北京分公司位于北京经济技术开发区的事实，应由本院管辖。

此案基于案涉协议主体涉外恰当地认定了涉外性，并适用格式条款相应的要件约束管辖条款的效力，对外国网络公司与中国用户之间的侵权等纠纷中管辖争议的解决以及《用户协议》的管辖条款应当如何规定具有一定的指导作用和典型意义。

2. 以续签协议中更改后的管辖条款为准

在“瑞典宜途旅游有限公司（Easy Tour Nordic AB）与北京领先国际旅行社有限公司委托合同纠纷”一案①中，原告瑞典宜途旅游有限公司承接被告北京领先国际旅行社有限公司在境外的旅游接待，并先后签订了两份合同，分别为 2017 年的《出境旅游组团社与境外接待合同》和 2019 年的《地接社委托合同》。二者的有效期不重叠，后者为前者到期后双方续签的合同。前合同约定纠纷管辖地为北京市东城区人民法院，后合同约定纠纷管辖地则为原告住所地。因被告未支付接待费用，原告于中国起诉，并认为其

① （2022）京民终 8 号。

签署《地接社委托合同》时仅是依据模板，选择法院条款无真实意思表示。此外，即使纠纷管辖地为原告住所地，原告住所地也应是原告在其合作方天马环球（北京）国际旅行社有限公司的办公地点。

一审法院认为，当事人协议选择管辖地符合《最高人民法院关于适用〈中华人民共和国民事诉讼法〉的解释》（以下简称《民事诉讼法司法解释》）第 531 条规定，而且此案不属于中国法院专属管辖案件，故此案应由外国法院管辖。至于原告提出的两点主张，不予以认可。首先，原告提出的对合同中法院选择无意愿的解释，与文本内容明显不一致，不具有说服力。其次，对于原告住所地位于中国境内的天马环球（北京）国际旅行社有限公司办公地点的主张，依据《中华人民共和国市场主体登记管理条例》，在中国境内以营利为目的从事经营活动的法人等应办理登记，而原告并未提交证据证明其在中国境内办理登记，法院仅能根据其在瑞典的注册信息，审查确认其住所地为瑞典。

二审法院支持了一审法院的裁定，认为当事人在协商一致的情况下，可变更合同内容。当事人达成新的协议中，若对管辖作出了新的约定，视为对原管辖协议的变更，以新的约定为准。因此，此案应以在后签订的《地接社委托合同》对争议管辖新的约定为准，认定该合同首部载明的原告住所地——瑞典王国为管辖地。当事人选择法院条款有效，且不符合中国专属管辖情形，故中国法院无管辖权。

此案中，法院认定当事人续签合同后，更改协议选择的管辖地的，应以续签后合同为准。当事人主张续签后合同中的管辖条款欠缺意思表示的，不予认可，续签改变约定本身应为当事人具有足够意思自治的有力证明，这提醒续签合同的主体应相当注意变更事项。

3. 不方便管辖原则的适用应严格依据法律规定

在“中国金融投资管理有限公司（以下简称‘中金投公司’）等与胡某合同纠纷”一案[①]中，原告胡某与被告融信嘉公司签订《中金投 3 号产品

① （2022）京民辖终 297 号。此案有数十个类似案件。

备案登记协议》，并由被告中金投公司、中港佳邻公司提供《担保函》，但原告付款后被告未能按约返还收益等，故原告起诉融信嘉公司、中金投公司、中港佳邻公司，要求融信嘉公司支付投资本息、违约金等，并要求中金投公司、中港佳邻公司承担连带保证责任。被告中金投公司系在香港特别行政区注册的公司，此案属于涉港商事纠纷。《中金投 3 号产品备案登记协议》和《担保函》均约定由北京市朝阳区人民法院管辖，但被告中金投公司以不方便管辖为依据，认为此案应由香港法院管辖。北京市高级人民法院拒绝了不方便管辖原则的适用，理由是此案中存在合法有效的协议管辖，且涉及内地公民合法利益。

（二）法律适用

1. 股权激励相关案件的定性关涉强制性规定的适用

在“窦某某与京东科技控股股份有限公司等劳动争议”一案[①]中，原告窦某某曾为被告员工，经京东科技控股股份有限公司根据股权激励计划推荐，与京东金融集团签订《股权激励计划受限股票单位授予通知》和《受限股票单位授予协议》。协议约定，若原告终止提供服务，由委员会决定回购股票的时间与条件。后原告离职，被告在向原告发送股权回购通知，原告未前往办理的情况下，依据每股 10 元价格支付了相关的回购款。原告据此起诉，称被告未按照实际回购时受限股票的公允价值回购。此案当事人京东金融集团为外国企业，故此案属于涉外案件。

一审法院将此案定性为劳动争议案件，并根据《中华人民共和国涉外民事关系法律适用法》（以下简称《法律适用法》）第 4 条与《最高人民法院关于适用〈中华人民共和国涉外民事关系法律适用法〉若干问题的解释（一）》（以下简称《法律适用法司法解释一》）第 8 条认定此案涉及劳动者权益保护这一强制性规定事项，应直接适用中国法。二审法院北京市第二中级人民法院未对此案件有关识别和准据法问题的判定作出变更。

---

① （2022）京 02 民终 3040 号。

此案适用强制性规定的最终结果，离不开法院对案件的定性。公司的股权激励计划及相应的股权回购究竟属于平等主体的合同纠纷，抑或劳动纠纷，在实践中颇有争议。

此案一审法院详尽论证了为何将其定性为劳动纠纷：虽然受限股票不属于传统意义上以货币形式支付的工资，但因公司通常无偿或低于市场价格对劳动者授予此种股票，且差价部分会以货币形式为劳动者带来收益，因此，从实质上讲，劳动者取得的股票回购收益接近于劳动报酬，或福利待遇，而不只是单纯的投资收益。此案中，原告之所以获得该股票，是因为其与被告存在劳动关系，对于股票权利的行使，也与劳动关系的建立、履行与解除密切相关。因此，应认为此案的股权激励附属于劳动关系产生，为公司的管理和报酬分配行为，产生的争议为劳动争议。

对此，深圳前海合作区人民法院的态度则有不同。在“网易股份有限公司、武某合同纠纷”一案[①]中，被告武某原为网易（杭州）公司职工，被告在原告任职期间签订多份《股票激励协议》，约定原告向被告授予限制性股票，授予限制性股票的条件是被告遵守保密与不竞争协议。原告依约定向被告授予了此股票，被告已将其部分售出、部分转出。后被告离职，原告认为被告违反竞业限制义务，要求其返还所涉限制性股票利益。此案原告为外国法人，因此为涉外案件。

法院在确定适用的准据法时，径直提出此案属于涉外合同纠纷案件，根据《法律适用法》第 40 条，因双方均同意适用中国法，故此案适用中国法。法院在确定准据法后，讨论争议事项时，明确称此案不属于劳动争议纠纷。法院提出了四点依据：一是限制性股票的授予是为了吸引、挽留和激励人才，涉案《股票激励协议》及相关协议的存在是为了约束公司与高级管理人员等特定人员之间基于限制性股票产生的权利和义务，无涉《中华人民共和国劳动法》保护劳动者权益的规范目的；二是从协议的内容看，此种协议无劳动关系产生、变更、消灭或其他关乎劳动者基本权利和义务的内

① （2021）粤 0391 民初 1747 号。

容，只是就限制性股票相关的权利和义务进行规定；三是被告签署协议并作出竞业禁止承诺，以此换得限制性股票，这不同于《中华人民共和国劳动合同法》中为换取工资、劳动条件等履行竞业限制义务的行为；四是此案被告任职于网易（杭州）公司，与原告无劳动合同关系。

两个案件都涉及股权激励计划，但不同法院作出了截然不同的定性，并最终导致准据法的适用模式完全不同。两案股权激励计划的个中区别是否对案件定性产生关键影响，留待讨论与评判。无须质疑的是，两案法院在案件定性问题上详细的分析与论证，为这一问题的解决贡献了充分的讨论基础。

2. 争议的识别

在“陈某某、陈某等与徐某某合同纠纷”一案①中，原被告共同投资缅甸国内长途客运、零单货运、公交车运营及二手车销售项目，并达成《投资合作协议》，各方对财务清点后形成《缅甸天鹅新地公司财务清单》作为协议附件。在清单背面，被告徐某某书写了《承诺书》，写明其由于在缅甸境内销售 17 辆大巴车，全权负责未收齐的款项，并承诺于一定期限收回款项或车辆。后三原告共同起诉被告，称其违反了协议约定，未经其他合伙人同意实施了对将近 17 辆大巴车进行销售的重大经营事项。三原告主张此案为侵权损害赔偿纠纷，提出若法院认为此案为非侵权纠纷，则原告有权主张违约损害赔偿。

重庆市两江新区人民法院先对案件的定性作出了详细的阐述，其认为：首先，原告索赔的依据为《承诺书》，虽原被告均认可其共同投资主体为缅甸天鹅新地公司，但无证据证明各方已登记为该公司股东，故排除此案为股东间纠纷；其次，案件事实发生于《中华人民共和国民法典》生效前，根据当时的《中华人民共和国民法通则》，应认定此案当事人之间存在合伙关系，这意味着此案在本质上为合同关系；最后，此案不应认定为侵权纠纷，即使存在侵权行为，各方已通过《承诺书》方式达成一致，将侵权之债转变为合同之债。因此，此案应定性为合同纠纷。

---

① （2021）渝 0192 民初 8669 号。

在确定案件性质的基础上，重庆市两江新区人民法院根据《法律适用法》第41条认为，在此案原被告未协议选择适用的法律的情况下，应寻找最能体现合同特征的事件。对于合伙协议而言，此事件应为执行合伙事务。当事人约定由被告代表全体合伙人执行事务，因此应适用被告经常居住地法律。根据《法律适用法司法解释（一）》第3条与第4条，被告户籍地为中国重庆市，且未离开住所地连续居住一年，因此应适用中国法。此外，原被告均为中国公民，合同签订地及部分合同履行行为亦发生在中国境内，中国法也属于与争议有最密切联系的法律。

关于识别问题，典型案例还有“黄某某、安盛保险（百慕达）有限公司人身保险合同纠纷”一案[①]。该案中，原告投保人黄某某起诉被告安盛保险（百慕达）有限公司存在欺诈行为。被告为在百慕大群岛成立的企业，在中国香港及澳门办理注册登记，因此此案为涉外争议。双方对准据法的确定存在争议，原告认为应适用我国内地法律，被告则认为所涉人身保险合同的签订地及保险费支付地均为澳门，故应适用澳门法。中山市第一人民法院最终认定，此案为涉外人身保险合同纠纷，应适用《法律适用法》关于消费者合同的规定，由于被告未在内地从事保险经营活动，案涉保险合同的订立及主要保险服务的提供均在澳门特别行政区，故应适用澳门法。

3. 国际公约的适用

多个法院在案件符合国际公约适用条件时，积极适用相关公约。

（1）孙某某、交响乐船运有限公司等海事债权确权纠纷

在“孙某某、交响乐船运有限公司等海事债权确权纠纷”一案[②]中，被告交响乐船运有限公司所属的利比亚籍“交响乐”轮与案外人义海有限公司所属的巴拿马籍“义海”轮发生碰撞并造成船载货油泄漏，给原告孙某某的牡蛎养殖造成损失。被告北英保赔公司系“交响乐”轮的油污责任保险人。因此，孙某某向法院提起确认之诉，主张“交响乐”轮的油污损害

---

① （2021）粤2071民初12484号。

② （2022）鲁72民初286号。

赔偿责任限制基金应偿付油污泄漏给自己造成的各项损失。被告交响乐船运有限公司、北英保赔公司均系外国法人，此案具有涉外因素，属于涉外纠纷。

青岛海事法院认为，此案为侵权纠纷，适用侵权行为地法律。碰撞事故造成溢油的行为地及损害结果的发生地均在我国海域，故此案应适用我国法律。我国为 1992 年《国际油污损害民事责任公约》（以下简称《油污责任公约》）缔约国，且案涉事故泄漏油类属于该公约定义的持久性油类，按照“条约优先”的原则，此案应优先适用该公约，对于该公约没有规定的事项，应适用中国国内法及司法解释的规定。

此案中，“交响乐”轮与“义海”轮由双方过失碰撞造成“交响乐”轮油类泄漏，故该船舶所有人，即被告交响乐船运有限公司应当对该溢油事故造成的污染损害承担责任。被告北英保赔公司作为“交响乐”轮的油污责任保险人，依据《油污责任公约》第 7 条第 8 款规定，“对油污损害的任何索赔，可向承担船舶所有人油污损害责任的保险人或提供财务担保的其他人直接提出”，亦应当对涉案污染损害承担责任。根据《油污责任公约》的有关规定，油污损害索赔人的债权应当从船舶所有人或者提供财务担保的其他人（或保险人）设立的油污损害赔偿责任限制基金中受偿。此案中，被告北英保赔公司已设立了油污损害赔偿责任限制基金，原告孙某某的有关债权应当从上述基金中受偿。

（2）娱乐壹英国有限公司、艾斯利贝克戴维斯有限公司等著作权侵权纠纷

法院积极适用了《伯尔尼保护文学和艺术作品公约》。在此案①中，原告娱乐壹英国有限公司、艾斯利贝克戴维斯有限公司起诉被告生产、销售、展示与其具有广泛知名度的案涉美术作品形象（“小猪佩奇”等系列卡通形象）相关的侵权产品。此案的娱乐壹英国有限公司、艾斯利贝克戴维斯有限公司为外国公司，因此此案为涉外民事纠纷。

① （2022）浙 0110 民初 439 号。

杭州市余杭区人民法院认为，此案系涉外著作权侵权纠纷，应根据《法律适用法》第50条确定准据法，即适用被请求保护地法律，当事人也可以在侵权行为发生后协议选择适用法院地法律。此案中，双方当事人未就法律适用进行约定，且原告于中国境内提出涉案知识产权保护请求，故应适用中国法作为准据法。《中华人民共和国著作权法》第2条规定，“外国人、无国籍人的作品根据其作者所属国或者经常居住地国同中国签订的协议或者共同参加的国际条约享有的著作权，受本法保护”。中国和英国均是《伯尔尼保护文学和艺术作品公约》的缔约国，根据《伯尔尼保护文学和艺术作品公约》第3条第1款（a）项规定，作者为缔约国的国民，无论其作品是否已经出版，都受到保护。据此，我国有义务对此案所涉作品给予保护。

（3）高某某、SIBUCU360S. L. 等国际货物买卖合同纠纷

该案件涉及《联合国国际货物销售合同公约》的适用。在“高某某、SIBUCU360S. L. 等国际货物买卖合同纠纷”一案[①]中，原告SIBUCU公司与被告晨铭公司进行口罩采购交易，原告交付货款后，被告未能交付货物，且在原告发出取消订单通知后，只退还部分货款，原告因此起诉。

此案中，一审法院根据原告为西班牙王国登记成立的公司，被告为我国登记成立的公司，将案件定性为国际货物买卖合同纠纷。法院进一步认为，因二者营业地分别为西班牙和中国，两国均为《联合国国际货物销售合同公约》的缔约国，且当事人未排除公约的适用，因此应优先适用该公约，在该公约未规定时根据《法律适用法》第41条适用中国法。二审法院对一审法院关于法律适用的主张予以肯定。

无论是国际海事案件、知识产权案件还是国际商事案件，往往都具有跨国性、严重性和复杂性，牵涉主体广、赔偿数额大，给审判法院带来一定的挑战。前述法院积极适用国际公约，对于国际公约中没有规定的，再适用中国法予以补充，这体现了法院对国际公约的适用的肯定与支持。但我国现行法律中缺少民商事领域中国际公约如何实施的一般性规定，这使得我国法院

① （2022）粤01民终5133号。

在该问题的判决上稍显被动，立法或司法解释应尽快予以明确。

4. 婚姻相关纠纷的定性

在“林某某、陈某某婚内夫妻财产分割纠纷”一案[①]中，双方当事人均为台湾地区居民，争议涉及被告名下的房产的权属纠纷。针对当事人提出的应适用《法律适用法》第36条“不动产物权”规定，抑或第24条“夫妻财产关系”相关规定来确定准据法的不同意见，厦门市中级人民法院主张，案件适用的实体法律规范应按照法律规定的冲突规范进行确定，同时根据争议纠纷的属性选择更具密切联系的连结点。此案双方争议的虽为案涉不动产的权属确认，但主张的基础是婚姻关系，实质是婚姻关系产生的财产争议，具有特殊的身份特征，因此应该适用第24条的相关规定。

相似的说理见于“陈某某与林某等确认合同无效纠纷”一案[②]中。该案中，陈某某与林某于1962年在广东登记结婚，后二者移居香港并获得香港永久性居民身份，于2018年在香港法院诉讼离婚。这期间，2009年邵某某、林某购置上海市房屋，由林某进行付款，房屋登记于二者名下，后二者以配偶之间变更方式，将权利人转为邵某某一人。2016年，邵某某将房屋出售给案外人。陈某某提起确认合同无效诉讼。法院认为，三者均为香港地区居民，因此此案为涉外案件。虽原告提起的为确认合同无效诉讼，在形式上为不动产转让合同效力的争议，但实际是基于与林某的婚姻关系要求补偿，即由婚姻关系产生的财产争议，应优先适用《法律适用法》第24条规定，适用双方共同经常居所地法，即香港法。

5. 信用证欺诈纠纷

在“山东泰开电力建设工程有限公司、PUBLIC ELECTRICITY CORPORATION等信用证欺诈纠纷”一案[③]中，原告山东泰开电力建设工程有限公司与也门电力公司签署《EPC合同》，约定原告作为承包商承建变电站扩建项目，并向也门电力公司提供了一份预付款保函及履约保函，也门电力公司也在合同

① （2022）闽02民终78号。

② （2021）沪0101民初1247号。

③ （2020）鲁01民初4051号。

生效后 120 天内提供了一份不可撤销的信用证，以及相关的履约事宜。后依据也门电力公司请求，原告向山东建行申请，以 UBL 为受益人开立了履约反担保函和预付款反担保函，由 UBL 再向也门电力公司开立履约保函和预付款保函。履约反担保函约定适用法律为也门法律，预付款反担保函未约定适用法律。后也门战争爆发，合同中止履行。2020 年，也门电力公司先后向 UBL 发函，要求将保函延期，如不批准延期，将没收保函。UBL 向山东建行发同样函件，山东建行回函对保函进行延期，但 UBL 回函称不会进行延期，要求按照指示付款。原告因此起诉称被告也门电力公司及 UBL 的索赔存在欺诈。

济南市中级人民法院判决认为，此案涉及见索即付独立保函及见索即付独立反担保函，应定性为独立保函欺诈之诉。对于其准据法，原告认为均应适用中国法，被告则认为预付款保函及预付款反担保函应适用中国法，但履约保函和履约反担保函应适用也门法。法院认为，双方约定的适用法律仅规制合同履行中发生的争议，此案应适用侵权相关规则。根据《法律适用法》第 44 条规定以及《最高人民法院关于审理独立保函纠纷案件若干问题的规定》第 22 条第 2 款“涉外独立保函欺诈纠纷，当事人就适用法律不能达成一致的，适用被请求止付的独立保函的开立人经常居所地法律”的规定，中国作为侵权结果发生地及反担保函开立人山东建行的营业地，应适用中国法。

6. 涉外公司人格混同事项适用侵权准据法

在“中山市加宝摄影器材有限公司、深圳市环球易购电子商务有限公司等买卖合同纠纷”一案[①]中，原告通过被告深圳市环球易购电子商务有限公司网站“环球易购全球供应商门户”与被告香港环球易购电子商务有限公司（为深圳市环球易购电子商务有限公司全资子公司）进行交易，但原告履行交货义务后，香港环球易购电子商务有限公司始终未予付款，故原告将两被告以及为交易提供担保的跨境通宝公司诉至法院。

---

① （2021）粤 0391 民初 5476 号。

深圳前海合作区人民法院认为，此案应定性为涉港买卖合同纠纷，根据《法律适用法司法解释（一）》第 17 条与《法律适用法》第 44 条，此案应适用内地法律作为准据法。对于作为被告香港环球易购电子商务有限公司唯一股东的深圳市环球易购电子商务有限公司应承担的责任，本应根据《法律适用法》第 14 条规定适用香港法。但原告主张的事项为公司人格混同造成的连带责任，即主张深圳市环球易购电子商务有限公司滥用公司法人独立地位和股东有限责任损害公司债权人利益，这应被划入侵权纠纷范畴，并按照《法律适用法》第 44 条适用侵权行为地法律，即内地法律进行认定。

7. 损害公司利益责任纠纷

在“广东粤运交通股份有限公司、黄某某等损害公司利益责任纠纷”一案①中，原告广东粤运交通股份有限公司将黄某某、刘某某等派往其全资子公司，即此案第三人粤运交通股份（香港）有限公司担任高管。后因认为被告作出的超额发放长期服务金的董事会决议等违背了第三人利益，原告以股东身份提起了损害公司利益责任诉讼。

此案一审法院广州市越秀区人民法院在回应原告是否有权以股东身份提起损害公司利益责任诉讼的问题时，认为股东代表公司提起诉讼的权利由相关法律赋予。此案涉及被损害利益的公司位于香港，应根据《法律适用法》第 14 条，适用香港特别行政区《公司条例》的规定。根据《公司条例》，原告若作为股东提起诉讼，需在起诉前依据《公司条例》规定向香港原讼法庭获取认可，而此案未获取认可，故提起诉讼的条件未达成，法院不具有管辖权。广州市中级人民法院支持了一审法院广州市越秀区人民法院的裁定。

8. 海上保险合同纠纷

在“世嘉有限公司（以下简称‘世嘉公司’）与中国大地财产保险股份有限公司（以下简称‘大地财保’）等海上、通海水域保险合同纠纷”一案②中，世嘉公司（注册于英属维尔京群岛）所有的巴拿马籍油船在日本

---

① （2022）粤 01 民终 2975 号。

② （2021）沪民终 359 号。

附近海域搁浅，故向其投保的大地财保、大地财保航保中心要求索赔。在案件处理过程中，当事人就案件应适用的准据法产生争议。世嘉公司主张保险合同中双方权利义务的解释应当适用英国法，大地财保主张适用中国法。

具体而言，案涉远洋船舶保险单载明保险条件为“协会定期船舶保险条款全损险，附加共同海损、救助、施救和碰撞、触碰责任”（以下简称“协会定期船舶保险条款”）等，并在“特别约定”中写明“在本保单中，若中文措辞与英文措辞存在歧义，以中文为准”。但在“协会定期船舶保险条款”的英文版中，标题下方载明“本保险适用英国法律和惯例（This insurance is subject to English law and practice）”。据此，世嘉公司主张既然保险合同中约定适用的“协会定期船舶保险条款”标准英文版中明确载明“本保险适用英国法律和惯例”，因此对于保险合同双方权利义务的解释应当适用英国法，其他争议问题应适用中国法。大地财保及大地财保航保中心则认为，此案中保险合同签订双方并未达成适用英国法的合意。涉案保险单载明，“在本保单中，若中文措辞与英文措辞存在歧义，以中文为准”，且涉案中文条款中并未约定受英国法律和惯例约束。因此，保险条款的中文部分对合同签订双方具有拘束力，英文部分仅作为参考。此外，世嘉公司通过中国的保险经纪公司安排投保，大地财保及大地财保航保中心为中国公司，且涉案纠纷由中国法院审理，根据最密切联系原则，此案也应适用中国法作为准据法。

此案一审法院认为，根据查明的事实，构成涉案保险合同的投保单、保险单、批单及其附件和特别约定中都未记载法律适用条款。双方争议点在于“协会定期船舶保险条款”英文版本对于“本保险适用英国法律和惯例”的载明，是否属于对准据法的约定。应认为，该条将英国法作为该保险条款的解释依据，而非此案的准据法。在双方当事人均认可“协会定期船舶保险条款”英文版为涉案保险合同的组成部分的基础上，“本保险适用英国法律和惯例”表明了英国法律与惯例被并入了保险条款。这也符合该保险条款的演进历史，从其演进历史看英国法律和惯例确系“协会定期船舶保险条款”的有机组成部分，依据英国法律和惯例去解释“协会定期船舶保险条款”的含义，有利于准确判定涉案保险合同当事方的权利义务。但不应对其赋予除解释依据以外的理解，双方并未明示将“本保险适用英国法律和惯例”作为法律适用条款，无法推断得出涉案保险合同签订双方当事人选择了英国法律和惯例作为处理保险合同纠纷的准据法的结论。

二审法院上海市高级人民法院支持了一审法院对准据法的认定。其认为，仅在保险条款，即“协会定期船舶保险条款”英文版的标题下方载明“本保险适用英国法律和惯例”，仅能说明“协会定期船舶保险条款”的解释应遵循英国法律和惯例。此案中并无其他证据证明世嘉公司与大地财保航保中心就保险合同项下纠纷适用的准据法达成一致。在双方当事人没有选择合同适用的法律的情况下，应当适用与合同有最密切联系的国家的法律。此案保险人为中国公司且涉案合同在中国签订，一审法院认定中国法是与涉案保险合同有最密切联系的国家的法律并确定此案准据法为中国法，于法有据。

9. 担保合同与主合同的法律适用问题

各地法院就担保合同与主合同的准据法区分判断基本达成共识，体现了法院对准据法的精确化适用，典型案例有“中国工商银行股份有限公司广州北京路支行、南方石化集团有限公司等金融借款合同纠纷”一案[①]。该案中，法院根据所涉六份不同协议的约定，确定《流动资金借款合同》《最高额抵押合同》《最高额保证合同》《最高额质押合同》适用内地法律，《关于抵押南方石化（香港）控股有限公司100%已发行股份之股份抵押书》《关于抵押鼎生集团有限公司100%已发行股份之股份抵押书》适用香港法。

但在担保合同未明确约定准据法时，如何确定最能体现担保合同特征或是其他最密切联系地，各地法院作出了不同的判断。在“普基哥尔夫球会有限公司与北京盈通物业管理有限公司等股权转让纠纷”一案[②]中，原告为香港公司，并与部分被告签署《股权转让协议》及多份补充协议，与其他

① （2021）粤01民初2513号。

② （2021）京04民初862号。

被告签署多份《担保函》。北京市第四中级人民法院认为，由于当事人在《股权转让协议》约定适用内地法，担保合同无法律适用约定的情况下，主张鉴于担保合同关系从属于主债权债务合同关系，在当事人未作其他约定的情况下，担保合同应依据最密切联系原则适用主合同项下的准据法。

与此不同的是，在“港建财务有限公司、钟某某等企业借贷纠纷、金融借款合同纠纷”一案①中，借款合同当事人为香港公司和居民，二者之间的借款合同由内地公司担保。借款合同中双方当事人约定了适用香港法，担保合同中无其他法律约定。广州市中级人民法院未依据担保合同与主合同的从属关系，而是依据担保函的出具地为内地，因此认定内地与案涉担保合同纠纷有最密切联系，对于担保合同纠纷适用了内地法。

10. 执行异议纠纷中的法律适用问题

在执行异议纠纷中，区分于原纠纷，针对执行异议的具体内容，另行确定法律适用成为普遍做法。

在“任某某、马某某与鲁某、任某案外人执行异议”一案②中，任某某与马某某主张执行的房屋实际为其资产，而非被执行人任某某与马某某的女儿任某的资产。此案因被执行人包括任某的丈夫美国公民王某，故属于涉外纠纷案件。法院依据《法律适用法》第 36 条，根据案涉房屋位于中国北京，判定应以中国法为准据法。

在“宋某、王某某等案外人执行异议之诉”一案③中，当事人宋某向法院请求不得执行宋某名下房产。因当事人宋某曾在爱尔兰结婚，此案为涉外案件。此案当事人宋某与李某系夫妻关系，两人于 2001 年在爱尔兰结婚，2008 年 9 月 4 日在中国登记结婚，2012 年协议离婚，双方离婚协议约定无财产分割、无房产处理，所有债务由李某偿还。李某作为债务人被另案当事人王某某等申请强制执行，因此法院查封了宋某名下房产，该房产登记的取得时间为 2008 年 8 月 18 日。宋某主张，由于房产取得时间早于双方在中国

① （2020）粤 01 民初 1834 号。

② （2020）京 04 民初 714 号。

③ （2022）辽 01 民终 807 号。

登记结婚时间，因此被查封房产不是夫妻共同财产。同时，李某所负债务并非夫妻共同债务，离婚协议中明确约定所有债务由李某偿还。

沈阳市中级人民法院认为，王某某等向法院提供了李某和宋某于2001年在爱尔兰婚姻登记文件经中华人民共和国驻爱尔兰大使馆认证的原件，根据《法律适用法》第22条“结婚手续，符合婚姻缔结地法律、一方当事人经常居所地法律或者国籍国法律的，均为有效”的规定，现无证据证明二人在境外登记结婚违背《中华人民共和国婚姻法》的基本原则和中华人民共和国的社会公共利益，因此其婚姻关系在中国境内应为有效，李某和宋某的婚姻关系应自2001年起算。因此，案涉房产是在李某和宋某婚姻存续期间取得的，属于夫妻共同财产，宋某的权利不足以排除强制执行。宋某的上诉请求依据不足，不予支持。

（三）外国（区际）判决的承认（认可）与执行

1. 互惠的认定

在“SPAR航运有限公司（以下简称‘SPAR公司’）诉大新华物流控股（集团）有限公司（以下简称‘大新华控股’）申请承认外国法院判决”一案①中，申请人SPAR公司请求上海海事法院承认与执行英高等法院和英上诉法院作出的判决和系列命令，并以2015年英高等法院〔2015〕EWHC999号判决为依据，主张英高等法院曾承认我国法院作出的判决和裁定，因此满足我国法律所提出的互惠原则。被申请人中国企业大新华控股提出若干抗辩，包括中国与英国并未建立互惠关系，2015年英高等法院判决仅将中国法院的判决、裁定作为证据予以认证，最终裁决结果与中国法院判决结果实质上相反，故不属于承认与执行中国法院判决的先例；互惠原则应解释为英国法院承认中国法院判决的条件与中国法院承认英国法院判决的条件基本相同，但英国法现在的禁诉令制度决定了当事人违反禁诉令在中国取得的判决，无法获得英国法院的承认与执行，故英国法院的要求与条件更为

① （2018）沪72协外认1号。

严格；中国与英国同为《选择法院协议公约》的缔约国，该公约明确排除超过实际损失的惩罚性赔偿于被承认与执行的范围之外，因此此案申请承认判决中的利息的利率和费用罚金不应被支持。

基于查明的案件事实与证据，上海海事法院认为，我国与英国尚未缔结相互承认与执行民商事判决、裁定的国际条约，因此应以互惠原则进行审查。英高等法院〔2015〕EWHC999 号判决不属于承认与执行外国法院判决之诉，不构成承认与执行中国法院判决的先例。但我国《民事诉讼法》并未限定互惠指外国法院存在承认与执行我国法院判决的先例，英国法律不以存在相关公约为承认与执行的条件，这说明我国判决可能在英国法院被承认与执行，被申请人未能证明英国法院存在以不存在互惠关系为由拒绝承认与执行我国法院民商事判决的先例，因此此案承认与执行所涉判决符合互惠原则。其他承认与执行的条件已满足，故可对案涉判决予以承认。

此案是 2021 年 12 月 31 日下发的《全国法院涉外商事海事审判工作座谈会会议纪要》明确互惠指“法律互惠”而不以“事实互惠”为必要以来，首例依据该精神，对外国法院判决予以承认的案件，对该领域具有重要的引领作用。此外，此案还是我国法院首次承认英国判决，具有典型意义。

2. 惩罚性判决不予承认与执行

在“夏某某、曾某申请承认和执行外国法院民事判决、裁定承认与执行申请审查国际司法协助”一案①中，针对申请人提出的承认与执行美国加利福尼亚州洛杉矶县高等法院判决的请求，广州市中级人民法院作出了承认与执行损害赔偿和诉讼费部分的认定，不承认明显超出实际损失的惩罚性赔偿金部分的认定。

广州市中级人民法院认为，此案当事人已提交美国法院承认和执行中国法院民商事判决的有效案例，承认此案所涉美国法院民商事判决不违反中国法的基本原则，也不会损害中国国家主权、安全、社会公共利益，因此，此案可以根据互惠原则承认和执行涉案美国法院民事判决，但对其中明显超出

---

① （2019）粤 01 协外认 22 号。

实际损失的惩罚性赔偿金部分，不予承认和执行。

此案将惩罚性赔偿金部分的判决与其他判决进行分割，对前者拒绝承认与执行，在现有制度下确保了判决最大可能的承认与执行。[①] 此外，此案是我国法院在美国纽约“不承认北京高院判决”风波之际，[②] 对美国判决的承认与执行问题的回应，体现了尊重已有判决既判力、保障当事人利益和可预期性的价值取向。

3. 香港个人破产令的认可与执行问题

在“郑某某、香港上海汇丰银行有限公司等保证合同纠纷”一案[③]中，主要的争议为在申请人郑某某已被香港特别行政区高等法院宣告破产的情况下，被申请人香港汇丰银行还能否在内地起诉申请人。

最高人民法院就两点问题进行了阐明。首先，准据法问题，法院认为能否起诉被宣告破产的申请人，属于诉讼与破产程序的衔接问题，为程序性问题，应适用内地相关程序性规则，而非双方在《担保书》中约定的实体问题适用的香港法。

其次，内地相关程序性规则，应参照适用《中华人民共和国企业破产法》第5条规定的“对外国法院作出的发生法律效力的破产案件的判决、裁定，涉及债务人在中华人民共和国领域内的财产，申请或者请求人民法院承认和执行的，人民法院依照中华人民共和国缔结或者参加的国际条约，或者按照互惠原则进行审查，认为不违反中华人民共和国法律的基本原则，不损害国家主权、安全和社会公共利益，不损害中华人民共和国领域内债权人的合法权益的，裁定承认和执行”。香港特别行政区高等法院签发的个人破

---

① 该法院也针对数个案件作出了类似判决，见（2019）粤01协外认58号、（2019）粤01协外认3号。

② 2021年4月，纽约州纽约县高等法院就基于美国国务院2018年和2019年《国别人权报告》认定中国司法系统（整体上）缺乏独立性且不符合正当程序要求，根据参照《承认外国金钱判决统一法》制定的纽约州《民事诉讼法和规则》第53条规定的“系统性理由”，拒绝承认和执行北京高院民事判决。经当事人上诉，以及“法庭之友”意见的支持，该案已于2022年3月由上诉庭认定程序正当性的判断有误。

③ （2021）最高法民申3789号。

产令应得到内地签订的司法协助安排认可和执行才能具有在内地适用的法律效力。但内地与香港特别行政区尚未有个人破产程序相互认可和执行签署相关司法协助的安排。此外，目前的《最高人民法院关于开展认可和协助香港特别行政区破产程序试点工作的意见》不适用于个人破产，且仅在上海、厦门、深圳三地人民法院开展试点工作。因此，香港特别行政区高等法院签发的个人破产令不具有在内地适用的法律效力，申请人在内地的财产也无法纳入个人破产财产，允许债权人在内地起诉有利于保护债权人合法利益。

此案准确理解与适用了现有法律法规，对程序性事项准据法适用内地法的认定正确，对该意见的理解将为后续案件的审理提供指导。对于该意见，还值得关注的是，2021 年末深圳市中级人民法院对首例申请认可和协助香港破产程序案作出裁定[①]，认可案涉公司在香港的破产程序及相应的香港清盘人身份，这将使得后续在内地开展破产清算的各项工作成为可能。

二　涉外仲裁司法监督

（一）管辖权

在“中房联合置业集团有限公司、CHNIA REAL ESTATE GRP LTD（中国房地产集团有限公司）股权转让纠纷”一案[②]中，原被告就同一股份转让行为，先达成了《股权转让协议》，后达成了《股权买卖协议》及补充协议。《股权转让协议》约定协议双方发生履约争议，且自行协商无效时，任一方当事人可依法向所在地法院起诉。《股权买卖协议》则约定有仲裁条款，约定因合同所引起的或与之有关的任何争议、纠纷、分歧或索赔，包括合同的存在、效力、解释、履行、违反或终止，或因合同引起的，或与之有关的任何非合同性争议，均应提交给香港国际仲裁中心管理的仲裁机构仲裁。被告主张《股权转让协议》仅为股权登记而签订，真正履行的为《股

① （2021）粤 03 认港破 1 号。

② （2021）京民终 103 号。

权买卖协议》及补充协议，故法院无管辖权。此案的中国房地产集团有限公司为在新加坡注册登记的公司，故此案属于涉外商事纠纷案件。

北京市第四中级人民法院认为，双方《股权转让协议》第 3 条约定款项的支付方式和期限由双方另行签订协议确定。《股权买卖协议》确定了支付的具体事项，并约定该协议包含各方就协议主体事宜达成的全部条款和条件，在所有方面取代和取消就该主题达成的所有书面或口头协议、意向书和谅解。因此，与股权转让款等争议有关的且实际履行的为《股权买卖协议》及补充协议，基于《股权买卖协议》中的仲裁条款认定此案不属于法院主管范围，裁定驳回起诉。原告主张的《最高人民法院关于适用〈中华人民共和国仲裁法〉若干问题的解释》第 7 条“当事人约定争议可以向仲裁机构申请仲裁也可以向人民法院起诉的，仲裁协议无效”的规定，不适用于此案。

上诉法院北京市高级人民法院则持不同意见。其主张，此案中原告提出的诉求包括继续履行《股权转让协议》、被告支付股权转让款以及被告支付违约金。其中，股权转让款部分诉争内容涉及《股权买卖协议》及补充协议，而其他诉争内容则涉及《股权转让协议》，因此在双方当事人均认可两份协议合法、有效且同时签订的情况下，应结合所涉协议综合考量。根据《最高人民法院关于适用〈中华人民共和国仲裁法〉若干问题的解释》第 7 条的规定，此案应根据《股权转让协议》约定的协议管辖条款确定管辖。

此案回答了当同一交易内容达成两份协议，一份约定仲裁，一份约定诉讼，应当如何处理，是否适用现有的“约定或裁或诉，仲裁协议无效”规定的问题。一审法院与上诉法院对此进行了不同解读，二者对于协议之间关系的认定的不同，导致此案在应由仲裁庭管辖还是由法院管辖的问题上得出了不同结论。可见，现有涉外案件的复杂性对法院提出了越来越精细化的要求，法院在裁判过程中对于案情的精确理解与法律的精确适用至关重要。这一精神还体现在，《全国法院涉外商事海事审判工作座谈会会议纪要》第 97 项明确了主合同与从合同纠纷解决方式的认定，即原则上分别按照二者的约定进行，仅在主合同约定仲裁，从合同无约定，且主从合同当事人一致的情况下可受主合同约定的仲裁的约束。

（二）法律适用

在“北京中光伟业进出口有限公司（以下简称‘中光伟业公司’）与罗纳德·A. 奇泽姆有限公司（Ronald A. Chisholm Limited）（以下简称‘罗纳德公司’）合同纠纷”一案[①]中，中光伟业公司作为宇泰公司的委托人，依据宇泰公司与罗纳德公司订立的合同，将其起诉至北京市第四中级人民法院，要求罗纳德公司返还定金、赔偿损失。案涉协议均约定了“最终约束性仲裁”条款，约定应根据联合国国际贸易法委员会有效的仲裁规则进行仲裁，并约定在与联合国国际贸易法委员会规则相冲突时，应适用的规则为：“仲裁地点为安大略省多伦多市，语言为英文；仲裁所在地为加拿大安大略省多伦多市；应设一名仲裁员，仲裁员应根据……进行指定。”此外，案涉协议还约定了“适用法律条款”，即应适用加拿大安大略省法律并依该法进行解释。被告因此主张北京市第四中级人民法院不具有管辖权。

北京市第四中级人民法院详尽分析了此案所涉仲裁协议的效力问题，主张协议有效，并裁定驳回起诉。法院认为，根据《法律适用法》第 18 条，仲裁协议效力优先依据当事人所选法律进行判断，未选择时适用仲裁地法律或仲裁机构所在地法律。此案未约定仲裁条款适用的法律，但约定了仲裁地及仲裁机构所在地均为加拿大安大略省多伦多市，故应依据加拿大法判断仲裁条款效力。根据《安大略省国际商事仲裁法》，联合国国际贸易法委员会《国际商事仲裁示范法》具有法律效力，案涉仲裁协议效力问题应依据《国际商事仲裁示范法》进行解决。《国际商事仲裁示范法》第 7 条关于仲裁协议的规定以及《联合国国际贸易法委员会仲裁规则》第 6 条均未要求当事人必须在仲裁协议中明确约定仲裁机构，同时为仲裁机构的确定提供了一定的路径。因此，仲裁协议应为有效，此案不属于中国人民法院受理民事案件的范围。上诉法院北京市高级人民法院对一审法院的认定不持异议，也认可了仲裁协议效力。

---

① （2021）京民终 1003 号。

此案法院对于仲裁协议效力的判定，严格遵守相关法律法规，形成了完整的论证链条，且在查明外国相关规定上积极详尽，体现了我国法院对于外国法律法规以及国际组织相关规范的尊重。

（三）仲裁协议

1. 仲裁机构约定不清晰对仲裁协议效力的影响

"以色列 Hartech 科技有限公司（以下简称'Hartech 科技公司'）与北京神舟智汇科技有限公司（以下简称'神舟智汇公司'）买卖合同纠纷"一案①中，当事人双方仅约定由"新加坡国际经济贸易仲裁委员会"仲裁，但双方均向法院确认这一名称无法对应任何特定的仲裁机构。原告 Hartech 科技公司主张因为仲裁机构不存在，法院对此案享有管辖权。被告神舟智汇公司则认为此案应依据《独家代理协议》中争议解决条款的约定，由新加坡国际仲裁中心进行仲裁，法院应驳回 Hartech 科技公司的起诉。此案原告 Hartech 科技公司为在以色列国注册登记的公司，故属于涉外民事纠纷。

对于仲裁协议效力，北京市第四中级人民法院认为，根据《法律适用法》第 18 条和《最高人民法院关于适用〈中华人民共和国仲裁法〉若干问题的解释》第 16 条，在当事人未约定的情况下，应优先适用仲裁地或仲裁机构所在地的法律进行认定。此案约定的仲裁机构虽然不存在，但体现了当事人将争议交到新加坡进行仲裁的意思表示，应认定双方的仲裁地为新加坡，进而适用新加坡法认定仲裁协议效力。当事人双方均无异议的查明的新加坡法内容为："新加坡法项下有关仲裁协议效力的准据法，即《新加坡国际仲裁法》第 6 条规定，除非仲裁协议无效、不能实行或不能履行，新加坡法院必须认可仲裁协议的效力，并将所有的与仲裁协议中事项相关的法律程序予以中止。该法并未要求仲裁协议必须指定仲裁地或仲裁机构方为有效或可执行的仲裁协议。根据新加坡法律，只要当事人在仲裁协议中有明确的提请仲裁的意思表示，没有约定仲裁机构的临时仲裁协议也可以是有效并被支持

---

① （2021）京 04 民初 1275 号。

的。依据新加坡法律，只要当事人在仲裁协议中有明确的提请仲裁的意思表示，一个包含不存在的，或模糊的仲裁机构的仲裁协议也可以是有效的且被支持的。”因此，此案中，虽双方在《独家代理协议》中约定了不存在的仲裁机构，但双方将争议交由仲裁机构进行仲裁的意思表示是明确的，根据上述查明的新加坡法规定，此案现有证据无法否定双方之间仲裁条款的效力。

此案中，双方当事人签订的《独家代理协议》中并未约定明确的仲裁地或仲裁机构，但是北京市第四中级人民法院依据当事人现有约定，认定了双方形成合意的仲裁地，并通过正确适用新加坡法认可了该仲裁协议的效力，体现了司法支持仲裁的裁判原则。

2. 国际足联裁决结果不属于外国仲裁裁决

在“德拉甘·可可托维奇诉上海恩渥餐饮管理有限公司、吕某劳务合同纠纷”一案[①]中，原告塞尔维亚籍德拉甘·可可托维奇与被告前身上海聚运动足球俱乐部有限公司（以下简称“聚运动公司”）于2017年7月解除了劳务合同关系，并在《解除合同协议》中约定，与该合同相关或由此产生的任何争议或诉讼，应当由国际足联球员身份委员会或任何其他有权机构如国际足联管辖。若国际足联对于任何争议不享有司法管辖权，则应提交至国际体育仲裁院，根据《与体育相关的仲裁规则》予以受理，相关仲裁程序应于瑞士洛桑进行。后来应原告的申请，国际足联球员身份委员会于2018年6月作出《单一法官裁决》，要求被告支付相关款项。该裁决另载明，若当事人对裁决结果有异议，应按照规定程序向国际体育仲裁院提起上诉，否则该裁决将成为终局性、具约束力的裁决。后双方均未向国际体育仲裁院提起上诉。因聚运动公司解散，原告无法获得足球行业自治机制的支持执行该裁决，故原告向上海市徐汇区人民法院起诉请求索赔，上海市徐汇区人民法院支持了被告的答辩，即案涉争议应提交国际体育仲裁院仲裁，人民法院无管辖权。原告遂上诉至上海市第一中级人民法院。

上海市第一中级人民法院提出了两点主张。首先，国际足联球员身份委

① （2020）沪01民终3346号。

员会作出的《单一法官裁决》不属于《承认及执行外国仲裁裁决公约》项下的“外国仲裁裁决”，后者应满足“常设仲裁机关或专案仲裁庭”作出的“有约束力”且“具有终局性”的条件。而此案中，国际足联球员身份委员会属自治纠纷解决机构而非独立的仲裁机构；仅就会员单位和成员之间的争议作出内部决定，并依靠行业内部自治机制执行，不具有普遍约束力；根据国际足联内部规定，其处理的相关争议不影响球员或俱乐部向法院寻求救济，故不具有终局性。其次，此案中仲裁条款不能排除法院管辖权。一方面，当事人在约定国际足联没有管辖权的情况下提交至国际体育仲裁院仲裁，可见当事人不认为国际足联内部的纠纷解决程序为仲裁程序，国际足联解决纠纷的相关规定自然不影响人民法院行使管辖权。另一方面，对于“提交至国际体育仲裁院仲裁”的约定，需要进一步审查该约定的效力。根据《法律适用法》第 18 条，判断仲裁条款效力的准据法为瑞士法。《瑞士联邦国际私法》第 178 条针对仲裁协议效力提出了形式和实质条件，案涉的仲裁协议满足该规定，故应判定为合法有效。然而，在此案中，当事人约定若国际足联对于任何争议不享有司法管辖权，则应提交至国际体育仲裁院，而国际足联球员身份委员会已作出《单一法官裁决》，国际足联已行使管辖权，当事人约定的提交至国际体育仲裁院仲裁的条件已经不再满足。在此种情况下，仲裁条款已经不能适用于此案，故此案不能排除法院行使管辖权。

此案被列入最高人民法院第 36 批指导性案例，涉及国际单项体育组织内部纠纷解决机构作出的纠纷处理决定的法律性质认定问题，案例确认的两个裁判要点对于类似案件审理具有示范意义。

（四）仲裁裁决的承认与执行

1. 涉第三方资助仲裁裁决的承认与执行

在“董某某等与国银飞机租赁（天津）有限公司申请撤销仲裁裁决”一案[①]中，申请人以仲裁员与第三方资助机构之间存在利益联系导致了仲裁

① （2022）京 04 民特 368 号。

庭组成与仲裁规则不符，以及第三方资助机构的参与违反仲裁保密规定为理由，申请撤销中国国际经济贸易仲裁委员会的仲裁裁决。此案具有涉外因素，因此所涉裁决为涉外仲裁裁决。

针对第一个理由，北京市第四中级人民法院主张这具体包括仲裁员是否履行信息披露义务、遵守回避规定与第三方资助机构在仲裁中的披露两个子问题。法院进一步认为，在社会生活与交往中存在的关联关系未达到法律规定的足以影响仲裁独立、公正的审理和裁决的程度，且仲裁员在不知悉这种关系的情况下，不能被认定为违反信息披露义务以及回避的程序规定。现有证据不足以证明仲裁员与案涉第三方资助机构存在可能引起对其公正性和独立性产生合理怀疑的事实或情况。此外，选择第三方资助应属于民事主体依法行使权利的范围，且当事人已于仲裁庭披露，仲裁庭中当事人已经就第三方资助行为合法性问题进行充分辩论并由仲裁庭作出认定。法院审查第三方资助是否构成撤销仲裁裁决事由的关键在于，判断其是否违反法律规定和仲裁规定、是否影响案件公正裁决。此案显然不构成此类违反。

针对第二个理由，人民法院认为保密性的关键在于案件不对社会公开、披露，但不限制相关人员获知信息。此案并无证据证明存在向社会公开、披露的情形，且在现有法律并未禁止第三方资助机构参与的情况下，第三方资助机构与一方当事人建立资助关系，并不违反保密规则。因此，人民法院不支持申请人该请求。

此案为北京市第四中级人民法院对我国新兴案件“涉第三方资助案件”的回应，该法院在对仲裁庭作出的裁决涉及第三方资助的情况进行处理方面，较为开放，与上海市第二中级人民法院在2021年针对《诉讼投资合作协议》作出的“有损公共秩序，有违公序良俗”的认定存在明显差异。这对中国如何应对第三方资助的理论和实践提供了新的讨论与借鉴样本。

2. 违反仲裁时效不构成程序违法

在“Mingliu Wang与Wisdom Glory Investment Limited申请撤销仲裁裁

决”一案[①]中，申请人以仲裁庭受理案件时已经超过仲裁时效，不应继续审理为由，主张仲裁违反法定程序，请求法院撤销仲裁裁决。此案具有涉外因素，所涉裁决为涉外仲裁裁决。

北京市第四中级人民法院认为，仲裁时效是权利人向仲裁机构请求保护其权利的法定期限，对于权利人未能在法定期限内及时行使权利的，无法获得仲裁对其实体权利保护的支持。但是，仲裁时效不影响当事人向仲裁机构提出申请的权利。仲裁时效属于仲裁庭审理案件过程中的实体审理范围，并非人民法院审查仲裁裁决是否应予撤销的事项，因此该人民法院不支持申请人关于案件超过仲裁时效的抗辩。

此案为北京市第四中级人民法院对《民事诉讼法》第 281 条关于人民法院撤销涉外仲裁裁决的法定事由的进一步明确：仲裁时效属于仲裁实体审理范围，不是仲裁程序性事项。当事人可在仲裁过程中提出时效抗辩以保护其实体权利，但是不能在仲裁裁决作出后，以时效抗辩申请人民法院撤销仲裁裁决。此案进一步明确了因程序违法撤销涉外仲裁裁决的范围，具有参考意义。

3. 仲裁员合理披露义务的范围

在“北京怡安泰宇经贸有限公司申请撤销仲裁裁决”一案[②]中，申请人认为首席仲裁员孙某未履行仲裁员披露义务，仲裁程序违反仲裁规则，请求法院撤销仲裁裁决。此案具有涉外因素，属涉外仲裁裁决。

申请人认为，首席仲裁员孙某为中国行为法学会第六届理事会学术委员会委员，该学会理事候选人推荐名单中包括两位对方当事人律师，并且首席仲裁员孙某为高校博士生导师，而对方当事人律师在同一高校担任硕士生导师，二者具有可能影响公正裁决的关系。北京市第四中级人民法院作出裁决认为，合理披露是仲裁员应当履行的义务，目的在于保障仲裁当事人的知情权。对于可能导致仲裁当事人对仲裁员公正性与独立性产生合理怀疑的情

---

① （2022）京 04 民特 130 号。

② （2022）京 04 民特 540 号。

形，仲裁当事人可以基于仲裁员披露而适时向仲裁委员会申请回避。一般而言，需要披露的内容应当包括仲裁员与仲裁当事人或者仲裁审理结果具有利害关系的事项，而对于人与人之间因社会生活交往而产生的普遍联系，不属于能够对仲裁员公正性与独立性产生合理怀疑的情形，因此也并非仲裁员应当披露的事项。申请人提到的回避事项属于社会生活交往中的普遍联系，无法直接认定首席仲裁员孙某与仲裁结果存在利害关系。

此案中，北京市第四中级人民法院进一步阐释了仲裁员披露义务的范围，社会生活交往产生的普遍联系不在仲裁员披露义务之内，单一的同事关系、处于同一社会组织内的普遍联系不能认定为与仲裁结果存在利害关系。此案在仲裁员披露义务的认定上具有参考意义。

结　语

从 2022 年中国各级人民法院涉外司法审判实践来看，涉案争议案情日趋复杂，各级人民法院在认定涉外案件时更具开放性和专业性，对于管辖、准据法等论证更为全面、丰富，也处理了诸多新时代新背景下的争议问题。

对于管辖权，外国网络公司与中国用户签署的协议中约定由外国法院管辖的格式条款需符合中国相关法律；[①] 合同续签时更改协议管辖法院的，以续签中更改后的管辖条款为准；[②] 担保公司在存在协议管辖，且涉及纠纷广泛影响中国公民合法权益的情况下，不构成不方便管辖[③]。

对于法律适用，公司向高管等授予限制性股票并签订协议后产生争议的，无论是认定为劳动争议，因涉及强制性规定而适用中国法，[④] 还是认定为合同争议，依据当事人合意确定适用的法律，[⑤] 实践观点不同。达成合伙

① （2020）京 0491 民初 35776 号。

② （2022）京民终 8 号。

③ （2022）京民辖终 297 号。

④ （2022）京 02 民终 3040 号。

⑤ （2021）粤 0391 民初 1747 号。

协议后产生争议并就该事项达成协议的，非侵权纠纷而为合同纠纷[①]；人身保险合同在被保险人起诉保险人欺诈案件中可识别为消费者合同纠纷[②]。此外，我国法院在案件符合条件时，积极适用 1992 年《国际油污损害民事责任公约》[③]、《伯尔尼保护文学和艺术作品公约》[④] 以及《联合国国际货物销售合同公约》[⑤] 等。婚姻纠纷涉及不动产权属[⑥]或合同纠纷[⑦]，涉及身份关系的，应适用婚姻财产纠纷相关准据法。独立保函欺诈之诉不受当事人保函中约定的法律的限制，应适用侵权相关冲突规则以及《最高人民法院关于审理独立保函纠纷案件若干问题的规定》相关规定。[⑧] 以人格混同为由要求公司对其香港全资子公司承担责任的，应适用侵权相关冲突规范。[⑨] 内地股东是否有权为香港的子公司利益提起损害公司利益责任诉讼，应根据公司相关冲突规范认定。[⑩] 海事保险合同未选择合同准据法，但英文版中保险条款写明适用他国法律和惯例解释的，应视他国法律为解释依据，而非准据法。[⑪] 担保合同与主合同分别依据自身的法律适用条款确定准据法已成为共识，[⑫] 但在主合同约定选法条款，担保合同并未约定时，存在基于二者的从属关系，选择与主合同有最密切联系的法律作为适用法律，[⑬] 以及不考虑从属关系，依据担保函的出具地来认定[⑭]的不同做法。执行异议纠纷，依据异议内容是针对被执行的不动产提出异议，[⑮] 还是案件核心涉及夫妻共同财产

---

① （2021）渝 0192 民初 8669 号。
② （2021）粤 2071 民初 12484 号。
③ （2022）鲁 72 民初 286 号。
④ （2022）浙 0110 民初 439 号。
⑤ （2022）粤 01 民终 5133 号。
⑥ （2022）闽 02 民终 78 号。
⑦ （2021）沪 0101 民初 1247 号。
⑧ （2020）鲁 01 民初 4051 号。
⑨ （2021）粤 0391 民初 5476 号。
⑩ （2022）粤 01 民终 2975 号。
⑪ （2021）沪民终 359 号。
⑫ （2021）粤 01 民初 2513 号
⑬ （2021）京 04 民初 862 号。
⑭ （2020）粤 01 民初 1834 号。
⑮ （2020）京 04 民初 714 号。

的认定,[①] 分别适用不同的准据法。

对于外国（区际）判决的承认（认可）与执行，只要我国判决根据他国法律制度可能在该国承认与执行，即认为满足互惠条件;[②] 对于美国的判决，虽满足互惠前提，但对于明显超出实际损失的惩罚性判决部分，则不予承认与执行;[③] 对于被香港特别行政区高等法院签发的个人破产令，在内地不予认可，故相关个人仍可在内地被起诉[④]。

对于仲裁的管辖权，当事人就同一事项先后达成了不同的协议，并分别约定仲裁与管辖的，应基于协议之间的关系进而认定是否符合“或裁或诉”条款适用条件。[⑤] 对于仲裁协议的法律适用，需查明仲裁地的法律包括其赋予《国际商事仲裁示范法》的效力，以判断仲裁协议效力。[⑥] 对于仲裁协议，可依据约定的不准确的仲裁机构判定当事人在一国仲裁的意愿，并据此适用其法律来认定仲裁协议效力;[⑦] 约定先由国际足联作出决定，且在国际足联对于任何争议不享有司法管辖权的情况下提交至国际体育仲裁院，国际足联已经作出决定的，该决定不属于我国法律中的外国仲裁裁决，且因为国际足联已经行使管辖，不再满足提交仲裁条件，因此可由法院行使管辖权[⑧]。对于仲裁裁决的承认与执行，明确了第三方资助机构参与仲裁并没有使仲裁庭组成与仲裁规则不符，也不违反仲裁保密规定;[⑨] 当事人在仲裁程序中未提出时效抗辩的，不能以此作为程序违法的依据要求撤销仲裁裁决;[⑩] 仲裁员与一方当事人律师为同事或同属于一组织，为社会生活交往的

---

① （2022）辽 01 民终 807 号。
② （2018）沪 72 协外认 1 号
③ （2019）粤 01 协外认 22 号。
④ （2021）粤 03 认港破 1 号。
⑤ （2021）京民终 103 号。
⑥ （2021）京民终 1003 号。
⑦ （2021）京 04 民初 1275 号。
⑧ （2020）沪 01 民终 3346 号。
⑨ （2022）京 04 民特 368 号。
⑩ （2022）京 04 民特 130 号。

普遍联系，不构成披露的事由①。

总体上看，以前述 31 件案件为典型，各级人民法院在 2022 年的司法实践中积极回应新出现的争议问题，个案中详细阐明相关法律条款的适用，积极适用国际公约，查明及准确适用外国法。针对当事人争议事项，观点明确、论证详尽、说理充分。不过，不容忽视的是，一些案件仍存在涉外性判断不当、争诉问题定性不准、法律选择不说理或说理有瑕疵等问题。

2022 年的涉外司法实践表明，中国各级人民法院积极践行依法服务高水平对外开放，加强能力建设，提高司法水平，致力于提升中国在国际上的司法影响力。未来，中国应继续推进涉外法治建设，坚持司法支持仲裁理念，保护中外当事人的合法权益。

① （2022）京 04 民特 540 号。

B.4

2022年中国促进国际法治：国际制度

聂建强*

摘　要： 2022年，面对世界之变、时代之变、历史之变，世界又一次站在历史的十字路口，国际制度再次面临严峻挑战。面对严峻的国际形势，中国继续展现大国担当，积极开展元首外交，继续阐述中国对国际制度的主张，致力于推动构建人类命运共同体，维护国际公平正义，践行真正的多边主义，坚定维护以联合国为核心的国际体系、以国际法为基础的国际秩序、以《联合国宪章》宗旨和原则为基础的国际关系基本准则。中国积极参加条约的谈判、签署和履行，加强国际制度的法治保障。实践再次证明，中国始终是国际秩序的维护者、世界和平的建设者和全球发展的贡献者。

关键词： 国际制度　人类命运共同体　全球安全倡议

2022年，在国际，世界之变、时代之变、历史之变以前所未有的方式展开。地缘政治紧张局势加剧，全球安全、经济、金融、能源、粮食等多重挑战叠加，霸权主义、单边主义、保护主义依然横行，和平赤字、发展赤字、安全赤字、治理赤字加重，人类社会面临前所未有的挑战，国际制度亟须调整和变革。在国内，中国共产党第二十次全国代表大会胜利召开，会议提出以中国式现代化全面推进中华民族伟大复兴。中国式现代化是走和平发展道路的现代化，中国式现代化的本质要求之一是推动构建人类命运共同体。面对复杂严峻的国际形势和中国式现代化建设使命，中国继续展现大国担当，

* 聂建强，法学博士，武汉大学法学院教授，教育部重点研究基地武汉大学国际法研究所副所长，主要研究领域为国际经济法、知识产权法。

积极开展元首外交，推动构建人类命运共同体，提出全球安全倡议，落实全球发展倡议，积极参加条约的谈判、签署和履行，加强国际制度的法治保障。

一　积极开展元首外交，继续阐述中国对国际制度的主张

元首外交特别是领导人峰会是把舵国际关系的重要机制，是阐释中国主张的最重要途径。2022 年中国国家主席习近平通过出席领导人峰会等开展元首外交谈形势、指方向、提建议、促合作，阐释中国对国际制度的主张，为完善全球治理贡献中国方案。

2022 年，习近平主席先后出席撒马尔罕上海合作组织成员国元首理事会、巴厘岛二十国集团领导人峰会、曼谷亚太经合组织领导人非正式会议、利雅得首届中国—阿拉伯国家峰会和中国—海湾阿拉伯国家合作委员会峰会，以及我国主办的北京冬奥会和冬残奥会、金砖国家领导人第十四次会晤、全球发展高层对话会、《湿地公约》第十四届缔约方大会、第五届中国国际进口博览会、2022 年中国国际服务贸易交易会和博鳌亚洲论坛 2022 年年会等重要外交活动。习近平主席在出席领导人峰会和其他重要外交活动期间，多次强调推动构建人类命运共同体，践行真正的多边主义，维护以联合国为核心的国际体系，恪守《联合国宪章》宗旨和原则，维护以国际法为基础的国际秩序。这些主张深化了国际制度的价值目标，重申了国际制度的核心理念，指明了国际制度的基本原则，强化了国际制度的法治保障。

（一）继续致力于推动构建人类命运共同体，提升国际制度的价值目标

推动构建人类命运共同体是中国式现代化的本质要求之一。[①] 2022 年，习近平主席在金砖国家领导人第十四次会晤[②]、二十国集团领导人第十七次

---

① 参见《习近平：高举中国特色社会主义伟大旗帜　为全面建设社会主义现代化国家而团结奋斗——在中国共产党第二十次全国代表大会上的报告》，中国政府网，2022 年 10 月 25 日，https：//www. gov. cn/xinwen/2022-10/25/content_ 5721685. htm。

② 参见《习近平在金砖国家领导人第十四次会晤上的讲话（全文）》，人民网，2022 年 6 月 23 日，http：//politics. people. com. cn/n1/2022/0623/c1024-32454892. html。

峰会[①]上多次呼吁，要推动构建人类命运共同体。习近平主席在亚太经合组织第二十九次领导人非正式会议[②]、上海合作组织成员国元首理事会第二十二次会议[③]、《生物多样性公约》第十五次缔约方大会第二阶段高级别会议开幕式[④]、首届中国—阿拉伯国家峰会[⑤]上，进一步提出要共同构建亚太命运共同体、上海合作组织命运共同体、地球生命共同体和中阿命运共同体。

习近平主席提出的共同推动构建人类命运共同体提升了国际制度的价值目标，获得了国际社会的广泛赞同。2022 年 9 月 16 日发布的《上海合作组织成员国元首理事会撒马尔罕宣言》重申“共同推动构建相互尊重、公平正义、合作共赢的新型国际关系和人类命运共同体具有重要现实意义”[⑥]。2022 年 12 月 9 日发布的《首届中阿峰会利雅得宣言》强调“一致同意全力构建面向新时代的中阿命运共同体，旨在加强中阿团结协作，助力各自民族复兴，促进地区和平发展，维护国际公平正义，为构建人类命运共同体贡献力量”[⑦]。

（二）践行真正的多边主义，揭示国际制度的核心理念

2022 年，习近平主席在世界经济论坛视频会议[⑧]、北京 2022 年冬奥会

① 参见《习近平在二十国集团领导人第十七次峰会第一阶段会议上的讲话（全文）》，中国政府网，2022 年 11 月 15 日，https：//www.gov.cn/xinwen/2022-11/15/content_ 5727057.htm。

② 参见《习近平在亚太经合组织第二十九次领导人非正式会议上的讲话》，中国政府网，2022 年 11 月 18 日，https：//www.gov.cn/xinwen/2022-11/18/content_ 5727716.htm。

③ 参见《习近平出席上海合作组织成员国元首理事会第二十二次会议并发表重要讲话》，中国政府网，2022 年 9 月 16 日，https：//www.gov.cn/xinwen/2022-09/16/content_ 5710316.htm。

④ 参见《习近平向〈生物多样性公约〉第十五次缔约方大会第二阶段高级别会议开幕式致辞》，中国政府网，2022 年 12 月 16 日，https：//www.gov.cn/xinwen/2022-12/16/content_ 5732339.htm。

⑤ 参见《习近平在首届中国—阿拉伯国家峰会上发表主旨讲话》，中国政府网，2022 年 12 月 10 日，https：//www.gov.cn/xinwen/2022-12/10/content_ 5731162.htm。

⑥ 参见《上海合作组织成员国元首理事会撒马尔罕宣言》，新华网，2022 年 9 月 17 日，http：//www.news.cn/2022-09/17/c_ 1129009769.htm。

⑦ 参见《首届中阿峰会利雅得宣言》，外交部网站，2022 年 12 月 10 日，https：//www.mfa.gov.cn/zyxw/202212/t20221210_ 10988459.shtml。

⑧ 参见《习近平在 2022 年世界经济论坛视频会议的演讲（全文）》，中国政府网，2022 年 1 月 17 日，https：//www.gov.cn/xinwen/2022-01/17/content_ 5668944.htm。

欢迎宴会[①]、上海合作组织成员国元首理事会第二十二次会议[②]、首届中国—阿拉伯国家峰会和中国—海湾阿拉伯国家合作委员会峰会[③]、《生物多样性公约》第十五次缔约方大会第二阶段高级别会议开幕式[④]、第五届中国国际进口博览会开幕式的主旨讲话或致辞中多次重申，要坚定维护以联合国为核心的国际体系，坚持真正的多边主义，维护广大发展中国家正当权益，完善全球治理，携手推动国际秩序朝着更加公正合理的方向发展。

（三）维护以国际法为基础的国际秩序，强化国际制度的法治保障

2022 年 9 月 16 日，习近平出席上海合作组织成员国元首理事会第二十二次会议并发表重要讲话，强调“要坚定维护以联合国为核心的国际体系和以国际法为基础的国际秩序，弘扬全人类共同价值，摒弃零和博弈和集团政治”[⑤]。习近平主席在《生物多样性公约》第十五次缔约方大会第二阶段高级别会议开幕式致辞[⑥]和北京 2022 年冬奥会欢迎宴会的致辞[⑦]中也提及了这一主张。上述主张揭示了国际制度的核心理念，强化了国际制度的法治保障，已发展成为国际社会的共识。《上海合作组织成员国元首理事会

---

① 参见《习近平在北京 2022 年冬奥会欢迎宴会上的致辞（全文）》，中国政府网，2022 年 2 月 5 日，https：//www. gov. cn/xinwen/2022-02/05/content_ 5672097. htm。

② 参见《习近平出席上海合作组织成员国元首理事会第二十二次会议并发表重要讲话》，中国政府网，2022 年 9 月 16 日，https：//www. gov. cn/xinwen/2022-09/16/content_ 5710316. htm。

③ 参见《习近平在首届中国—阿拉伯国家峰会上发表主旨讲话》，中国政府网，2022 年 12 月 10 日，https：//www. gov. cn/xinwen/2022-12/10/content_ 5731162. htm；《习近平在中国—海湾阿拉伯国家合作委员会峰会上的主旨讲话》，中国政府网，2022 年 12 月 10 日，https：//www. gov. cn/xinwen/2022-12/10/content_ 5731130. htm。

④ 参见《习近平向〈生物多样性公约〉第十五次缔约方大会第二阶段高级别会议开幕式致辞》，中国政府网，2022 年 12 月 16 日，https：//www. gov. cn/xinwen/2022-12/16/content_ 5732339. htm。

⑤ 参见《习近平出席上海合作组织成员国元首理事会第二十二次会议并发表重要讲话》，中国政府网，2022 年 9 月 16 日，https：//www. gov. cn/xinwen/2022-09/16/content_ 5710316. htm。

⑥ 参见《习近平向〈生物多样性公约〉第十五次缔约方大会第二阶段高级别会议开幕式致辞》，中国政府网，2022 年 12 月 16 日，https：//www. gov. cn/xinwen/2022-12/16/content_ 5732339. htm。

⑦ 参见《习近平在北京 2022 年冬奥会欢迎宴会上的致辞（全文）》，中国政府网，2022 年 2 月 5 日，https：//www. gov. cn/xinwen/2022-02/05/content_ 5672097. htm。

撒马尔罕宣言》[①]、《全球发展高层对话会主席声明》[②]、《二十国集团领导人巴厘岛峰会宣言》[③] 以及《首届中阿峰会利雅得宣言》[④] 均予载明。

（四）提出全球安全倡议，贡献中国方案

2022 年 4 月 21 日，习近平主席在博鳌亚洲论坛 2022 年年会开幕式上首次提出全球安全倡议。全球安全倡议的要义是“六个坚持”：坚持共同、综合、合作、可持续的安全观，共同维护世界和平和安全；坚持尊重各国主权、领土完整，不干涉别国内政，尊重各国人民自主选择的发展道路和社会制度；坚持遵守《联合国宪章》宗旨和原则，摒弃冷战思维，反对单边主义，不搞集团政治和阵营对抗；坚持重视各国合理安全关切，秉持安全不可分割原则，构建均衡、有效、可持续的安全架构，反对把本国安全建立在他国不安全的基础之上；坚持通过对话协商以和平方式解决国家间的分歧和争端，支持一切有利于和平解决危机的努力，不能搞双重标准，反对滥用单边制裁和“长臂管辖”；坚持统筹维护传统领域和非传统领域安全，共同应对地区争端和恐怖主义、气候变化、网络安全、生物安全等全球性问题。[⑤]

全球安全倡议明确了维护和实现全球安全的核心理念、根本遵循、重要原则、长远目标和可行思路，同时旗帜鲜明地提出了反对单边主义、反对把本国安全建立在他国不安全的基础之上、反对滥用单边制裁和“长臂管辖”，为推动全球安全治理体系改革、摆脱人类安全困境、推动构建人类命运共同

① 参见《上海合作组织成员国元首理事会撒马尔罕宣言》，新华网，2022 年 9 月 17 日，http：//www. news. cn/2022-09/17/c_ 1129009769. htm。

② 参见《全球发展高层对话会主席声明（全文）》，中国政府网，2022 年 6 月 25 日，https：//www. gov. cn/xinwen/2022-06/25/content_ 5697703. htm。

③ 参见《二十国集团领导人巴厘岛峰会宣言（摘要）》，外交部网站，2022 年 11 月 16 日，https：//www. fmprc. gov. cn/web/zyxw/202211/t20221116_ 10976467. shtml。

④ 参见《首届中阿峰会利雅得宣言》，外交部网站，2022 年 12 月 10 日，https：//www. mfa. gov. cn/zyxw/202212/t20221210_ 10988459. shtml。

⑤ 参见《习近平在博鳌亚洲论坛 2022 年年会开幕式上的主旨演讲（全文）》，中国政府网，2022 年 4 月 21 日，https：//www. gov. cn/xinwen/2022-04/21/content_ 5686424. htm。

体提供了重要理念指引。[①] 国际社会普遍认为，全球安全倡议回应了各方对维护世界和平、防止冲突战争的迫切需要，顺应了世界各国坚持多边主义、维护国际团结的共同追求，响应了世界各国人民共克时艰、携手开创美好世界的普遍愿望，为破解全球安全治理难题、弥合全球安全鸿沟贡献了中国智慧、中国方案。全球安全倡议提出半年多来，已有70多个国家对其表示赞赏支持。[②]

二　共同发布宣言、声明和公报，引导国际制度发展方向

2022年，中国成功主办金砖国家领导人第十四次会晤和全球发展高层对话会，积极参加撒马尔罕上海合作组织成员国元首理事会、巴厘岛二十国集团领导人峰会、曼谷亚太经合组织领导人非正式会议、利雅得首届中国—阿拉伯国家峰会、中国—海湾阿拉伯国家合作委员会峰会和其他多双边重要会议，共同发布宣言、声明和公报，[③] 共同推动国际制度特别是

① 《人民网评："全球安全倡议"，为全球安全治理贡献中国方案》，人民网，2022年4月22日，http://opinion.people.com.cn/n1/2022/0422/c223228-32406339.html。

② 《为动荡的世界提供更多稳定性和确定性——2022年中国特色大国外交勇毅前行》，人民网，2022年12月30日，http://world.people.com.cn/n1/2022/1230/c1002-32596716.html。

③ 2022年，中国共同参与发布的宣言主要有《金砖国家领导人第十四次会晤北京宣言》（2022年6月23日）、《上海合作组织成员国元首理事会撒马尔罕宣言》（2022年9月16日）、《二十国集团领导人巴厘岛峰会宣言》（摘要）（2022年11月16日）、《武汉宣言》（2022年11月6日）和《2022年亚太经合组织领导人宣言》（摘要）（2022年11月19日）等；声明主要有《五个核武器国家领导人关于防止核战争与避免军备竞赛的联合声明》（2022年1月3日），《中国同中亚五国领导人关于建交30周年的联合声明》（2022年1月25日），《中华人民共和国和俄罗斯联邦关于新时代国际关系和全球可持续发展的联合声明》（2022年2月4日），《中华人民共和国和阿根廷共和国关于深化中阿全面战略伙伴关系的联合声明》（2022年2月6日），《全球发展高层对话会主席声明》（2022年6月24日），《中华人民共和国和印度尼西亚共和国两国元首会晤联合新闻声明》（2022年7月26日），《中非合作论坛第八届部长级会议成果落实协调人会议联合声明》（2022年8月18日），《上海合作组织成员国元首理事会关于应对气候变化的声明》《上海合作组织成员国元首理事会关于维护国际能源安全的声明》《上海合作组织成员国元首理事会关于维护供应链安全稳定多元化的声明》《上海合作组织成员国元首理事会关于维护国际粮食安全的声明》（均为2022年9月16日），《纪念〈南海各方行为宣言〉签署二十周年联合声明》（2022年11月11日）和《中国—东盟全面战略伙伴关系行动计划（2022—2025）》（2022年11月11日）。

全球发展倡议、金砖国家合作、全球湿地治理和南海合作等重要方面的国际制度发展。

（一）发布《全球发展高层对话会主席声明》，落实全球发展倡议

当前，全球发展进程遭受严重冲击，南北差距、复苏分化、发展断层、技术鸿沟等问题更加突出。2021 年 9 月 21 日，习近平主席在北京以视频方式出席第七十六届联合国大会一般性辩论并发表重要讲话时郑重提出全球发展倡议。全球发展倡议的核心要义是六个坚持，即坚持发展优先、坚持以人民为中心、坚持普惠包容、坚持创新驱动、坚持人与自然和谐共生、坚持行动导向。①

2022 年 6 月 24 日，习近平主席在北京以视频方式主持全球发展高层对话会并发表重要讲话，17 个有广泛代表性的新兴市场和发展中国家领导人共同出席。会议发布《全球发展高层对话会主席声明》，强调“坚持聚焦发展。将发展问题置于国际合作议程的核心位置，致力于落实 2030 年可持续发展议程，推动构建团结、平等、均衡、普惠的全球发展伙伴关系，携手开创普惠平衡、协调包容、合作共赢、共同繁荣的全球发展新时代”②。

中国宣布落实全球发展倡议的重要举措，包括创设“全球发展和南南合作基金”、加大对中国—联合国和平与发展基金的投入、成立全球发展促进中心等，全球发展倡议进入务实合作新阶段。目前已有 100 多个国家和国际组织积极响应支持全球发展倡议，近 70 个国家加入“全球发展倡议之友小组”。该倡议被写入中国—太平洋岛国外长会、中国—东盟建立对话关系 30 周年纪念峰会、中非合作论坛第八届部长级会议、中国—拉共体论坛第三届部长会议、首届中国—阿拉伯国家峰会等相关成果文件。国际组织负责

① 参见《习近平在第七十六届联合国大会一般性辩论上的讲话（全文）》，中国常驻联合国代表团网站，2021 年 9 月 22 日，http：//un. china-mission. gov. cn/zgyw/202109/t20210922_9588347. htm。

② 参见《全球发展高层对话会主席声明（全文）》，中国政府网，2022 年 6 月 25 日，https：//www. gov. cn/xinwen/2022-06/25/content_ 5697703. htm。

人指出，中方提出的全球发展倡议同联合国 2030 年可持续发展议程相契合，在帮助发展中国家共同发展方面，中国所作努力无可比拟。[①]

（二）发布《金砖国家领导人第十四次会晤北京宣言》，构建金砖国家高质量合作伙伴关系

2022 年 6 月 23 日，金砖国家领导人第十四次会晤通过了《金砖国家领导人第十四次会晤北京宣言》（以下简称《北京宣言》）。[②]

《北京宣言》重申对多边主义的承诺，维护国际法，包括作为其不可或缺基石的《联合国宪章》宗旨和原则，维护联合国在国际体系中的核心作用，提出加强和改革多边体系应使全球治理更具包容性、代表性和参与性，明确合作构建基于国际法准则和原则、相互尊重、公平正义、合作共赢精神以及当代世界现实的国际关系。

《北京宣言》强调进一步推进金砖外围对话和“金砖+”合作，重申各国应本着平等相待和相互尊重的原则开展合作，在互利合作的基础上构建人类命运共同体，支持以世界贸易组织为代表的开放、透明、包容、非歧视和以规则为基础的多边贸易体制，支持一个以份额为基础且资源充足的国际货币基金组织为中心的强劲、有效的全球金融安全网。

《北京宣言》承诺尊重各国主权、领土完整，强调应通过对话协商以和平方式解决国家间的分歧和争端，支持一切有利于和平解决危机的努力，重申继续加强宏观经济政策协调，深化经济领域务实合作，推动实现强劲、持续、平衡和包容的经济复苏，重申致力于平衡全面地推进经济、社会和环境三大领域工作，落实联合国 2030 年可持续发展议程。

（三）发布《武汉宣言》，完善全球湿地治理体系

2022 年 11 月 6 日，《湿地公约》第十四届缔约方大会部级高级别会议

---

① 《为动荡的世界提供更多稳定性和确定性——2022 年中国特色大国外交勇毅前行》，人民网，2022 年 12 月 30 日，http：//world.people.com.cn/n1/2022/1230/c1002-32596716.html。

② 参见《金砖国家领导人第十四次会晤北京宣言（全文）》，中国网，2022 年 6 月 28 日，http：//www.china.org.cn/chinese/2022-06/28/content_ 78293389.htm

正式通过《武汉宣言》。《武汉宣言》凝聚各方共识，展示全球意愿，呼吁推进湿地保护、修复、管理以及合理和可持续利用的立法和执法，并为评估和维护湿地生态系统服务作出努力；开展湿地及其生态系统服务的自然资产评估和核算；保护、修复和可持续地管理城市和郊区的湿地，酌情建立湿地公园或湿地教育中心；采取湿地保护和修复措施，以应对社会、经济和环境挑战；鼓励对泥炭地、珊瑚礁和海草床、红树林、高原湿地、地下水系等脆弱生态系统适当采取优先保护和管理；加强湿地水污染防治；加强全球湿地保护工作者之间的技术合作和知识共享；等等。① 其向世界宣告了中国加强生态文明建设、推动湿地保护事业高质量发展的决心和责任。

（四）发布《纪念〈南海各方行为宣言〉签署二十周年联合声明》，致力于将南海建设为和平、友谊、合作之海

2022 年 11 月 11 日，在柬埔寨金边，中国与东南亚国家联盟成员国发布《纪念〈南海各方行为宣言〉签署二十周年联合声明》（以下简称《联合声明》）。②《联合声明》重申《南海各方行为宣言》是中国—东盟对话关系中具有里程碑意义的文件，体现了各方根据包括 1982 年《联合国海洋法公约》在内的国际法，促进地区和平与稳定、增进互信与信心的共同承诺。

《联合声明》重申以《联合国宪章》宗旨和原则、1982 年《联合国海洋法公约》、《东南亚友好合作条约》、和平共处五项原则以及其他公认的国际法原则为处理国家间关系的基本准则；重申根据国际法相互尊重彼此独立、主权和领土完整；重申共同致力于维护和促进南海和平、安全与稳定；重申有关各方承诺根据公认的国际法原则，包括 1982 年《联合国海洋法公约》，由直接有关的主权国家通过友好磋商和谈判，以和平方式解决领土和管辖权争议，而不诉诸武力或以武力相威胁；重申尊重并致力于根据包括

① 参见《〈湿地公约〉第十四届缔约方大会部级高级别会议通过“武汉宣言”》，中国政府网，2022 年 11 月 7 日，https://www.gov.cn/xinwen/2022-11/07/content_5725056.htm。

② 参见《纪念〈南海各方行为宣言〉签署二十周年联合声明》，外交部网站，2022 年 11 月 14 日，https://www.mfa.gov.cn/zyxw/202211/t20221114_10974207.shtml。

1982 年《联合国海洋法公约》在内的国际法维护南海航行及飞越安全和自由；重申致力于全面有效完整落实《南海各方行为宣言》；继续在海洋环保、海洋科研、海上航行和交通安全、搜寻与救助以及打击跨国犯罪等领域探讨和开展海上务实合作；继续保持自我克制，不采取使争议复杂化、扩大化和影响和平与稳定的行动，避免采取可能使局势进一步复杂化的行动；致力于维护并营造有利环境，以全面有效落实《南海各方行为宣言》，并在协商一致基础上，早日达成有效、富有实质内容、符合包括 1982 年《联合国海洋法公约》在内国际法的"南海行为准则"。[①]

三　积极参加条约谈判和签署，加强国际制度法律保障

2022 年，中国积极参与条约谈判，申请加入多边条约，签署和批准条约，进一步稳固中外关系的法律基础，丰富国际制度的法治内涵，打造稳定、可预期的全球治理制度体系。

（一）条约谈判和签署

1. 推动自由贸易协定谈判

2021 年 12 月初至 2022 年 11 月底，中国先后与新加坡、白俄罗斯、韩国、厄瓜多尔等举行自贸协定、服务贸易与投资协定升级或升级后续谈判。2022 年 2 月 6 日，《中华人民共和国商务部与厄瓜多尔共和国生产、外贸、投资和渔业部关于启动中国—厄瓜多尔自由贸易协定谈判的谅解备忘录》签署，正式启动双边自由贸易协定谈判。

2. 推动发展数字贸易和绿色经济国际合作

2022 年 8 月 18 日，中国加入《数字经济伙伴关系协定》（DEPA）工作组正式成立。这意味着中国全面推进加入 DEPA 的谈判，充分体现中国与高

① 参见《纪念〈南海各方行为宣言〉签署二十周年联合声明》，外交部网站，2022 年 11 月 14 日，https：//www. mfa. gov. cn/zyxw/202211/t20221114_ 10974207. shtml。

标准国际数字规则兼容对接，拓展数字经济国际合作的积极意愿，是中国持续推进更高水平对外开放的重要行动。[①] 此外，中国与新加坡分别签署《中华人民共和国商务部和新加坡共和国贸易及工业部关于加强数字经济领域合作的谅解备忘录》、《中华人民共和国商务部和新加坡共和国贸易及工业部关于推动绿色发展领域合作的谅解备忘录》[②] 以及《中国与新加坡电子商务合作谅解备忘录》[③]。中国与墨西哥签署《中国商务部和墨西哥经济部关于加强数字经济领域投资合作的谅解备忘录》和《中国商务部和墨西哥经济部关于推动绿色发展领域投资合作的谅解备忘录》。[④] 中国分别与巴基斯坦和泰国签署电子商务合作谅解备忘录。[⑤] 这些合作文件将推动中国与相关国家在数字经济特别是电子商务领域以及绿色发展领域的国际合作。

3. 推动共建“一带一路”高质量发展

2022 年，中国继续扎实推动共建“一带一路”高质量发展，与共建“一带一路”国家签署协定或备忘录，夯实共建“一带一路”的法律基础。

2022 年，中国与圣多美和普林西比[⑥]、尼加拉瓜[⑦]、叙利亚[⑧]、阿根廷[⑨]

---

① 参见《我国全面推进加入〈数字经济伙伴关系协定〉谈判》，中国政府网，2022 年 8 月 23 日，https://www.gov.cn/xinwen/2022-08/23/content_5706448.htm。

② 参见《新中签署两备忘录　加强绿色与数码经济合作》，《联合早报》2022 年 6 月 14 日。

③ 参见《中国与新加坡签署电子商务合作谅解备忘录》，商务部网站，2022 年 11 月 2 日，http://www.mofcom.gov.cn/article/syxwfb/202211/20221103364333.shtml。

④ 参见《中国—墨西哥高层工作组召开第十次会议》，商务部网站，2022 年 9 月 6 日，http://www.mofcom.gov.cn/article/syxwfb/202209/20220903345888.shtml。

⑤ 参见《中国与巴基斯坦签署电子商务合作谅解备忘录》，商务部网站，2022 年 11 月 3 日，http://www.mofcom.gov.cn/article/syxwfb/202211/20221103364543.shtml；《中国与泰国签署电子商务合作谅解备忘录》，商务部网站，2022 年 11 月 24 日，http://www.mofcom.gov.cn/article/syxwfb/202211/20221103369787.shtml。

⑥ 参见《驻圣多美和普林西比大使同圣普外长滕朱瓦共同签署一带一路协议》，中非合作论坛网站，2021 年 12 月 10 日，http://www.focac.org/zfgx/jmhz/202112/t20211210_10466689.htm。

⑦ 参见《中国政府与尼加拉瓜共和国政府签署共建“一带一路”谅解备忘录》，中国驻尼加拉瓜大使馆网站，2022 年 1 月 12 日，http://ni.china-embassy.gov.cn/zngx/202210/t20221020_10786315.htm。

⑧ 参见《中叙两国签署“一带一路”合作谅解备忘录》，人民网，2022 年 1 月 13 日，http://world.people.com.cn/n1/2022/0113/c1002-32330212.html。

⑨ 参见《中国政府与阿根廷共和国政府签署共建“一带一路”谅解备忘录》，人民网，2022 年 2 月 6 日，http://world.people.com.cn/n1/2022/0206/c1002-32346285.html。

签署《关于共同推进丝绸之路经济带和21世纪海上丝绸之路建设的谅解备忘录》，并且与印度尼西亚[①]续签“一带一路”与“全球海洋支点”构想合作谅解备忘录。“十年来，我国已与152个国家、32个国际组织签署了200多份共建‘一带一路’合作文件。”[②]

4. 深化中俄新时代全面战略协作伙伴关系

2022年，中俄双方有关部门和企业签署了15项合作文件，包括《中华人民共和国政府与俄罗斯联邦政府反垄断执法和竞争政策领域的合作协定》《中华人民共和国外交部与俄罗斯联邦外交部2022年磋商计划》《中华人民共和国商务部和俄罗斯联邦经济发展部关于完成制定〈中俄货物贸易和服务贸易高质量发展的路线图〉的联合声明》《中华人民共和国商务部和俄罗斯联邦经济发展部关于推动可持续（绿色）发展领域投资合作的谅解备忘录》等。[③] 这些合作文件的签署将进一步加强中俄经贸合作，深化中俄新时代全面战略协作伙伴关系的经贸内涵。[④]

① 参见《中华人民共和国和印度尼西亚共和国两国元首会晤联合新闻声明（全文）》，中国政府网，2022年7月27日，https：//www. gov. cn/xinwen/2022-07/27/content_ 5702971. htm。

② 《我国已与152个国家、32个国际组织签署共建“一带一路”合作文件》，《人民日报》2023年8月26日，第3版。

③ 其他合作文件包括《中华人民共和国海关总署和俄罗斯联邦海关署关于“经认证的经营者”互认的安排》《中华人民共和国海关总署与俄罗斯联邦消费者权益保护和公益监督局国境卫生检疫合作协议》《中华人民共和国海关总署与俄罗斯联邦农业部关于俄罗斯输华小麦植物检疫要求议定书补充条款》《中华人民共和国海关总署与俄罗斯联邦兽医和植物卫生监督局关于俄罗斯输华大麦植物检疫要求议定书补充条款》《中华人民共和国海关总署和俄罗斯联邦兽医和植物卫生监督局关于俄罗斯苜蓿草输华检验检疫要求议定书》《中华人民共和国国家体育总局与俄罗斯联邦体育部关于举办2022—2023年中俄体育交流年联合声明》《中国卫星导航系统委员会（中华人民共和国）与俄罗斯国家航天集团（俄罗斯联邦）关于北斗和格洛纳斯全球卫星导航系统时间互操作的合作协议》《中国石油天然气集团有限公司与俄罗斯天然气工业股份公司远东天然气购销协议》《〈保障中国西部炼厂供油的原油购销合同〉补充协议3》《中国石油天然气集团有限公司与俄罗斯石油股份公司低碳发展领域合作谅解备忘录》《信息化和数字化领域合作协议》。参见《中俄签署一系列合作文件》，人民网，2022年2月4日，http：//politics. people. com. cn/n1/2022/0204/c1001-32345503. html。

④ 参见《中华人民共和国和俄罗斯联邦关于深化新时代全面战略协作伙伴关系的联合声明》，外交部网站，2023年3月22日，https：//www. fmprc. gov. cn/zyxw/202303/t20230322_11046188. shtml。

5. 推动构建新时代中柬命运共同体

2022年11月，中国和柬埔寨签署18项合作文件，包括《柬埔寨桔井湄公河大桥及接线公路项目优惠出口买方信贷协议》《柬埔寨7号公路斯昆至磅湛段升级改造项目优惠出口买方信贷协议》《中华人民共和国政府和柬埔寨王国政府关于援柬埔寨交通领域总体规划技术援助项目的交接证书》《中华人民共和国商务部和柬埔寨王国商业部关于农产品贸易领域合作的谅解备忘录》《中华人民共和国援柬埔寨乡村道路项目二期交接证书》等。[①]这些合作文件的签署，将进一步夯实中柬构建高质量、高水平、高标准的新时代命运共同体的经贸基础。[②]

6. 与发展中国家签订经济技术、教育和民航等领域双边合作协定

2022年，中国与乌干达签订《中华人民共和国政府和乌干达共和国政府经济技术合作协定》，与尼加拉瓜签订《中华人民共和国政府和尼加拉瓜共和国政府关于成立经济、贸易和投资合作混合委员会的谅解备忘录》，与塞浦路斯签订《中华人民共和国教育部与塞浦路斯共和国教育、文化、体育和青年部关于高等教育与科学研究合作的谅解备忘录（2022年—2026

---

① 其他文件包括《中华人民共和国政府和柬埔寨王国政府关于援柬埔寨中医抗疫专家组项目的交接书》《中华人民共和国援柬提供紧急办会物资项目交接证书》《中华人民共和国援柬埔寨教育环境与设施改善项目交接证书》《中华人民共和国教育部与柬埔寨教育、青年和体育部关于合作开展柬埔寨中学中文教育合作项目的谅解备忘录》《中华人民共和国政府和柬埔寨王国政府科学技术合作协定》《中柬关于加强兽药、兽用生物制品和饲料添加剂合作的谅解备忘录》《中华人民共和国农业农村部与柬埔寨王国农林渔业部动物疫苗捐赠协议》《中华人民共和国海关总署与柬埔寨王国农林渔业部关于柬埔寨胡椒输华检验检疫要求议定书》《中华人民共和国海关总署与柬埔寨王国农林渔业部关于柬埔寨输华野生水产品的检验检疫和兽医卫生要求议定书》《中华人民共和国政府和柬埔寨王国政府关于防止盗窃、盗掘和非法进出境文化财产的协定》《中国国家中医药管理局与柬埔寨王国卫生部关于建立“中国—柬埔寨中医药中心”的协议》《中华人民共和国生态环境部与柬埔寨王国环境部关于开展应对气候变化南南合作低碳示范区第二批物资援助项目的合作谅解备忘录》《中国援柬埔寨金边至西哈努克港高速公路配套民生工程项目交接证书》。参见《国务院总理李克强访柬　两国签署18项合作文件》，商务部网站，2022年11月10日，http://cb.mofcom.gov.cn/article/ydyl/202211/20221103366295.shtml。

② 参见《中华人民共和国和柬埔寨王国关于构建新时代中柬命运共同体的联合声明（全文）》，外交部网站，2023年2月11日，https://www.fmprc.gov.cn/zyxw/202302/t20230211_11023942.shtml。

年）》，与毛里求斯签订《中毛教育合作谅解备忘录》，与所罗门群岛签订《中国民用航空局与所罗门群岛民用航空局民用航空运输谅解备忘录》，致力于与发展中国家共谋合作发展。

（二）批准有关反恐、强迫劳动、民航和刑事司法协助条约

2022 年，我国正式批准的条约共 8 项，涉及反恐、强迫劳动、民航和刑事司法协助等方面。2022 年 4 月 20 日，全国人民代表大会常务委员会批准《关于修改二〇〇二年六月七日在圣彼得堡（俄罗斯联邦）签署的〈上海合作组织成员国关于地区反恐怖机构的协定〉的议定书》，批准《1930 年强迫劳动公约》和《1957 年废除强迫劳动公约》。[①] 2022 年 9 月 24 日，中国启动批准《枪支议定书》的国内法律程序。[②]

2022 年 10 月 30 日，全国人民代表大会常务委员会批准了 2010 年签署的《制止与国际民用航空有关的非法行为的公约》（以下简称《北京公约》），并同时声明：中华人民共和国不受《北京公约》第二十条第一款的约束；在中华人民共和国政府另行通知前，《北京公约》暂不适用于中华人民共和国香港特别行政区和中华人民共和国澳门特别行政区。[③] 同日，全国人民代表大会常务委员会批准了中国与肯尼亚、刚果、摩洛哥和厄瓜多尔关于刑事司法协助的条约。[④]

（三）对我国生效的条约

2021 年 12 月 1 日至 2022 年 11 月 30 日，对我国生效的条约包括《区域全面经济伙伴关系协定》[⑤]、《中华人民共和国政府和新西兰政府关于升级

① 参见《中华人民共和国全国人民代表大会常务委员会公报》2022 年第三号，第 529~538 页。

② 参见《王毅宣布中国启动批准〈枪支议定书〉国内法律程序》，外交部网站，2022 年 9 月 25 日，https：//www. mfa. gov. cn/wjbzhd/202209/t20220925_ 10771184. shtml。

③ 参见《中华人民共和国全国人民代表大会常务委员会公报》2022 年第六号，第 910~917 页。

④ 参见《中华人民共和国全国人民代表大会常务委员会公报》2022 年第六号，第 886~909 页。

⑤ 参见《〈区域全面经济伙伴关系协定〉（RCEP）于 2022 年 1 月 1 日正式生效》，中国政府网，2022 年 1 月 1 日，https：//www. gov. cn/xinwen/2022-01/01/content_ 5665942. htm。

〈中华人民共和国政府和新西兰政府自由贸易协定〉的议定书》[①]、《关于为盲人、视力障碍者或其他印刷品阅读障碍者获得已出版作品提供便利的马拉喀什条约》[②] 和《工业品外观设计国际注册海牙协定》[③]。

结　语

2022 年，国际制度面临严峻挑战。中国继续展现大国担当，积极开展元首外交，继续阐述中国对国际制度的主张，致力于推动构建人类命运共同体，践行真正的多边主义，坚定维护以联合国为核心的国际体系、以国际法为基础的国际秩序、以《联合国宪章》宗旨和原则为基础的国际关系基本准则，进一步提升了国际制度的价值目标，揭示了国际制度的核心理念，指明了国际制度的基本原则，强化了国际制度的法治保障。

2022 年，中国积极参与全球治理体系改革和建设。提出全球安全倡议，贡献中国方案；发布《全球发展高层对话会主席声明》，落实全球发展倡议；发布《北京宣言》，构建金砖国家高质量合作伙伴关系；发布《武汉宣言》，完善全球湿地治理体系；发布《联合声明》，致力于将南海建设为和平、友谊、合作之海。

2022 年，中国积极参加条约谈判、签署和批准，进一步加强中外关系的法制保障，推动国际关系的法治化建设，丰富和发展国际制度的法治内涵，促进国际关系的民主化和法治化发展。

---

① 参见《中国—新西兰自贸协定升级议定书正式生效》，中国政府网，2022 年 4 月 7 日，https：//www. gov. cn/xinwen/2022-04/07/content_ 5683831. htm。

② 参见《马拉喀什条约对我国生效　惠及千万阅读障碍者》，中国政府网，2022 年 5 月 5 日，https：//www. gov. cn/xinwen/2022-05/05/content_ 5688690. htm。

③ 参见《〈工业品外观设计国际注册海牙协定〉5 月 5 日在我国正式生效》，中国政府网，2022 年 5 月 5 日，https：//www. gov. cn/xinwen/2022-05/05/content_ 5688692. htm。

B.5

2022年中国促进国际法治：多边实践*

冯洁菡　王竞航　蔡倩怡**

摘　要： 2022年，世界正在经历新的动荡变革，各种全球性挑战复杂交织。中国作为负责任的发展中大国，坚定维护以国际法为基础的国际秩序，主动倡导和践行国际规则，呼吁国际治理法治化，坚定支持联合国各项改革议程，积极促进国际法的编纂与发展，积极推动和平与安全、公共卫生、人权、“海天空网”、多边贸易、知识产权、金融和税收领域的国际治理，为国际司法实践活动提供支持。展望未来，中国将继续坚定不移地走和平发展、合作共赢的道路，积极应对国际变革，为促进国际法治发展贡献中国力量。

关键词： 国际法治　国家实践　多边主义　国际治理

2022年，中国坚持走和平发展道路，切实履行大国责任，坚决维护以联合国为核心的国际体系、以国际法为基础的国际秩序、以《联合国宪章》宗旨和原则为基础的国际关系基本准则，践行真正的多边主义，推动各领域国际合作治理，成为国际规则的积极建设者与有力完善者。

---

* 本文第一部分至第五部分由冯洁菡、王竞航、蔡倩怡完成，第六部分至结语部分由冯洁菡、王竞航完成。

** 冯洁菡，武汉大学法学院、教育部重点研究基地武汉大学国际法研究所教授、博士生导师，（国家高端智库）武汉大学国际法治研究院副院长，主要研究领域为国际法、国际知识产权法、海洋法、国际人道法和国际刑法；王竞航，教育部重点研究基地武汉大学国际法研究所2022级博士研究生，主要研究领域为国际公法；蔡倩怡，教育部重点研究基地武汉大学国际法研究所2021级博士研究生，主要研究领域为国际公法。

一　支持联合国各项改革议程

中国始终维护和践行真正的多边主义，坚定支持联合国的工作，坚定维护以联合国为核心的国际体系、以国际法为基础的国际秩序、以《联合国宪章》宗旨和原则为基础的国际关系基本准则。[①] 2022 年，中国践行共商共建共享的全球治理观，致力于运用多边主义解决当前紧迫的全球性问题，坚定支持联合国框架下的各项改革议程，推动全球治理体系朝着更加公正合理的方向发展。

（一）联合国大会改革

联合国大会（以下简称“联大”）是整个联合国系统内最具普遍性、代表性的政策审议和决策机构，中国支持联大根据《联合国宪章》授权履行职责，发挥积极和重要作用。中国理解和认同有关国家在“加强联合国系统”议程项目下提交的决议，表示“旨在让联大能够按照《联合国宪章》授权，在事关国际和平与安全问题上发挥作用，为有效的多边主义作贡献”。

中国积极倡导共同、综合、合作、可持续的安全观，对于常任理事国意见不一致，导致安理会在事关和平与安全的重大问题上不能采取行动的情况，中国赞成会员国在联大平台上，借助“联合一致共策和平”机制进行讨论。中国认为，安理会在实际工作中不能采取行动的具体情形多种多样，联大通过否决权问题决议赋予联大新的授权，意味着建立一种自动触发联大召开的机制，这在实践中很可能引发程序上的困惑和混淆，目前难以确定这样的安排能否达到决议的预期目的。[②]

① 参见《张军：中国将继续坚持真正的多边主义，坚定支持联合国的工作》，中国常驻联合国代表团网站，2022 年 12 月 14 日，http：//un. china-mission. gov. cn/zgylhg/jjalh/alhzh/202212/t20221215_ 10991026. htm。

② 参见《蒋华参赞在联大通过否决权问题决议后的解释性发言》，中国常驻联合国代表团网站，2022 年 4 月 26 日，http：//un. china-mission. gov. cn/hyyfy/202204/t20220427_ 10674359. htm。

（二）安理会改革

中国始终是安理会改革的积极倡导者、坚定支持者、大力推动者，主张改革要从根源性问题入手，以联大非正式全体会议的形式推动各国在政府间谈判轨道上就各种改革思路和方案进行深入探讨。中国强调：第一，要坚持正确的改革方向，着力解决安理会组成不公、代表性不足、结构不合理、力量对比失衡问题，让更多外交政策独立、秉持公正立场的中小国家有机会进入安理会平等参与决策；第二，改革要体现公平正义，优先考虑代表性不足地区的关切，确保各国无论大小、贫富，均应平等享有进入安理会的机会，平等享有改革成果；第三，改革应与世界银行、国际货币基金组织、世界贸易组织（以下简称“世贸组织”）等其他治理机制改革协调推进，消除不合理、不公正、不适应形势发展的弊端。①

2022 年，中国还在不同场合就“安理会制裁”②“安理会工作方法”③“安理会与多边主义”④“安理会执笔国”⑤ 等问题阐述了立场与主张，持续推动安理会更好履行《联合国宪章》赋予的职责。

（三）发展领域改革

就实现联合国 2030 年可持续发展议程面临的严峻挑战，中国主张国际社会应加强团结合作，聚焦发展问题，并阐述了三方面立场与主张。第一，面对全球发展资源的巨大缺口，各国应坚持共商共建共享原则。发达国家应

---

① 参见《张军大使在第 77 届联大全会审议安理会改革问题的发言》，中国常驻联合国代表团网站，2022 年 11 月 17 日，http：//un. china-mission. gov. cn/zgylhg/jjalh/alhzh/202211/t20221118_10977398. htm。

② 参见《张军大使在安理会制裁问题公开会上的发言》，中国常驻联合国代表团网站，2022 年 2 月 7 日，http：//un. china-mission. gov. cn/hyyfy/202202/t20220208_ 10639929. htm。

③ 参见《张军大使在安理会工作方法问题公开辩论会上的发言》，中国常驻联合国代表团网站，2022 年 6 月 28 日，http：//un. china-mission. gov. cn/hyyfy/202206/t20220629_ 10711512. htm。

④ 参见《张军大使在安理会关于多边主义公开辩论会上的发言》，中国常驻联合国代表团网站，2022 年 12 月 14 日，http：//un. china-mission. gov. cn/zgylhg/202212/t20221215_ 10990661. htm。

⑤ 参见《耿爽大使在安理会执笔国问题阿里亚模式会议上的发言》，中国常驻联合国代表团网站，2022 年 8 月 11 日，http：//un. china-mission. gov. cn/hyyfy/202208/t20220812_10741822. htm。

切实承担责任，为发展中国家提供更多发展资源，增强发展中国家自主发展能力。第二，国际社会要维护各国正当发展权利，尊重各国自主选择的发展道路，反对霸权主义、强权政治，反对将少数国家的意志和不公平规则强加于人。第三，国际社会应将发展问题置于全球宏观政策框架的核心位置，深化政策协调和务实合作，拓展发展合作伙伴关系。①

中国高度重视发展问题，支持联合国在全球发展合作中发挥统筹协调作用，积极参与全球发展合作，发起成立“中国-联合国和平与发展基金”“全球发展和南南合作基金”。② 为推动全球发展倡议更加具体化、机制化、务实化，中国于 2022 年 1 月发起成立“全球发展倡议之友小组”，重点就加强政策对话、分享良好实践、促进务实合作等三方面内容开展工作，积极推动倡议同联合国 2030 年可持续发展议程紧密对接，支持联合国发展领域工作，为帮助发展中国家抗击疫情、落实联合国 2030 年可持续发展议程作出贡献。③

（四）维和行动改革

维和行动是联合国维护国际和平与安全的重要手段。当前，单边主义、冷战思维和霸凌行径抬头，为更好发挥维和行动作用，中国主张：第一，优化维和行动整体规划，在充分尊重当事国意见的前提下保证维和行动的合理授权，切实推动维和行动有效开展；第二，高度重视维和人员安全，会员国和秘书处应共同努力，提高特派团应急和预警能力，加强救援和医疗保障体系，妥善运用新技术提升装备和安保水平，中国欢迎秘书处设立维和人员安全协调人体系；第三，持续提升维和绩效，秘书处要和出兵国充分沟通，不断完善绩效评估体系，最大限度发挥维和行动功效；第四，不断加强维和伙伴关系，安理会、秘

① 参见《戴兵大使在第 77 届联大三委社会发展议题一般性辩论的发言》，中国常驻联合国代表团网站，2022 年 10 月 29 日，http：//un. china - mission. gov. cn/zgylhg/202209/t20220930_10774841. htm。

② 参见《戴兵大使在经社理事会高级别部分会议上的发言》，中国常驻联合国代表团网站，2022 年 7 月 18 日，http：//un. china-mission. gov. cn/zgylhg/202207/t20220719_ 10723232. htm。

③ 参见《张军大使在全球发展倡议之友小组启动会议上的致辞》，中国常驻联合国代表团网站，2022 年 1 月 20 日，http：//un. china-mission. gov. cn/hyyfy/202201/t20220121_ 10631514. htm。

书处、出资国、出兵国与出警国应加强沟通，为维和行动提供有力支撑。①

就维和警察工作改革，中国主张：第一，积极总结有益做法，加强与联合国各机构间协调合作，中国支持联合国设立警务问题机构间特设小组，充分挖掘各机构比较优势；第二，加强维和警察能力建设，保障各环节培训衔接，推进实现性别均等目标；第三，全面落实安理会第2518号决议，提升维和警察装备水平，加强预警和情报信息共享，完善风险评估和应急处置，为维和人员提供全方位、多层次安全保障。②

二　促进国际法的编纂与逐渐发展③

中国认为，国际法委员会作为联合国负责国际法编纂和逐渐发展的主要机构，在过去七十多年间成果斐然，对条约法、外交法、海洋法等领域一系列重要国际法律文件的制定、推动相关国际法规则研究和应用作出重要贡献。在当今世界面临多重挑战的背景下，中国建议委员会进一步加强同联合国会员国的交流，更有针对性地选择研究议题；充分尊重国家实践，不断改进工作方法，考虑明确指南草案、原则草案、结论草案、条款草案等不同工作成果形式分类的标准和依据，提升透明度和工作效率。

关于“一般国际法强制性规范（强行法）”议题，中国认为，强行法等渊源问题是国际法的核心问题，对相关规则的阐释必须有坚实的实践和理论基础。就二读通过的结论草案及评注，中国提出两点主要意见。一是结论草

① 参见《戴兵大使出席联大维和特委会一般性辩论时的发言》，中国常驻联合国代表团网站，2022年2月14日，http：//un. china-mission. gov. cn/hyyfy/202202/t20220215_ 10642338. htm。

② 参见《耿爽大使在安理会同联合国维和警察对话会上的发言》，中国常驻联合国代表团网站，2022年11月14日，http：//un. china-mission. gov. cn/zgylhg/202211/t20221115_ 10975004. htm。

③ 参见《中国代表、外交部条法司司长贾桂德在第77届联大六委“国际法委员会第73届会议工作报告”议题下的发言》，中国常驻联合国代表团网站，2022年10月25日，http：//un. china-mission. gov. cn/zgylhg/flyty/ldlwjh/202210/t20221028_ 10793256. htm；《中国代表、外交部条法司司长贾桂德在第77届联大六委“国际法委员会第73届会议工作报告”议题下的发言》，中国常驻联合国代表团网站，2022年10月28日，http：//un. china-mission. gov. cn/zgylhg/flyty/ldlwjh/202210/t20221029_ 10793973. htm。

案第16条及有关评注与《联合国宪章》第103条的规定并不冲突。《联合国宪章》第103条对于在联合国框架下确保国际法律体系统一性极其重要。评注有关解释并没有真正填补法律逻辑上的漏洞，反而可能导致《联合国宪章》第103条被规避，甚至架空。同时，安理会决议与强行法出现冲突仅仅是一种理论假设，实践中从未也不可能出现。即使特定安理会决议可能与强行法“冲突”，如何认定、谁来认定也将引发极大争议。从维护《联合国宪章》权威性和联合国集体安全机制出发，应继续审慎看待安理会决议与强行法的关系问题，完整、善意履行《联合国宪章》义务。二是关于草案附录中列举的强行法说明性清单，中国认为该专题的主要目的并非直接列举强行法规范具体内容，公认的强行法规则还有待国际实践的丰富和识别标准的形成。①

关于“与武装冲突有关的环境保护”议题，针对委员会二读通过的原则草案及评注，中国认为将原则草案不加区分地适用于国际性和非国际性武装冲突在法理上欠缺论证，类似的内容可能在一定程度上影响该草案在国际上被接受的程度。②

关于“国家官员的外国刑事管辖豁免”议题，就委员会2022年通过的第18条争端解决条款，中国有如下意见。一是赞同第1款规定法院地国和官员所属国可通过谈判或其自己选择的其他和平方式解决争端，这将有助于鼓励相关实践。二是根据“国家同意原则”，国家有权决定是否接受强制性第三方争端解决。同时，对合理时间可能有不同解释，在实际操作中反而容易引发新的争议，因此建议委员会删除第2款，或在草案中补充规定，允许各国对第

---

① 中国认为，该议题的主要目的应当是探讨强行法的识别方法和法律后果等“次级规则”，早在20世纪《维也纳条约法公约》强行法条款起草过程中，委员会就考虑过列举强行法具体内容的可行性，鉴于这需要首先对可能涉及的国际法各个分支进行长期研究，最终没有采取这一做法。在该议题讨论期间，委员会在列举强行法说明性清单时，并未按照结论草案中的识别方法对其充分讨论，相关规则的内涵及实践基础也并不清晰。

② 中国认为，考虑到国际性和非国际性武装冲突在性质、参与主体、危害程度等方面的较大差别，将原则草案不加区分地适用于二者，虽然可能出于约束武装冲突的意图，但在法理上论证不够充分。例如，此届会议期间新增的原则草案第13条第2款b项，关于“禁止使用永久改变环境的作战方式”的规定来源于《日内瓦公约》的《第一附加议定书》，而该议定书的适用范围仅限于国际性武装冲突，能否直接将其适用于非国际性武装冲突还有待进一步论证。

2 款作出保留。三是就第 7 条属事豁免例外，中国建议委员会不再列举具体的例外情形，以“国际法规定的最严重罪行”这一表述取而代之，并在充分讨论的基础上，明确属事豁免例外的标准，使研究成果反映各方共识。①

关于“与国际法有关的海平面上升”议题，中国希望委员会进一步明确后续具体设想，建议委员会应根据自身授权并结合既有国家实践，审慎制订下步工作计划，务实、高效推进研究。考虑到海平面上升涉及多个领域的国际法规则，相关国家实践还在不断发展，委员会在下步工作中要充分认识到该问题的复杂性，注意完善工作方法，避免陷入政治性争论，或造成规则的碎片化，甚至冲突。同时，中国认为，为确保最大限度凝聚共识，委员会今后对该议题的研究可不局限于研究组闭门会的形式。

关于“国家责任方面的国家继承”议题，中国赞同委员会不再就涉及多个国家的责任继承问题提出单独条款草案，同意委员会有关结论，即相关问题可通过国家责任的一般原则予以解决。中国赞赏特别报告员采纳中国与其他代表团提出的将成果改为指南草案或研究报告的建议，希望新一届委员会以现有成果为基础，从增强实践指导意义的角度进一步充实指南草案。

关于“一般法律原则”议题，中国对此届会议上讨论的结论草案提出以下几点意见：一是总体认同结论草案 5 所述“确定世界主要法律体系共有的原则存在时，必须经过广泛且有代表性的比较分析”，建议在该条案文评注中进一步明确，仅为少数国家或国家群体所认可的法律原则不属于这里所指的“共有的原则”；② 二是关于起草委员会暂时通过的结论草案 6，建议委员会在研究中避免使用部分国家特有的国内法概念解释“移植”后的

① 中国认为，就整套草案而言，一项根本性缺陷在于第 7 条属事豁免例外。过去几年，包括中国在内的许多国家多次明确提出对该条的修改建议，甚至反对意见。从内容上看，该条规定了几项不适用属事豁免的罪名，其依据的仅是少数几个国家的国内法规定以及《国际刑事法院罗马规约》，缺乏充分实践依据，可能为政治性滥诉大开“方便之门”，进而影响外国国家官员正常履职。从程序上看，该条未经协商一致通过，反映出即使在委员会内部也存在很大分歧，且委员会并未公布确定这些豁免例外的标准。

② 中国认为，部分国家间的特殊安排、有争议的司法机构裁决等，无法证明是世界各国普遍认可的，并不足以被认定为“共有的原则”。

一般法律原则;[①] 三是关于结论草案 3（b）所涉“在国际法体系内形成的一般法律原则”的存在，中国认为其缺乏足够的理论和实践支撑;[②] 四是关于结论草案 7，建议委员会考虑将该条第 2 款位置调整至第 1 款之前，避免误读[③]。

关于“国家对国际不法行为的责任”议题，中国认为，条款草案总体较为成熟，对国家责任问题作了比较全面、平衡的规定，在实践中也发挥了重要作用。同时，条款草案并非尽善尽美，对“严重违背依一般国际法强制性规范承担的义务”“反措施”“受害国以外的国家采取措施”等问题，各国仍有不同理解和重大关切。中国支持继续在联大六委框架下就国家责任条款草案实质问题和如何采取下步行动进行深入讨论，凝聚共识。[④]

关于“危害人类罪”议题，中国认为，围绕是否需就危害人类罪制定专门公约进行讨论具有重要价值，就危害人类罪制定专门公约是一项重大系统性工程，各方应秉持负责任的态度，充分协商，增进理解，循序渐进，慎重决策。中国就此提出三点意见：一是缔约谈判之前必须先行探讨核心问题，凝聚国际共识；二是推进议题讨论必须尊重联大六委传统，坚持协商一致；三是启动缔约谈判必须营造团结合作氛围，排除政治干扰。[⑤]

---

① 中国认为，国内法原则和国际法规则的效力来源完全不同，判断某一国内法原则是否已向国际法体系“移植”，需要严格的标准，特别是需要得到国际社会的普遍认同，且表述相同的原则在国内法和国际法体系中可能具有不同内涵。

② 中国认为，例如，将特别报告员用作例证的马尔顿斯条款，通常被视为国际人道法领域的习惯国际法，而非一般法律原则。中国注意到委员会暂时通过的结论草案 3（b）已经改为“可能在”（that may be）国际法律体系内形成的一般法律原则，但此种可能性仍需更加有说服力的论证。

③ 中国注意到该条分为第 1 款“在国际法体系内形成的一般法律原则”的识别门槛以及第 2 款“不妨碍条款”（without prejudice clause），即该条第 1 款规定不代表预判此类原则真实存在。中国认为，当前识别门槛在前、“不妨碍条款”在后的排列顺序，似乎在暗示这种原则的存在，这可能导致读者的误解。在讨论这种原则的识别门槛之前，应首先说明其存在与否并不明确。

④ 参见《中国代表刘洋在第 77 届联大六委关于“国家对国际不法行为的责任”议题的发言》，中国常驻联合国代表团网站，2022 年 10 月 13 日，http：//un. china-mission. gov. cn/zgylhg/flyty/ldlwjh/202210/t20221014_ 10783209. htm。

⑤ 参见《耿爽大使在第 77 届联大六委“危害人类罪”议题下的发言》，中国常驻联合国代表团网站，2022 年 10 月 11 日，http：//un. china-mission. gov. cn/zgylhg/flyty/ldlwjh/202210/t20221011_ 10781129. htm。

三 维护国际和平与安全

维护国际和平与安全是联合国的宗旨之一。作为联合国创始会员国和安理会常任理事国，中国一贯主张争端当事国通过谈判协商等和平手段妥善解决争端，坚定维护国际和平与安全，为解决地区和国际热点问题发挥积极作用。

（一）倡导加强联合国与区域组织的合作

中国认为，联合国同区域和次区域组织推进和平与安全领域合作，有利于增强集体安全机制的普遍性和有效性，有利于更好维护国际和平与安全。中国主张：一是尊重区域方式，尊重区域组织主导权和领导力；二是积极实现共同安全，同等重视区域各国合理安全关切，区域国家间分歧争端要坚持通过对话协商解决，不能以一国安全为代价损害他国安全；三是加强能力建设，在人员培训、机构建设、后勤援助、资金保障等方面帮助区域组织提升治理、发展、安全等综合能力。安理会要根据形势变化，及时调整解除对有关国家的武器禁运措施，为这些国家提升安全能力创造条件。① 2022 年，中国在不同场合分别就联合国深化同欧盟②、集体安全条约组织③、阿拉伯国家联盟④、欧洲安全与合作组织⑤等区域组织的合作问题发表了意见。

---

① 参见《戴兵大使在“加强维护国际和平与安全的区域安排”阿里亚模式会议上的发言》，中国常驻联合国代表团网站，2022 年 7 月 27 日，http：//un. china-mission. gov. cn/zgylhg/202207/t20220728_ 10729019. htm。

② 参见《戴兵大使在联合国同欧盟合作问题安理会公开会上的发言》，中国常驻联合国代表团网站，2022 年 6 月 16 日，http：//un. china-mission. gov. cn/hyyfy/202206/t20220617_ 10704780. htm。

③ 参见《张军大使在“联合国与集体安全条约组织合作”安理会公开会的发言》，中国常驻联合国代表团网站，2022 年 2 月 16 日，http：//un. china-mission. gov. cn/hyyfy/202202/t20220217_ 10642916. htm。

④ 参见《张军大使在安理会同阿盟合作问题高级别公开会上的发言》，中国常驻联合国代表团网站，2022 年 3 月 23 日，http：//un. china-mission. gov. cn/hyyfy/202203/t20220324_ 10654751. htm。

⑤ 参见《张军大使在安理会听取欧安组织工作通报时的发言》，中国常驻联合国代表团网站，2022 年 3 月 14 日，http：//un. china-mission. gov. cn/hyyfy/202203/t20220315_ 10651669. htm。

（二）积极参与联合国维和行动

中国是派遣维和人员最多的安理会常任理事国和联合国第二大维和摊款国，在联合国维和行动中发挥重要作用，体现大国担当。2022 年是中国派出首支成建制“蓝盔部队”参加联合国维和行动 30 周年。30 年来，中国共派出维和人员 5 万余人次，赴 20 多个国家和地区参加近 30 项联合国维和行动。中国是联合国维和行动重要的出警国，2000 年以来，中国先后派出 2600 多名维和警察在四大洲 11 个任务区执行维和任务。2022 年 8 月，安理会通过了中国起草的主席声明，要求秘书长 2023 年 8 月前提交报告，评估维和行动绩效，并就如何因应形势变化，调整维和行动授权提出建议。①

（三）明确对国际违法行为追责的立场

中国认为，应全面、客观、审慎看待追责问题及其对维护和平与安全的影响。中国主张：第一，和平与正义相互促进、相辅相成，任何追责应着眼未来，统筹兼顾和平与正义的关系；第二，追责应维护国际法的完整性和统一性，不能把少数国家的意志当成普遍适用的规则让其他国家遵守；第三，追责应尊重当事国司法主权，国际司法机构应严格按照授权行事，恪守国家同意、补充性管辖等重要原则，保持司法独立和客观公正；第四，追责不能搞政治操弄和有罪推定，要以事实为依据，以法律为准绳。②

（四）国际冲突领域

1. 乌克兰危机及其他地区冲突

2022 年 2 月以来，乌克兰危机的扩大化、复杂化给世界带来更大不确定性。

① 参见《耿爽大使在安理会维和行动高级别会议上的发言》，中国常驻联合国代表团网站，2022 年 11 月 3 日，http：//un. china-mission. gov. cn/zgylhg/202211/t20221104_ 10800119. htm。

② 参见《戴兵大使在安理会加强对违反国际法行为追责问题公开辩论会上的发言》，中国常驻联合国代表团网站，2022 年 6 月 2 日，http：//un. china-mission. gov. cn/hyyfy/202206/t20220603_ 10698304. htm。

中国高度关注乌克兰危机走向，在不同场合多次阐述自身立场与主张。① 中国认为，国际社会应共同支持危机和平解决、共同防止核风险、共同改善人道主义局势、共同减缓危机外溢影响。中国在乌克兰问题上始终主张停火止战、对话和谈，中国将继续秉持客观公正立场，为乌克兰危机的和平解决发挥建设性作用。②

2022 年，中国高度重视阿富汗③、巴勒斯坦④、拉钦走廊⑤、缅甸⑥、海地⑦、叙利亚⑧、也门⑨、哈萨克斯坦⑩、哥伦比亚⑪、马里⑫、伊拉克⑬、

① 参见《耿爽大使在安理会紧急审议乌克兰问题时的发言》，中国常驻联合国代表团网站，2022 年 11 月 23 日，http：//un. china-mission. gov. cn/hyyfy/202211/t20221124_ 10980206. htm。

② 参见《耿爽大使在安理会审议向乌克兰提供武器问题时的发言》，中国常驻联合国代表团网站，2022 年 12 月 9 日，http：//un. china-mission. gov. cn/hyyfy/202212/t20221210_ 10988396. htm。

③ 参见《张军大使在安理会阿富汗问题公开会上的发言》，中国常驻联合国代表团网站，2022 年 12 月 20 日，http：//un. china-mission. gov. cn/hyyfy/202212/t20221221_ 10992827. htm。

④ 参见《张军大使在安理会中东巴勒斯坦问题公开会上的发言》，中国常驻联合国代表团网站，2022 年 12 月 19 日，http：//un. china-mission. gov. cn/hyyfy/202212/t20221219_ 10992273. htm。

⑤ 参见《耿爽大使在安理会关于拉钦走廊问题公开会上的发言》，中国常驻联合国代表团网站，2022 年 12 月 20 日，http：//un. china-mission. gov. cn/hyyfy/202212/t20221221_ 10993001. htm。

⑥ 参见《张军大使在安理会表决缅甸问题决议后的解释性发言》，中国常驻联合国代表团网站，2022 年 12 月 21 日，http：//un. china-mission. gov. cn/hyyfy/202212/t20221222_ 10993542. htm；《戴兵大使在缅甸问题联大非正式会议上的发言》，中国常驻联合国代表团网站，2022 年 6 月 13 日，http：//un. china-mission. gov. cn/hyyfy/202206/t20220614_ 10702507. htm。

⑦ 参见《耿爽大使在安理会海地问题公开会上的发言》，中国常驻联合国代表团网站，2022 年 12 月 21 日，http：//un. china-mission. gov. cn/hyyfy/202212/t20221222_ 10993597. htm。

⑧ 参见《邢继盛参赞在联大“预防武装冲突”议题下就叙利亚国际公正独立调查机制问题的发言》，中国常驻联合国代表团网站，2022 年 4 月 4 日，http：//un. china-mission. gov. cn/hyyfy/202204/t20220405_ 10664631. htm。

⑨ 参见《张军大使在安理会也门问题公开会上的发言》，中国常驻联合国代表团网站，2022 年 11 月 22 日，http：//un. china-mission. gov. cn/hyyfy/202211/t20221123_ 10979600. htm。

⑩ 参见《张军：坚决反对破坏哈萨克斯坦稳定》，中国常驻联合国代表团网站，2022 年 2 月 16 日，http：//un. china-mission. gov. cn/hyyfy/202202/t20220217_ 10642909. htm。

⑪ 参见《耿爽大使在安理会哥伦比亚问题公开会上的发言》，中国常驻联合国代表团网站，2022 年 10 月 12 日，http：//un. china-mission. gov. cn/hyyfy/202210/t20221013_ 10782652. htm。

⑫ 参见《戴兵大使在安理会马里问题公开会上的发言》，中国常驻联合国代表团网站，2022 年 10 月 18 日，http：//un. china-mission. gov. cn/hyyfy/202210/t20221019_ 10785626. htm。

⑬ 参见《戴兵大使在安理会审议伊拉克问题时的发言》，中国常驻联合国代表团网站，2022 年 10 月 4 日，http：//un. china-mission. gov. cn/hyyfy/202210/t20221005_ 10777217. htm。

科索沃[①]、波黑[②]等地区冲突的解决，对亚美尼亚和阿塞拜疆边境局势表示关切，[③] 致力于推动各项和平协议落实。中国密切关注发生在利比亚[④]、索马里[⑤]、南苏丹[⑥]、苏丹[⑦]、刚果（金）[⑧]、萨赫勒[⑨]、阿布耶伊[⑩]、大湖地区[⑪]、

① 参见《耿爽大使在安理会科索沃问题公开会上的发言》，中国常驻联合国代表团网站，2022 年 10 月 18 日，http：//un. china - mission. gov. cn/hyyfy/202210/t20221019_ 10785642. htm；《戴兵大使在安理会科索沃问题公开会上的发言》，中国常驻联合国代表团网站，2022 年 4 月 20 日，http：//un. china-mission. gov. cn/hyyfy/202204/t20220421_ 10671021. htm。

② 参见《耿爽大使在安理会审议波黑问题时的发言》，中国常驻联合国代表团网站，2022 年 11 月 2 日，http：//un. china-mission. gov. cn/hyyfy/202211/t20221103_ 10799516. htm；《戴兵大使在安理会审议波黑问题时的发言》，中国常驻联合国代表团网站，2022 年 5 月 11 日，http：//un. china-mission. gov. cn/hyyfy/202205/t20220512_ 10684752. htm。

③ 参见《耿爽大使在安理会审议亚美尼亚与阿塞拜疆边境局势时的发言》，中国常驻联合国代表团网站，2022 年 9 月 15 日，http：//un. china-mission. gov. cn/hyyfy/202209/t20220916_ 10766741. htm。

④ 参见中国代表在安理会、联大审议利比亚问题时的系列发言，例如，《耿爽大使在安理会利比亚问题公开会上的发言》，中国常驻联合国代表团网站，2022 年 12 月 16 日，http：//un. china-mission. gov. cn/hyyfy/202212/t20221217_ 10991593. htm。

⑤ 参见中国代表在安理会、联大审议索马里问题时的系列发言，例如，《孙志强公参在安理会表决非盟驻索马里过渡特派团授权延期决议后的解释性发言》，中国常驻联合国代表团网站，2022 年 12 月 21 日，http：//un. china-mission. gov. cn/hyyfy/202212/t20221222_ 10993563. htm。

⑥ 参见中国代表在安理会、联大审议南苏丹问题时的系列发言，例如，《孙志强公参在安理会审议南苏丹问题时的发言》，中国常驻联合国代表团网站，2022 年 12 月 13 日，http：//un. china-mission. gov. cn/hyyfy/202212/t20221214_ 10990185. htm。

⑦ 参见中国代表在安理会、联大审议苏丹问题时的系列发言，例如，《耿爽大使在安理会审议苏丹局势时的发言》，中国常驻联合国代表团网站，2022 年 12 月 7 日，http：//un. china-mission. gov. cn/hyyfy/202212/t20221208_ 10986907. htm。

⑧ 参见中国代表在安理会、联大审议刚果（金）问题时的系列发言，例如，《耿爽大使在安理会审议刚果（金）问题时的发言》，中国常驻联合国代表团网站，2022 年 12 月 9 日，http：//un. china-mission. gov. cn/hyyfy/202212/t20221210_ 10988350. htm。

⑨ 参见中国代表在安理会、联大审议萨赫勒问题时的系列发言，例如，《耿爽大使在安理会萨赫勒问题公开会上的发言》，中国常驻联合国代表团网站，2022 年 11 月 16 日，http：//un. china-mission. gov. cn/hyyfy/202211/t20221117_ 10976633. htm。

⑩ 参见《戴兵大使出席安理会审议阿布耶伊局势时的发言》，中国常驻联合国代表团网站，2022 年 10 月 27 日，http：//un. china-mission. gov. cn/hyyfy/202210/t20221028_ 10793268. htm。

⑪ 参见中国代表在安理会、联大审议大湖地区问题时的系列发言，例如，《戴兵大使在安理会大湖地区问题公开会上的发言》，中国常驻联合国代表团网站，2022 年 10 月 26 日，http：//un. china-mission. gov. cn/hyyfy/202210/t20221027_ 10792589. htm。

中部非洲[①]等非洲国家及地区的冲突，强调加强非洲能力建设，[②] 呼吁国际社会继续支持有关国家和地区通过对话解决分歧、通过发展消除不稳定根源，早日实现地区和平与稳定。

2. 保护的责任

保护平民是冲突各方应尽的国际法义务，中国主张：第一，冲突各方要严格遵守国际法和国际规则，充分落实《日内瓦公约》等国际人道法、安理会第 1265 号决议以及其他关于保护妇女、儿童、医疗工作者的决议；第二，国际人道行动要遵守联大 46/182 号决议，避免将人道援助政治化；第三，会员国要切实承担保护平民的首要责任，国际社会要有针对性地帮助当事国加强保护平民的能力，安理会要为当事国承担保护平民的主要责任创造良好条件；第四，冲突各方应积极通过对话、谈判等和平手段解决分歧，支持一切有利于和平解决危机的努力；第五，要坚持发展导向，贫困、欠发展等是冲突的重要根源，发达国家要切实兑现用于官方发展援助的承诺，为发展中国家实现可持续发展提供切实帮助。[③]

2022 年，中国代表还就“保护武装冲突中的妇女”[④]“城市战争中保护

① 参见中国代表在安理会、联大审议中部非洲问题时的系列发言，例如，《孙志强公参在安理会中部非洲问题公开会上的发言》，中国常驻联合国代表团网站，2022 年 12 月 8 日，http：//un. china-mission. gov. cn/hyyfy/202212/t20221209_ 10987671. htm。

② 参见《联合国安理会通过中国提出的关于加强非洲能力建设问题的主席声明》，中国常驻联合国代表团网站，2022 年 8 月 30 日，http：//un. china-mission. gov. cn/hyyfy/202209/t20220901_ 10758788. htm；《中国倡议联合国安理会重视非洲能力建设问题》，中国常驻联合国代表团网站，2022 年 8 月 8 日，http：//un. china-mission. gov. cn/hyyfy/202208/t20220809_ 10738276. htm；《张军大使在“非洲和平与安全：加强能力建设，实现持久和平”公开辩论会上的发言》，中国常驻联合国代表团网站，2022 年 8 月 8 日，http：//un. china-mission. gov. cn/hyyfy/202208/t20220808_ 10737479. htm。

③ 参见《戴兵大使在安理会武装冲突中保护平民问题公开辩论会上的发言》，中国常驻联合国代表团网站，2022 年 5 月 25 日，http：//un. china-mission. gov. cn/hyyfy/202205/t20220526_ 10692825. htm。

④ 参见《张军大使在安理会妇女、和平与安全问题公开辩论会上的发言》，中国常驻联合国代表团网站，2022 年 1 月 18 日，http：//un. china-mission. gov. cn/hyyfy/202201/t20220119_ 10630110. htm。

平民问题”[①]“冲突中性暴力问题”[②]“妇女、和平与安全问题”[③]“儿童与武装冲突问题”[④]等议题阐述了立场与主张。

（五）传统安全领域

1. 推动国际常规武器军控进程

中国政府一贯积极支持国际常规武器军控进程，主张在平衡处理各国正当安全需要和人道主义关切的基础上，不断加强和完善常规军控领域的国际法律机制，维护国际持久和平与普遍安全。中国积极参与联合国框架内常规武器领域的各项议程，建设性参与简易爆炸装置、致命性自主武器系统等议题讨论。就加强常规武器军控领域协调合作，中国提出了坚持标本兼治、强化国家责任、坚持多边主义、加强资源整合等四点建议，助力国际常规武器军控进程。[⑤]

中国已启动《枪支议定书》国内批准程序，充分体现了坚定支持多边主义、践行人类命运共同体理念的决心和诚意。[⑥]中国高度重视并支持加强对常规弹药的有效管控，积极参与国际弹药安全治理进程，认真落实联合国

---

① 参见《张军大使在安理会“城市战争中保护平民问题”公开辩论会上的发言》，中国常驻联合国代表团网站，2022 年 1 月 25 日，http：//un. china－mission. gov. cn/hyyfy/202201/t20220126_ 10633756. htm。

② 参见《戴兵大使在安理会冲突中性暴力问题公开辩论会上的发言》，中国常驻联合国代表团网站，2022 年 4 月 13 日，http：//un. china－mission. gov. cn/hyyfy/202204/t20220414_ 10667744. htm。

③ 参见《戴兵大使在安理会妇女、和平与安全公开辩论会上的发言》，中国常驻联合国代表团网站，2022 年 6 月 15 日，http：//un. china－mission. gov. cn/hyyfy/202206/t20220616_ 10703997. htm。

④ 参见《张军大使在安理会儿童与武装冲突问题公开辩论会上的发言》，中国常驻联合国代表团网站，2022 年 7 月 19 日，http：//un. china－mission. gov. cn/hyyfy/202207/t20220720_ 10724840. htm。

⑤ 参见《中国代表团在第 77 届联大一委关于常规武器问题的专题发言》，中国常驻联合国代表团网站，2022 年 10 月 21 日，http：//un. china－mission. gov. cn/zgylhg/cjyjk/ldyw/202210/t20221022_ 10790273. htm。

⑥ 参见《王毅宣布中国启动批准〈枪支议定书〉国内法律程序》，外交部网站，2022 年 9 月 25 日，https：//www. mfa. gov. cn/wjbzhd/202209/t20220925_ 10771184. shtml。

轻小武器《行动纲领》和《识别与追查非法轻小武器国际文书》，积极支持《特定常规武器公约》各项工作，忠实履行《武器贸易条约》义务。中国认为，常规弹药问题涉及政治、技术、法律等诸多层面，各国应本着共商共治的原则，强化国家责任、坚持共同治理、深化国际合作，通过平等参与、协商一致、循序渐进的方式，积极、稳妥地寻求解决办法。[①]

2. 维护全球核安全

中国坚定走和平发展道路，始终坚持自卫防御的核战略，在任何时候和任何情况下都不首先使用核武器。中国坚持把自身核力量维持在国家安全需要的最低水平，不与任何国家搞核军备竞赛。2022 年 11 月，第 77 届联大一委表决通过中国提交的“在国际安全领域促进和平利用国际合作”决议草案，进一步促进防扩散出口管制与和平利用携手并进。[②]

中国认为，朝核、伊核等防扩散热点问题延宕难决，半岛和中东地区局势紧张升级加剧扩散风险。科技进步导致非国家行为体，特别是恐怖分子获取大规模杀伤性武器的风险更加多元。单边主义和双重标准在防扩散领域进一步抬头，国际防扩散体系不公平、不合理的一面更加突出，广大发展中国家和平利用科技仍然受到诸多限制。新形势下，着眼第 1540 号决议全面审议及推进国际防扩散进程，中国提出坚持真正的多边主义、巩固国际防扩散体系、保障各国和平利用权利、深入推进全面审议进程等四点主张，坚决反对大规模杀伤性武器及其运载工具的扩散，不断完善防扩散出口管制机制和能力建设，以实际行动为加强国家、地区和国际层面的防扩散努力作出贡献。[③]

中国坚定维护以《不扩散核武器条约》为基石的国际核裁军与核不扩

---

① 参见《中国代表团在联合国常规弹药问题开放式工作组一期会上的一般性发言》，中国常驻联合国代表团网站，2022 年 6 月 3 日，http：//un. china－mission. gov. cn/zgylhg/cjyjk/xqwq/202206/t20220604_ 10698563. htm。

② 参见《中国成功推动联大一委再次通过“和平利用”决议》，中国常驻联合国代表团网站，2022 年 11 月 3 日，http：//un. china－mission. gov. cn/zgylhg/cjyjk/ldyw/202211/t20221104_ 10800 103. htm。

③ 参见《张军大使在第 1540 号决议全面审议公开会上的发言》，中国常驻联合国代表团网站，2022 年 5 月 30 日，http：//un. china－mission. gov. cn/hyyfy/202206/t20220601_ 10696 868. htm。

散体系，主张以《不扩散核武器条约》第十次审议大会为契机，平衡推进核裁军、核不扩散与和平利用核能三大条约支柱。中国提出三项主张：一是坚持共同安全理念，推进国际核裁军进程；二是坚持政治解决方向，应对核不扩散挑战；三是坚持共同发展初心，促进和平利用核能。2022 年 4 月，习近平主席在博鳌亚洲论坛年会上提出全球安全倡议，强调应坚持共同、综合、合作、可持续的安全观，重视各国合理安全关切，秉持安全不可分割原则，构建均衡、有效、可持续的安全架构。①

中国还就建立中东无核武器及其他大规模杀伤性武器区②、核裁军③、伊核问题④、朝核问题⑤、福岛核污染水处置问题⑥、乌克兰核设施安全问题⑦阐述了自身立场，积极回应国际社会的关切。

3. 禁止生化武器

2022 年是《禁止生物武器公约》开放签署 50 周年。中国一贯主张全面禁止和彻底销毁包括生物武器在内的一切大规模杀伤性武器，坚决反对任何国家在

---

① 参见《中国代表团出席〈不扩散核武器条约〉第十次审议大会》，中国常驻联合国代表团网站，2022 年 8 月 2 日，http：//un. china-mission. gov. cn/hyyfy/202208/t20220803_ 10732587. htm。

② 参见《耿爽大使在第三届建立中东无核武器及其他大规模杀伤性武器区会议上的发言》，中国常驻联合国代表团网站，2022 年 11 月 15 日，http：//un. china-mission. gov. cn/hyyfy/202211/t20221116_ 10975997. htm。

③ 参见《中国裁军大使李松在第 77 届联大一委关于核裁军问题的专题发言》，中国常驻联合国代表团网站，2022 年 10 月 18 日，http：//un. china-mission. gov. cn/zgylhg/cjyjk/ldyw/202210/t20221018_ 10785461. htm；《中国代表团团长、裁军大使李松在第 77 届联大一委一般性辩论上的发言》，中国常驻联合国代表团网站，2022 年 10 月 10 日，http：//un. china-mission. gov. cn/hyyfy/202210/t20221011_ 10780540. htm。

④ 参见《张军大使在安理会伊核问题公开会上的发言》，中国常驻联合国代表团网站，2022 年 6 月 30 日，http：//un. china-mission. gov. cn/hyyfy/202207/t20220701_ 10713241. htm。

⑤ 参见中国代表在安理会、联大审议朝鲜半岛局势时的系列发言，例如，《张军大使在安理会审议朝鲜半岛局势时的发言》，中国常驻联合国代表团网站，2022 年 11 月 21 日，http：//un. china-mission. gov. cn/hyyfy/202211/t20221122_ 10978889. htm。

⑥ 参见《赵海波公参在第 77 届联大四委“原子辐射的影响”议题下的发言》，中国常驻联合国代表团网站，2022 年 10 月 17 日，http：//un. china-mission. gov. cn/hyyfy/202210/t20221019_ 10785537. htm。

⑦ 参见中国代表在安理会、联大审议乌克兰核设施安全问题时的系列发言，例如，《耿爽大使在安理会审议乌克兰核设施安全问题时的发言》，中国常驻联合国代表团网站，2022 年 9 月 6 日，http：//un. china-mission. gov. cn/hyyfy/202209/t20220907_ 10763125. htm。

任何情况下研发、拥有或使用生物武器，敦促尚未销毁化学武器的国家尽快销毁其库存，所有缔约国都应认真遵守《禁止生物武器公约》的目标和原则。[①] 中国呼吁美国、日本切实履行《禁止化学武器公约》义务，尽快完成库存化武、遗弃化武的销毁，呼吁美国建设性回应国际社会对其生物军事活动的关切。[②]

2022 年 12 月，中国成功推动《禁止生物武器公约》第九次审议大会达成最后文件，决定进一步加强《禁止生物武器公约》有效性，促进全面遵约，并为此设立工作组，在遵约与核查、国际合作、科技审议、国家履约等方面开展实质性工作，致力于探讨达成包括具有法律约束力方式在内的加强公约措施。[③] 此外，中国还就叙利亚化武问题[④]、乌克兰生物军事活动问题[⑤]、乌克兰生物安全问题[⑥]阐述了立场与主张。

（六）非传统安全领域

1. 打击恐怖主义

国际反恐合作面临复杂挑战，中国主张：第一，坚持真正多边主义，充

① 参见《戴兵大使在安理会生物安全问题阿里亚模式会议上的发言》，中国常驻联合国代表团网站，2022 年 4 月 6 日，http：//un. china-mission. gov. cn/hyyfy/202204/t20220407_ 10665211. htm.

② 参见《中国代表团团长、裁军大使李松在第 77 届联大一委一般性辩论上的发言》，中国常驻联合国代表团网站，2022 年 10 月 10 日，http：//un. china-mission. gov. cn/hyyfy/202210/t20221011_ 10780540. htm。

③ 参见《中国成功推动〈禁止生物武器公约〉审议大会取得积极成果》，中国常驻联合国日内瓦办事处和瑞士其他国际组织代表团网站，2022 年 12 月 17 日，http：//geneva. china-mission. gov. cn/dbtxwx/202212/t20221217_ 10991676. htm。

④ 参见《孙志强参赞在安理会叙利亚化武问题公开会上的发言》，中国常驻联合国代表团网站，2022 年 9 月 29 日，http：//un. china-mission. gov. cn/hyyfy/202209/t20220930_ 10774888. htm；《邢继盛参赞在安理会叙利亚化武问题公开会上的发言》，中国常驻联合国代表团网站，2022 年 2 月 28 日，http：//un. china-mission. gov. cn/hyyfy/202203/t20220301_ 10646466. htm；《孙志强参赞在安理会叙利亚化武问题公开会上的发言》，中国常驻联合国代表团网站，2022 年 1 月 5 日，http：//un. china-mission. gov. cn/hyyfy/202201/t20220106_ 10479299. htm。

⑤ 参见《耿爽大使在安理会表决乌克兰生物军事活动问题决议草案后的解释性发言》，中国常驻联合国代表团网站，2022 年 11 月 2 日，http：//un. china-mission. gov. cn/hyyfy/202211/t20221103_ 10799523. htm。

⑥ 参见中国代表在安理会、联大审议乌克兰生物安全问题时的系列发言，例如，《耿爽大使在安理会审议乌克兰生物安全问题时的发言》，中国常驻联合国代表团网站，2022 年 10 月 27 日，http：//un. china-mission. gov. cn/hyyfy/202210/t20221028_ 10793272. htm。

分发挥联合国在全球反恐领域的中心协调作用，继续推动在国际、区域和国家层面加强信息共享、经验交流、行动协调；第二，强化反恐国际法治，遵守《联合国宪章》宗旨和原则，尊重各国主权与合理安全关切，不奉行双重标准，不将反恐问题政治化、工具化，应尽快出台《关于国际恐怖主义的全面公约》，完善反恐国际法律框架；第三，加强反恐能力建设，充分利用高新科技精准打击恐怖活动，同时提升发展中国家反恐能力；第四，从根源消除恐怖主义，坚持综合施策、标本兼治，采取政治、经济、司法、社会等手段，铲除滋生恐怖主义的土壤。此外，反恐还必须重视发展问题与青年问题。①

中国一贯高度重视、积极参与反恐国际合作，通过“中国-联合国和平与发展基金”支持联合国反恐办、安理会反恐执行局等实施合作项目，通过反恐培训、提供反恐教材和设备、举办跨境反恐合作研讨会等，帮助发展中国家特别是非洲国家提升预防和打击恐怖主义能力。②

此外，中国在2022年还就“‘伊斯兰国’在伊拉克犯罪的证据收集”③“恐怖组织跨境活动威胁国际和平与安全”④“促进恐怖主义受害者的权利和需求”⑤“打击武装团体和恐怖分子通过非法走私自然资源融资”⑥“非洲反

---

① 参见《耿爽大使在第77届联大六委“消除国际恐怖主义的措施”议题下的发言》，中国常驻联合国代表团网站，2022年10月4日，http：//un. china-mission. gov. cn/zgylhg/202210/t20221005_ 10777222. htm。

② 参见《张军大使在安理会“恐怖行为威胁国际和平与安全”公开会上的发言》，中国常驻联合国代表团网站，2022年12月15日，http：//un. china-mission. gov. cn/zgylhg/202212/t20221216_ 10991086. htm。

③ 参见《孙志强参赞在联合国收集“伊斯兰国”在伊拉克罪证调查组通报会上的发言》，中国常驻联合国代表团网站，2022年6月8日，http：//un. china-mission. gov. cn/hyyfy/202206/t20220609_ 10700564. htm。

④ 参见《耿爽大使在“恐怖组织跨境活动威胁国际和平与安全”阿里亚会议上的发言》，中国常驻联合国代表团网站，2022年8月31日，http：//un. china-mission. gov. cn/hyyfy/202209/t20220901_ 10758795. htm。

⑤ 参见《外交部涉外安全事务专员程国平率团出席联合国“全球恐怖主义受害者大会”》，中国常驻联合国代表团网站，2022年9月9日，http：//un. china-mission. gov. cn/hyyfy/202209/t20220910_ 10764876. htm。

⑥ 参见《戴兵大使在安理会“打击武装团体和恐怖分子通过非法走私自然资源融资”辩论会上的发言》，中国常驻联合国代表团网站，2022年10月6日，http：//un. china-mission. gov. cn/hyyfy/202210/t20221007_ 10777628. htm。

恐问题”① 等议题阐述了立场与主张。

2. 推进全球反腐败治理和打击跨国有组织犯罪

中国积极参与反腐败国际合作。2022 年 7 月，中国主办金砖国家首次反腐败部长级会议，推动各方一致通过《金砖国家拒绝腐败避风港倡议》，引导金砖国家反腐败合作朝务实方向发展。②

对于打击跨国有组织犯罪，中国主张各国必须践行多边主义，在联合国平台加强合作，共同应对与网络、环境及药品相关的跨国有组织犯罪。中国呼吁各国加强预防和惩治新型跨国有组织犯罪国际交流对话，充分利用《联合国打击跨国有组织犯罪公约》等现有法律框架，加强双边、多边司法执法合作，特别是充分运用引渡和司法协助手段，依法打击各类新型跨国有组织犯罪，推动构建普遍安全的人类命运共同体。③

3. 打击毒品犯罪

面对世界百年变局和世纪疫情交织的影响，中国倡导国际社会协调一致，责任共担、真诚合作，共同应对毒品挑战；倡导各国加大禁毒投入，强化预防教育，更加注重减需，努力从源头上遏制毒品供应、减少毒品危害；倡导解决本国毒品问题，必须立足本国实际拿出应对之策，任何强调外部原因的做法是不负责任的行为，也无益于自身毒品问题的解决。中国愿同世界各国一道，坚定信心、共克时艰，一起向未来，推动国际禁毒事业向前发展，为推进全球毒品共治、实现 2030 年可持续发展规划贡献中国力量。④

---

① 参见《张军大使在安理会非洲反恐问题高级别会议上的发言》，中国常驻联合国代表团网站，2022 年 11 月 10 日，http：//un. china-mission. gov. cn/hyyfy/202211/t20221111_ 10972455. htm。

② 参见《常驻维也纳代表团胡镔参赞在国际反腐败学院第十一届缔约方会议上的发言》，中国常驻维也纳联合国和其他国际组织代表团网站，2022 年 12 月 1 日，http：//vienna. china-mission. gov. cn/hyyfy/202212/t20221201_ 10983477. htm。

③ 参见《常驻维也纳代表团胡镔参赞在〈联合国打击跨国有组织犯罪公约〉第十一届缔约方会议上关于各类新型跨国有组织犯罪议题的发言》，中国常驻维也纳联合国和其他国际组织代表团网站，2022 年 10 月 28 日，http：//vienna. china - mission. gov. cn/chn/drugandcrime/202210/t20221028_ 10793217. htm。

④ 参见《中国代表团在联合国麻醉药品委员会第 65 届会议上的发言》，中国常驻维也纳联合国和其他国际组织代表团网站，2022 年 3 月 16 日，http：//vienna. china-mission. gov. cn/hyyfy/202204/t20220426_ 10674166. htm。

四　积极推动全球公共卫生治理

2022 年，中国积极推动人类卫生健康共同体建设，致力于推进疫情防控国际法治合作，持续为全球抗疫贡献智慧与力量。

（一）推动构建人类卫生健康共同体

中国认为，以人为中心是应对疫情最重要的指导思想，团结合作是全球战胜疫情最有力的武器。2022 年 4 月，中国代表在安理会新冠疫情和疫苗问题公开会上提出四项主张：一是大力推进构筑“免疫屏障”，加大疫苗援助和供给，提升疫苗在冲突地区的可及性和可负担性；二是加强发展中国家的公共卫生体系和公共基础设施建设，普及推广公共卫生知识；三是联合国应采取扎实有效措施为疫后复苏和经济社会发展注入新动力；四是践行真正的多边主义，强化人类命运共同体意识。[①] 截至 2022 年 12 月，中国已向 120 多个国家和国际组织提供超过 22 亿剂疫苗，向 153 个国家和 15 个国际组织提供数千亿件抗疫物资。[②]

（二）加强防疫国际法治合作

中国致力于推进疫情防控国际法治合作，积极参与、配合世界卫生组织《国际卫生条例》的修改工作并认真履行条例义务，推动完善国际公共卫生秩序。中国认为，全球卫生治理体系仍存在短板和漏洞，以邻为壑、零和博弈解决不了本国问题，也应对不了新冠疫情等全球性挑战。要破解困局，必须开展全球行动、全球合作，进行全球应对，在防疫领域加强国际法治合

① 参见《张军大使在安理会新冠疫情和疫苗问题公开会上的发言》，中国常驻联合国代表团网站，2022 年 4 月 11 日，http：//un. china-mission. gov. cn/hyyfy/202204/t20220412_ 10666855. htm。

② 参见《中国对全球抗疫合作的重要贡献有目共睹》，国务院新闻办公室网站，2022 年 12 月 20 日，http：//www. scio. gov. cn/m/37259/Document/1734513/1734513. htm。

作。中国主张：一是坚定支持联合国和世界卫生组织发挥中心协调作用，切实维护全球公共卫生安全；二是不断完善全球防控法律框架，提高国际社会预防和应对传染病流行的能力；三是坚持疫苗作为全球公共产品的属性，确保疫苗在发展中国家的可及性和可负担性。①

五　积极参与全球人权治理

（一）为全球人权事业贡献中国方案

中国始终秉持以人民为中心的人权理念，致力于把人民幸福生活作为最大的人权。过去十年，中国人权事业实现历史性跨越和发展，中国近1亿农村贫困人口摆脱绝对贫困，提前十年实现联合国2030年可持续发展议程的减贫目标。中国建成世界上规模最大的教育体系、社会保障体系、医疗卫生体系，人民享受人权的水平得到显著提升。中国把选举民主和协商民主、程序民主和实质民主结合起来，推进全过程人民民主。中国积极推动全球人权治理，三度当选人权理事会成员，致力于促进多边主义，在平等和相互尊重基础上，同各方开展人权对话和合作，共同推进国际人权事业，构建人类命运共同体。②

（二）积极参与磋商各项人权议题

中国高度重视粮食安全问题，主张各国要及时疏通粮食产业链供应链的“堵点”和“断点”，共同应对全球粮食安全挑战。中国建议：要加强协调行动，稳定全球粮食市场，保障产业链供应链稳定畅通；要加大紧急

① 参见《中国代表刘洋参赞在第77届联大六委“国内与国际法治”议题下的发言》，中国常驻联合国代表团网站，2022年10月10日，http：//un. china-mission. gov. cn/hyyfy/202210/t20221010_ 10780486. htm。

② 参见《中国常驻联合国代表团临时代办戴兵大使在第77届联大三委人权议题一般性辩论的发言》，中国常驻联合国代表团网站，2022年10月19日，http：//un. china-mission. gov. cn/hyyfy/202210/t20221020_ 10786282. htm。

援助，帮助冲突地区民众渡过难关；要推动深层次转型，增强全球粮食系统韧性，加强粮食安全能力。中国是联合国粮农组织南南合作框架下资金援助最多、派出专家最多、开展项目最多的发展中国家，在联合国粮农组织设立南南合作信托基金，帮助发展中国家提升减贫、农业生产和粮食安全保障能力。①

中国积极应对人口老龄化问题，主张以发展为基础应对老龄问题，协调推进养老服务和“银发经济”，针对老年人实际需求，完善多层次、高质量的养老保险和健康服务体系。中国强调，要充分照顾发展中国家关切，要切实履行《马德里老龄问题国际行动计划》，关注发展中国家面临的特殊困难，加大资金和技术支持，应在充分沟通、协商一致基础上，探讨制定新的国际法律文书的可行性。②

此外，中国高度关注乌克兰危机涉及的人道问题③、性暴力和人口贩运问题④、儿童和教育问题⑤、妇女儿童问题⑥，并就全球与重点地区爆发的难

① 参见《张军大使在安理会冲突与粮食安全问题公开辩论会上的发言》，中国常驻联合国代表团网站，2022 年 5 月 19 日，http：//un. china-mission. gov. cn/hyyfy/202205/t20220520_10689744. htm；《戴兵大使在粮食安全问题公开会上的发言》，中国常驻联合国代表团网站，2022 年 9 月 15 日，http：//un. china - mission. gov. cn/hyyfy/202209/t20220916 _ 10766892. htm。

② 参见《戴兵大使在联大老龄问题工作组第十二次会议一般性辩论上的发言》，中国常驻联合国代表团网站，2022 年 4 月 11 日，http：//un. china - mission. gov. cn/hyyfy/202204/t20220413_ 10667161. htm。

③ 参见中国代表在安理会、联大审议乌克兰人道问题时的系列发言，例如，《耿爽大使在安理会审议乌克兰人道问题时的发言》，中国常驻联合国代表团网站，2022 年 10 月 21 日，http：//un. china-mission. gov. cn/hyyfy/202210/t20221022_ 10790319. htm。

④ 参见《戴兵大使在安理会审议乌克兰性暴力和人口贩运问题时的发言》，中国常驻联合国代表团网站，2022 年 6 月 6 日，http：//un. china-mission. gov. cn/hyyfy/202206/t20220607_10699398. htm。

⑤ 参见《戴兵大使在安理会审议乌克兰儿童和教育问题时的发言》，中国常驻联合国代表团网站，2022 年 5 月 12 日，http：//un. china-mission. gov. cn/hyyfy/202205/t20220513_ 10685309. htm。

⑥ 参见《戴兵大使在安理会审议乌克兰妇女儿童问题时的发言》，中国常驻联合国代表团网站，2022 年 4 月 11 日，http：//un. china - mission. gov. cn/hyyfy/202204/t20220411 _ 10666812. htm。

民问题[①]、叙利亚人道问题[②]、保护青少年权益与预防青少年违法犯罪问题[③]等阐述了中国立场与主张。

（三）谴责单边制裁措施损害人权

中国认为，单边强制措施不合法，更不合理。中国主张：第一，单边强制措施违反《联合国宪章》和国际法；第二，单边强制措施严重损害当事国人民的基本人权；第三，单边强制措施加剧全球多重危机。中国强调，反对单边强制措施是国际社会长期、一贯的呼声。联大自1989年起，每两年通过关于反对以单边经济措施为手段在政治和经济上胁迫发展中国家的决议；自1992年起，每年通过决议敦促美国终止对古巴经济、商业和金融封锁；自1997年起，每年通过决议聚焦人权与单边强制措施问题。中国敦促美国及部分西方国家正视国际社会正义呼声，立即取消单边强制措施，以实际行动践行真正的多边主义。[④]

（四）反对借人权问题干涉中国内政

中国认为，加强团结合作，促进和保护人权，是国际社会的共同责任。各国人权事业必须从本国实际和人民需要出发，反对人权政治化和双重标

① 参见《耿爽大使在安理会听取联合国难民高专通报时的发言》，中国常驻联合国代表团网站，2022年11月2日，http：//un. china-mission. gov. cn/hyyfy/202211/t20221103_ 10799466. htm；《戴兵大使在联合国近东巴勒斯坦难民救济和工程处认捐会上的发言》，中国常驻联合国代表团网站，2022年6月23日，http：//un. china-mission. gov. cn/hyyfy/202206/t20220624_ 10709161. htm；《张军大使在安理会审议乌克兰难民问题时的发言》，中国常驻联合国代表团网站，2022年3月17日，http：//un. china-mission. gov. cn/hyyfy/202203/t20220318_ 10652890. htm。

② 参见《耿爽大使在叙利亚政治人道问题公开会上的发言》，中国常驻联合国代表团网站，2022年12月21日，http：//un. china-mission. gov. cn/hyyfy/202212/t20221222_ 10993471. htm。

③ 参见《戴兵大使在联大“预防犯罪政策中加强青年主流化”高级别辩论上的发言》，中国常驻联合国代表团网站，2022年6月6日，http：//un. china-mission. gov. cn/hyyfy/202206/t20220607_ 10699376. htm。

④ 参见《常驻联合国代表团临时代办戴兵大使代表观点相近国家在第77届联大三委呼吁立即取消单边强制措施》，中国常驻联合国代表团网站，2022年10月19日，http：//un. china-mission. gov. cn/hyyfy/202210/t20221019_ 10786142. htm；《戴兵大使在捍卫宪章之友小组关于单边强制措施对人权负面影响边会上的发言》，中国常驻联合国代表团网站，2022年10月12日，http：//un. china-mission. gov. cn/hyyfy/202210/t20221013_ 10782623. htm。

准。美国等西方国家炒作涉疆、涉藏、涉港问题，本质就是借人权问题破坏中国稳定，阻挠中国发展，干涉中国内政，维护自身霸权。①

（五）反对借人权问题对别国施压

中国一贯坚决反对将人权问题政治化、工具化，反对在人权问题上搞选择性、双重标准和对抗做法，反对借人权问题对别国施压。就乌克兰问题紧急特别联大审议的关于暂停俄罗斯在人权理事会成员资格决议草案，中国投了反对票。中国认为，该草案起草过程不公开不透明，也没有按惯例举行全体会员国磋商，广泛听取意见。在此情况下，急于在联大采取行动，逼迫各国选边站队，将加剧会员国分裂，激化当事方矛盾，不利于冲突降级，更不利于推进和平谈判。用这样的方式处理人权理事会成员资格问题，将创造新的危险先例，进一步加剧人权领域的对抗，对联合国治理体系产生更大冲击。②

六　积极推动“海天空网”领域全球治理

2022 年，中国积极推动海洋、空气空间、外层空间与网络空间领域全球治理，主张各国开展开放、包容、公正的对话，促进科学技术和平利用及相关国际合作，推动发展成果普惠共享，共同构建人类命运共同体。

（一）海洋领域

1. 参与重要议题磋商

中国全面参与联合国及《联合国海洋法公约》框架下的海洋治理机制，高度重视几内亚湾海上安全问题，通过多双边渠道为地区国家增强维护海上安全能力提供力所能及的支持。中国支持加纳和挪威提出几内亚湾海上安全

① 参见《联合国大多数会员国反对借人权问题干涉中国内政》，中国常驻联合国代表团网站，2022 年 10 月 31 日，http：//un. china-mission. gov. cn/hyyfy/202211/t20221101_ 10794922. htm。

② 参见《张军大使在乌克兰问题紧急特别联大对暂停俄罗斯在人权理事会成员资格决议表决前的解释性发言》，中华人民共和国常驻联合国代表团网站，2022 年 4 月 7 日，http：//un. china-mission. gov. cn/hyyfy/202204/t20220407_ 10665576. htm。

问题安理会决议的初衷，始终建设性地参与有关磋商，主张在尊重沿岸国家主权和主导权的前提下，帮助地区国家加强反海盗能力建设，消除滋生海盗问题的根源。[①]

2022 年，中国积极支持国际海洋法法庭、国际海底管理局和大陆架界限委员会的工作，深入参与国家管辖范围外海域生物多样性（BBNJ）养护和可持续利用问题国际协定谈判和国际海底“区域”矿产资源开发规章制定等重要议题磋商。[②] 在 BBNJ 养护和可持续利用问题国际协定第四次、第五次政府间会议上，中国就能力建设和海洋技术转让、海洋遗传资源及其惠益分享、划区管理工具（包括公海保护区）、环境影响评价等议题发表意见，积极推动谈判进程。[③] 在国际海底管理局第 27 届历次会议上，中国分别就财务模型[④]、秘书长报告[⑤]、法

① 参见《耿爽大使在安理会几内亚湾海盗问题公开会上的发言》，中国常驻联合国代表团网站，2022 年 11 月 22 日，http：//un. china - mission. gov. cn/hyyfy/202211/t20221123_10979457. htm；《戴兵大使在安理会表决几内亚湾海上安全合作决议草案时的解释性发言》，中国常驻联合国代表团网站，2022 年 5 月 31 日，http：//un. china-mission. gov. cn/hyyfy/202206/t20220601_ 10697156. htm。

② 参见《戴兵大使在纪念〈联合国海洋法公约〉通过 40 周年高级别会议上的发言》，中国常驻联合国代表团网站，2022 年 4 月 29 日，http：//un. china-mission. gov. cn/zgylhg/flyty/hyfsw/202204/t20220430_ 10680907. htm。

③ 例如，中国认为，不应将战略环境影响评价设置成为强制性义务；海洋技术转让的性质部分应删除“尽可能”的表述；环境影响评价的监测部分应该与《联合国海洋法公约》的规定保持一致；以和平方式解决争端和预防争端部分应加上“鉴于对这个协议的解释和适用”的表述；争端解决程序应当遵循国家同意原则，将谈判协商作为解决争端和适用争端的前置程序，不能简单比照《联合国海洋法公约》的相关规定，国家领土主权和管辖权方面的争端应明确排除适用于协定下的争端解决机制；等等。参见《BBNJ 养护和可持续利用协定第四次政府间会议》，武汉大学中国边界与海洋研究院网站，2022 年 3 月 22 日，http：//www. cibos. whu. edu. cn/index. php？id=1898；《【会议简报】BBNJ 养护和可持续利用协定第五次政府间会议》，“武大边海”微信公众号，2022 年 9 月 6 日，https：//mp. weixin. qq. com/s/Vn_ za4mBdOR0HWCxQ3UpFw。

④ 参见《中国代表团在海管局第 27 届第一期理事会财务模型非正式工作组第四次会议的发言》，中国常驻国际海底管理局代表处网站，2022 年 4 月 8 日，http：//isa. china-mission. gov. cn/xwdt/202204/t20220408_ 10665613. htm；《中国代表团在海管局第 27 届第二期理事会财务模型非正式工作组第五次会议的发言》，中国常驻国际海底管理局代表处网站，2022 年 8 月 5 日，http：//isa. china-mission. gov. cn/zgygjhdglj/fyywj_ 131846/202208/t20220819_ 10746630. htm。

⑤ 参见《中国代表团团长、常驻海管局代表陈道江大使在海管局第 27 届会议大会“秘书长报告”议题下的发言》，中国常驻国际海底管理局代表处网站，2022 年 8 月 5 日，http：//isa. china-mission. gov. cn/zgygjhdglj/fyywj_ 131846/202208/t20220819_ 10746626. htm。

技委委员选举①、海管局2023—2024年度预算②、法技委主席报告③、开发规章制定④等议题阐述了立场与主张。

2. 维护现代海洋法体系

中国主张，现代海洋法是一个开放包容的体系，涵盖《联合国海洋法公约》、其他涉海国际法律文书以及习惯国际法，为全球海洋治理提供了重要法律规范，也丰富了可持续发展的法律框架。⑤ 中国作为该公约的缔约国，坚决维护该公约的完整性和严肃性，始终致力于遵守包括该公约在内的国际海洋法。中国强调，各方应客观、历史地看待该公约的地位和作用，善意、准确地解释和适用该公约，依据国际法和平解决争端，通过谈判妥处分歧，加强合作，追求共赢。⑥

3. 促进渔业可持续发展

渔业可持续发展是全球海洋治理的重要组成部分，事关各国粮食安全和经济发展。作为负责任的渔业国家，中国始终致力于科学养护和可持续利用渔业资源，促进全球渔业可持续发展。中国的立场与经验为：第一，坚持渔业资源可持续利用，重视基于生态系统的渔业管理，实施公海自主休渔、强

---

① 参见《中国代表团在国际海底管理局第27届理事会第二期会议上关于法技委委员选举的发言》，中国常驻国际海底管理局代表处网站，2022年8月5日，http://isa.china-mission.gov.cn/zgygjhdglj/fyywj_131846/202208/t20220819_10746628.htm。

② 参见《中国代表团在海管局第27届第二期理事会上关于海管局2023—2024年度预算的发言》，中国常驻国际海底管理局代表处网站，2022年8月5日，http://isa.china-mission.gov.cn/zgygjhdglj/fyywj_131846/202208/t20220819_10746632.htm。

③ 参见《中国代表团在海管局第27届会议第二期理事会"法技委主席报告"议题下的发言》，中国常驻国际海底管理局代表处网站，2022年8月5日，http://isa.china-mission.gov.cn/zgygjhdglj/fyywj_131846/202208/t20220819_10746636.htm。

④ 参见《中国代表团团长、常驻国际海底管理局代表陈道江大使率团出席海管局第27届第三期理事会会议》，中国常驻国际海底管理局代表处网站，2022年11月1日，http://isa.china-mission.gov.cn/dbchd/202211/t20221101_10795057.htm。

⑤ 参见《张军大使在"现代海洋法促进可持续发展"视频研讨会上的开场致辞》，中国常驻联合国代表团网站，2022年7月15日，http://un.china-mission.gov.cn/zgylhg/flyty/hyfsw/202207/t20220716_10722310.htm。

⑥ 参见《外交部副部长谢锋：各方应该完整、准确、善意解释和适用〈联合国海洋法公约〉》，外交部网站，2022年9月2日，https://www.fmprc.gov.cn/web/wjb_673085/zzjg_673183/tyfls_674667/xwlb_674669/202209/t20220902_10760386.shtml。

化渔业科研、鼓励科技创新等措施；第二，建立与采取远洋渔业许可等管理制度和措施，切实履行所加入的区域渔业管理组织或协定的义务；第三，严厉打击非法捕捞活动，对非法、不报告和不受管制捕捞活动实行“零容忍”政策，坚决支持国际社会打击非法捕捞活动，反对任何国家以“打击非法捕捞”为名恶意攻击抹黑他国。当前，中国正在积极研究加入《关于预防、制止和消除非法、未报告和未加管制捕捞的港口国措施协定》。[①]

4. 维护南海和平稳定

中国持续推进与东盟国家的沟通合作，致力于把南海建设为和平、友谊、合作之海。2022 年，中国与东盟各国共同发表《纪念〈南海各方行为宣言〉签署二十周年联合声明》，重申“由直接有关的主权国家通过友好磋商和谈判，以和平方式解决领土和管辖权争议”，再次确认了《南海各方行为宣言》核心条款的内容。[②] 中国一贯主张由直接当事国在尊重历史事实和国际法的基础上通过谈判协商解决南海争端，这不仅符合《南海各方行为宣言》精神，也符合包括《联合国海洋法公约》在内的国际法原则。中国将继续与东盟各国一道，积极管控海上分歧，努力深化涉海合作，全面落实《南海各方行为宣言》内容，稳步推进“南海行为准则”磋商，共同维护南海和平稳定，促进地区繁荣发展。[③]

（二）空气空间和外层空间领域

1. 推进国际民航治理与国际合作

中国致力于在国际民航治理中发挥积极作用，全面支持国际民航组织（ICAO）能力建设和作用发挥，推动各国加快批准 ICAO 制定的《国际民用

① 参见《耿爽大使在第 77 届联大“海洋和海洋法”议题下的发言》，中国常驻联合国代表团网站，2022 年 12 月 9 日，http：//un. china-mission. gov. cn/hyyfy/202212/t20221210_ 10988286. htm。

② 参见《维护南海和平稳定是地区国家共同愿望》，中国政府网，2022 年 11 月 25 日，http：//www. gov. cn/xinwen/2022-11/25/content_ 5728699. htm。

③ 参见《中国致力于维护南海的和平、稳定与秩序》，外交部网站，2022 年 3 月 23 日，https：//www. mfa. gov. cn/nanhai/chn/snhwtlcwj/202203/t20220323_ 10654451. htm。

航空公约》，积极参与ICAO法律领域的工作，履行成员国的责任义务，以实际行动支持国际民航组织各项战略目标的实施。① 2022年，中国积极参与ICAO第41届大会及各委员会的议题讨论和报告审议，全面介绍在安全管理体系建设、空中和机场安全风险防范、维修人员执照管理、电动航空器适航审定、空管运行效率提升以及无人机物流、行李全流程跟踪等领域的新技术、新标准、新实践，多项措施建议纳入大会决议。此外，中国还与有关国家和国际组织就加强国际航空合作达成多项共识。②

2022年10月，全国人大常委会批准了2010年签署的《制止与国际民用航空有关的非法行为的公约》（以下简称《北京公约》）。《北京公约》于2010年由国际航空保安公约外交大会在北京制定，弥补了此前国际航空保安公约存在的空白和不足，完善了国际航空保安公约体系。此次批准2010年签署的《北京公约》，表明了中国对于严惩针对民航业的国际犯罪活动、维护航空运输安全的决心和积极态度，进一步强化了民航业和旅客安全的法治保障。③

2. 防止外空武器化和军备竞赛

作为负责任的空间大国，中国积极推动外空安全治理进程，倡导防止外空武器化和军备竞赛，呼吁国际社会尽快采取进一步切实行动，弥补现有国际法漏洞，为防止外空武器化和军备竞赛、确保外空和平利用提供根本保障。④ 在

---

① 参见《国际民航组织第41届大会闭幕　中国代表团取得丰硕成果》，中国民航网，2022年10月8日，http://www.caacnews.com.cn/1/88/202210/t20221008_1354505.html。

② 国际民航组织第41届大会期间，中国与沙特阿拉伯共同签署了关于扩大航权的谅解备忘录，与欧盟安全委员会就落实双边适航合作项目达成共识，与塞内加尔、委内瑞拉就签署双边航空运输协定形成一致意见，与埃塞俄比亚、赞比亚等国就飞行员电子执照管理合作开展交流，与相关国家就加强国际航空减排务实合作深入交换意见，并与多个国家就有序增加双边航班安排进行积极磋商。

③ 参见《全国人大常委会批准2010年〈北京公约〉进一步强化民航行业和旅客安全法治保障》，中国民航网，2022年10月31日，http://www.caacnews.com.cn/yw/202210/t20221031_1356322.html。

④ 参见《中国代表团团长、裁军大使李松在第77届联大一委一般性辩论上的发言》，中国常驻联合国代表团网站，2022年10月10日，http://un.china-mission.gov.cn/zgylhg/cjyjk/ldyw/202210/t20221011_10780540.htm。

2022 年联合国“负责任外空行为准则”开放式工作组两次会议上，中国和许多其他发展中国家积极主张以全面、非歧视性和具有法律约束力的方式应对外空威胁，谈判制定国际法律文书。中国认为：要制定“负责任外空行为准则”，首先需要超级大国承诺不主导外空、不称霸外空，不将外空界定为作战疆域；各国应以具有法律约束力的方式承诺不对空间物体使用或威胁使用武力；共同致力于早日谈判缔结全面的、非歧视性的、对各方构成平等约束的防止外空军备竞赛和防止外空武器化的国际法律文书。①

2022 年，中国与其他金砖国家、上海合作组织成员国就防止外空军备竞赛和武器化达成系列共识，与其他共提国向联大提出“防止外空军备竞赛的进一步切实措施”“不首先在外空放置武器”等决议草案，并根据联大相关决议提交文件。② 中国主张，当前外空武器化和军备竞赛风险问题具有现实紧迫性，③ 国际社会有必要加强国际合作，通过树立共同、综合、合作、可持续的全球安全观，④ 坚持推进谈判外空军控国际法律文书，⑤ 采取

---

① 参见《中国裁军大使李松在第 77 届联大一委关于外空问题的专题发言》，中国常驻联合国代表团网站，2022 年 10 月 27 日，http：//un. china - mission. gov. cn/zgylhg/cjyjk/ldyw/202210/t20221028_ 10793234. htm。

② 参见《金砖国家领导人第十四次会晤北京宣言》，外交部网站，2022 年 6 月 23 日，https：//www. mfa. gov. cn/web/zyxw/202206/t20220623_ 10709036. shtml；《上海合作组织成员国元首理事会撒马尔罕宣言》，外交部网站，2022 年 9 月 17 日，https：//www. mfa. gov. cn/web/ziliao_ 674904/1179_ 674909/202209/t20220917_ 10767328. shtml；参见《联大一委三项决议写入人类命运共同体理念》，中国常驻联合国代表团网站，2022 年 11 月 3 日，http：//un. china-mission. gov. cn/zgylhg/cjyjk/ldyw/202211/t20221104_ 10800 094. htm。

③ 中国认为，当前外空武器化和军备竞赛风险问题的现实紧迫性主要体现在外空竞争对抗氛围加剧、战场化势头上升、安全脆弱性凸显等三个方面。

④ 中国认为，各国应秉持构建人类命运共同体的理念，将外空打造成国际合作共赢的新疆域，而非竞争对抗的新战场；拥有最强空间能力的国家要真正负起特殊责任，摒弃在外空追求绝对优势、绝对自由、绝对安全的单边思维；改变将个别国家或集团的安全凌驾于他国安全之上的安全战略。

⑤ 中国认为，应积极支持裁谈会立即开展相关工作，在正式启动谈判前可考虑成立技术专家组，深入讨论未来外空军控国际法律文书定义、范围、核查等技术性问题；成立防止外空军备竞赛政府专家组，充分利用目前共识及成果，进一步细化和完善，为谈判外空军控国际法律文书做好充分准备；围绕中俄外空军控条约草案开展讨论，结合新形势和新发展研提建设性意见，为未来条约文本奠定基础。

适当透明与信任措施作为补充,[①] 以及采取规范商业航天参与外空军事活动等措施,[②] 从根本上为防止外空军备竞赛、维护外空和平利用提供切实保障。[③]

3. 促进外空治理法治化

中国坚持以联大审议通过的“空间 2030”议程为指导，积极参与联合国外空委员会法律小组委员会相关议题讨论。中国欢迎五项条约工作组完成制定的“让空间惠及所有各国：关于空间活动法律框架的指导文件”，重视就空间资源开发活动明确相关国际法律框架、以法律手段应对空间碎片问题。中国指出，空间资源开发及其他对地外天体的探索活动应当遵守 1967 年《外空条约》规定的外空法基本原则，在此基础上明确或发展有关规则，都应在联合国框架内以符合现行国际法的方式进行讨论。中国积极执行联合国外空委员会通过的《空间碎片减缓指南》，参与机构间空间碎片协调委员会（IADC）框架下的国际合作。中国认为，着眼于以主动移除手段促进空间碎片减缓，联合国外空委员会法律小组委员会应就相关法律问题进行讨论，包括但不限于空间物体的登记国、管辖权、控制权以及损害赔偿责任等。[④]

中国始终秉持人类命运共同体愿景，持续推进和平利用外空领域国际交流与合作。2022 年 11 月，中国与联合国外空司共同举办“联合国/中国空

① 中国认为，各国应在将坚持谈判外空军控国际法律文书作为根本目标的前提下，加强沟通对话，不断弥合分歧、扩大共识，寻求适当、可行的透明和信任措施；各国应采取切实措施，避免采取以意识形态划线、泛化国家安全概念的做法，消除人为制造的科技壁垒。

② 中国认为，一些商业航天部门大量参与军事航天活动，客观上加速了外空军备扩张，模糊了军事活动和民事活动的边界；各国应严格遵守《外空条约》规定，强化国家监管责任，对本国商业航天活动加强监督管理，避免发生意外和非常规行为，加剧外空对抗冲突，同时约束本国商业航天部门合理使用外空频率和轨位资源，避免损害发展中国家和平利用外空的权利。

③ 参见《中国根据联大“防止外空军备竞赛进一步切实措施”（76/230 号）决议提交的文件》，中国常驻联合国代表团网站，2022 年 5 月 3 日，http：//un. china-mission. gov. cn/zgylhg/cjyjk/ldyw/202205/t20220503_ 10681319. htm。

④ 参见《常驻维也纳代表团胡镔参赞在联合国外空委法律小组委员会第 61 届会议上的一般性发言》，中国常驻维也纳联合国和其他国际组织代表团网站，2022 年 4 月 1 日，http：//vienna. china-mission. gov. cn/hyyfy/202204/t20220426_ 10674169. htm。

间探索与创新全球伙伴关系研讨会”，发布了《中国航天推动构建新型空间探索与创新全球伙伴关系的行动声明》，系统阐述了中国致力打造合作共赢“朋友圈”的理念、倡议与行动。[①]

（三）网络空间领域

1. 打击网络犯罪

面对日趋严重的网络犯罪问题，中国倡议加强全球协调，有效应对网络犯罪。[②] 中国认为，网络犯罪是各国共同面临的重大挑战，现有区域性公约以及双边司法警务合作等渠道无法有效应对网络犯罪挑战，制定《联合国打击网络犯罪公约》已经成为各国的共同责任。各方应切实提高紧迫性，加强沟通合作，充分展现灵活性，确保谈判按照既定路线图如期完成，为国际社会有效应对网络犯罪提供法律依据。

中国主张，公约谈判应立足当今犯罪和信息通信技术深度融合的现状，立足各国打击网络犯罪的实践，充分考虑发展中国家的特殊需要。中国支持联合国打击网络犯罪公约特委会根据联大相关决议，在坚持政府主导原则的基础上，广泛听取学界和业界等各方意见，积极促进预防和打击网络犯罪领域的国际合作，让互联网和信息通信技术更好造福人类社会。[③]

2. 推动联合国信息安全进程

网络是人类共同活动空间，网络安全事关世界各国广泛利益。中国主张维护联合国信息安全开放式工作组作为联合国唯一信息安全进程的地位，以《全球数据安全倡议》为基础，制定反映大多数国家意愿和利益

---

① 参见《联合国/中国空间探索与创新全球伙伴关系研讨会闭幕》，海南省人民政府网站，2022 年 11 月 25 日，https：//www. hainan. gov. cn/hainan/5309/202211/b1d4a2a031024d42bee622fd2abd0e5a. shtml。

② 参见《中国代表在联合国预防犯罪和刑事司法委员会第 31 届会议上的一般性发言》，中国常驻维也纳联合国和其他国际组织代表团网站，2022 年 5 月 23 日，http：//vienna. china-mission. gov. cn/hyyfy/202205/t20220523_ 10691547. htm。

③ 参见《联合国打击网络犯罪公约特委会第一次谈判会议》，“中国国际法前沿”微信公众号，2022 年 3 月 16 日，https：//mp. weixin. qq. com/s/BCULrQeegCDz3E3XglSm1A。

的网络和数据安全全球规则，积极推动构建和平、安全、开放、合作的网络空间。[①] 在 2022 年联合国信息安全问题开放式工作组二期会上，中国积极呼吁团结对话，对外释放维护网络空间和平与稳定的积极信号，并阐述了维护网络空间的和平至关重要[②]、网络安全是各国的共同安全[③]、不能把网络空间先发优势"武器化"[④]、不能对"负责任国家行为框架"合则用不合则弃[⑤]等四方面立场与主张，积极推动构建网络空间命运共同体。[⑥]

3. 加强网络空间治理国际合作

中国积极推动网络空间全球治理，加强互联网发展国际合作。2022 年 7

---

① 参见《中国代表团团长、裁军大使李松在第 77 届联大一委一般性辩论上的发言》，中国常驻联合国代表团网站，2022 年 10 月 10 日，http：//un. china-mission. gov. cn/zgylhg/cjyjk/ldyw/202210/t20221011_ 10780540. htm。

② 中国主张，和平一直是中国网络安全政策的第一要素。中国反对将网络空间划分为和平和非和平时期，这将向国际社会发出错误信号。人类不需要一个新的战场，一个和平安宁的网络空间符合所有国家的利益。多年来，中国一直呼吁建立和平、安全、开放、合作的网络空间。令人遗憾的是，当年联合国信息安全政府专家组报告磋商期间，由于个别国家的坚持，"和平"被列在"促进开放、安全、稳定、可及、和平的信息通信技术环境"的最后，但事实证明，和平是促进开放、安全、稳定、可及的信息通信技术环境的前提和基础。

③ 中国主张，网络空间是各国共存共荣的命运共同体。应摒弃零和思维和冷战意识形态，树立互信、互利、平等、协作的新安全观，在充分尊重别国安全的基础上，致力于在共同安全中实现自身安全，切实防止网络军事化和网络军备竞赛。不能一个国家安全而其他国家不安全、一部分国家安全而另一部分国家不安全，更不能以牺牲别国安全谋求自身所谓绝对安全。凭借自身网络军事优势，炫耀发展进攻性网络军事力量，将军事同盟引入网络空间，推动制定网络空间交战规则，无助于维护网络空间和平，也不会有国家或军事集团会因此获得单方面网络安全。

④ 中国指出，近年来个别国家将互联网基础资源和技术优势当作打压他国、实施单边制裁的工具，这不仅损害全球互联网的安全、稳定的联通，也严重影响国际安全。网络空间是人类的共同家园，不应成为各国角力的战场，各国合法权益不应受到损害。各方应推动建立多边、民主、透明的全球互联网治理体系。

⑤ 中国主张，负责任国家行为框架是联合国信息安全进程来之不易的重要共识，应得到全面完整准确执行。中国指出，个别国家在 2021 年政府专家组（GGE）和开放式工作组（OEWG）协商一致报告"墨迹"未干时，就无视有关"应发展和执行全球可互操作的、共同的供应链安全规则和标准"的共识，出于狭隘的地缘政治目的，蓄意打造讨论供应链问题的封闭的、排他性的小圈子。这令人不得不怀疑，某些国家参与联合国信息安全进程的真实目标是，构建"其他各国都遵守，而其自身则凌驾于各国的网络空间国际规则"。

⑥ 参见《中国代表团在联合国信息安全问题开放式工作组二期会上的发言》，中国常驻联合国代表团网站，2022 年 3 月 28 日，http：//un. china - mission. gov. cn/zgylhg/cjyjk/ldyw/202204/t20220408_ 10665738. htm。

月，中国在连续成功举办8届世界互联网大会的基础上成立世界互联网大会国际组织，致力于推动世界互联网大会成为凝聚治理共识、促进共同发展、维护网络安全的重要平台，携手构建网络空间命运共同体。[①] 2022年11月举行的世界互联网大会乌镇峰会发布了《世界互联网发展报告2022》和《中国互联网发展报告2022》。[②] 分论坛"网络法治"聚焦构建数字时代的法治保障体系，发布了《反电信网络诈骗倡议》。[③] 分论坛"网络空间国际规则：实践与探索"就"围绕促进数字基础设施普惠接入加强国际合作""加快构建数字规则体系，加强数字发展国际合作""构建网络空间国际治理新秩序"等网络空间国际治理热点问题进行讨论，发布了《"构建网络空间命运共同体"系列国际研讨会成果汇编》（中英文），阐释了中国推动完善网络空间治理国际规则，构建网络空间命运共同体的理念主张。[④]

七 大力维护国际经贸格局

2022年，新冠疫情、气候变化、地缘冲突、粮食和能源危机等挑战交织叠加，世界经济复苏艰难。作为世界第二大消费市场、全球130多个国家和地区的主要贸易伙伴，中国致力于推动高水平对外开放，加快构建新发展格局，为世界经济复苏和落实可持续发展目标贡献力量。

（一）支持世贸组织改革

中国高度重视世贸组织工作，积极参与世贸组织改革，号召各方共同维护以世贸组织为核心的多边贸易体制。中国主张，世贸组织改革应促进经济

① 参见《习近平向世界互联网大会国际组织成立致贺信》，世界互联网大会网站，2022年7月12日，https：//cn. wicinternet. org/2022-07/12/c_ 173611. htm。

② 参见《2022年世界互联网大会乌镇峰会今日闭幕》，世界互联网大会网站，2022年11月11日，https：//cn. wicinternet. org/2022-11/11/c_ 175017. htm。

③ 参见《2022年世界互联网大会乌镇峰会网络法治论坛举行》，世界互联网大会网站，2022年11月10日，https：//cn. wicinternet. org/2022-11/10/c_ 174936. htm。

④ 参见《2022年世界互联网大会乌镇峰会网络空间国际规则论坛举行》，世界互联网大会网站，2022年11月12日，https：//cn. wicinternet. org/2022-11/12/c_ 175016. htm。

全球化，要通过规则更新和机制保障，推动经济全球化朝着更加开放、包容、普惠、平衡、共赢的方向发展；改革应使全体成员受益，保障发展中成员合法权益。①

中国认为，世贸组织改革的当务之急是尽快启动上诉机构成员遴选程序，改革要着力解决保护主义和单边主义措施问题，就投资便利化、电子商务等新议题制定规则，实现世贸组织规则体系与时俱进。为更好推进相关工作，中国支持尽快设立对所有成员开放、职能适当的世贸组织改革工作组。② 同时，中国强调争端解决机制改革面临的紧迫性，认为一个独立、公正、有约束力、两级审理的争端解决机制，不仅有利于成员之间的争端得到迅速、公正的解决，也能增强多边贸易体制的安全性和可预见性。③

（二）推动世贸组织多边贸易谈判

2022 年 1 月，世贸组织第十届“中国项目”圆桌会“最不发达国家加入的未来”高层论坛举办。④ 中国表示，中国始终支持最不发达国家融入多边贸易体制，并坚持以自身发展惠及最不发达国家。中国将继续在多边贸易体制框架内开展南南合作，同有关方面一道，进一步做实做好“中国项目”，支持发展中成员特别是最不发达国家增强经济韧性，用实际行动落实全球发展倡议，推动构建全球发展命运共同体。⑤ 同月，中国在 2022 年世贸组织小

① 参见《王文涛部长出席世贸组织第 12 届部长级会议全会并发言》，商务部网站，2022 年 6 月 13 日，http：//www. mofcom. gov. cn/article/xwfb/xwbldhd/202206/20220603318188. shtml。

② 参见《商务部副部长兼国际贸易谈判副代表王受文出席世贸组织小型部长会议》，商务部网站，2022 年 1 月 22 日，http：//www. mofcom. gov. cn/article/xwfb/xwbldhd/202201/20220103238949. shtml。

③ 参见《李成钢大使在世贸组织非正式团长会和贸易谈判委员会会议上的发言》，商务部网站，2022 年 11 月 30 日，http：//wto. mofcom. gov. cn/article/hyfy/202212/20221203372330. shtml。

④ “中国项目”系由中国和世贸组织秘书处于 2011 年设立，圆桌会是该项目的重要组成部分，自 2012 年起开始举办。此次圆桌会聚焦“中国项目”能力建设十周年取得的成就，展望最不发达国家加入世贸组织的前景。

⑤ 参见《王文涛部长为世贸组织第十届“中国项目”圆桌会高层论坛作视频致辞》，商务部网站，2022 年 1 月 19 日，http：//www. mofcom. gov. cn/article/xwfb/xwbldhd/202201/20220103238057. shtml。

型部长会议上就疫情应对、渔业补贴、农业谈判等议题发表意见。[①]

为增强疫苗在发展中国家的可及性和可担负性，中国一直积极参与世贸组织框架下关于新冠疫苗知识产权豁免议题磋商，强调对发展中成员疫苗可及性和可负担性问题的关注，加强与美国、欧盟、印度和南非等成员的沟通互动，推动各方弥合分歧，尽早达成一致。2022 年 6 月，中国在世贸组织第 12 届部长级会议谈判关键阶段主动宣布不寻求享受豁免决定所提供的灵活性，就新冠疫苗知识产权豁免达成部长决定[②]发挥了建设性作用。[③]

2022 年 11 月，中国代表在世贸组织非正式团长会和贸易谈判委员会会议上围绕发展、农业、TRIPs 豁免、渔业补贴、电子商务等议题阐述中国立场，呼吁各方就重要议题的谈判保持紧迫感，通过“边干边改”推动世贸组织改革，以建设性和灵活的方式推动谈判进程。[④] 12 月，世贸组织成员实质性结束《投资便利化协定》文本谈判，这是中国在世贸组织主动设置的首个谈判议题。在谈判过程中，中国领导了“贸易便利化之友”小组，为推动谈判进程发挥了关键作用。[⑤]

---

① 参见《商务部副部长兼国际贸易谈判副代表王受文出席世贸组织小型部长会议》，商务部网站，2022 年 1 月 22 日，http：//www. mofcom. gov. cn/article/xwfb/xwbldhd/202201/20220103238949. shtml。

② 《关于〈与贸易有关的知识产权协定〉的部长决定》有助于弥合全球“疫苗鸿沟”，提升发展中成员的疫苗可及性和可负担性，推动构建人类卫生健康共同体。该决定允许对发展中成员豁免新冠疫苗专利的保护义务，发展中成员可在未经专利权人允许的情况下授权生产并向其他符合条件的发展中成员出口新冠疫苗。发展中成员在实施授权的方式、通报义务和向专利权人提供适当报酬等方面享有较大灵活性，例如，成员可通过立法、行政命令、紧急法令等各种方式进行授权，可在授权后向世贸组织进行通报，确定权利人报酬时可考虑人道主义和非营利目的等。该决定还规定在 6 个月内讨论是否将对专利保护义务的豁免覆盖到应对疫情所需的诊断和治疗产品。该决定鼓励有新冠疫苗产能的发展中成员放弃享受豁免。

③ 参见《中国推动世贸组织达成新冠疫苗知识产权豁免决定展现大国担当》，商务部网站，2022 年 6 月 20 日，http：//www. mofcom. gov. cn/article/xwfb/xwrcxw/202206/20220603320372. shtml。

④ 参见《李成钢大使在世贸组织非正式团长会和贸易谈判委员会会议上的发言》，商务部网站，2022 年 11 月 30 日，http：//wto. mofcom. gov. cn/article/hyfy/202212/20221203372330. shtml。

⑤ 参见《世贸组织成员实质性结束〈投资便利化协定〉文本谈判》，商务部网站，2022 年 12 月 20 日，http：//chinawto. mofcom. gov. cn/article/ap/tzblhyt/202212/20221203374650. shtml。

（三）推动国际贸易规则的编纂与完善

2022 年 12 月，联大通过了中国首倡并全程参与谈判的《联合国船舶司法出售国际效力公约》。该公约充分考虑了不同国家、不同法系的立法和司法实践，为船舶司法出售的国际承认问题确立起法律规范，确保船舶买受人的所有权在其他缔约国获得承认，有利于增强相关权利的稳定性、保护金融机构进行船舶融资的积极性，促进国际贸易发展。在联合国贸法会关于该公约草案的谈判过程中，各方一致同意在该公约正式通过后，由中国于 2023 年在北京举办该公约签署仪式，并按惯例将该公约简称为《北京船舶司法出售公约》。①

（四）拓展区域经济伙伴关系

2022 年，《区域全面经济伙伴关系协定》（RCEP）正式生效。为全面和充分履行 RCEP 义务、高质量实施 RCEP，中国印发《关于高质量实施〈区域全面经济伙伴关系协定〉（RCEP）的指导意见》，引导地方、产业和企业利用好 RCEP 规定的市场开放承诺和规则，更好把握 RCEP 带来的市场开放机遇。②

2022 年 8 月，《数字经济伙伴关系协定》（DEPA）联合委员会决定成立中国加入 DEPA 工作组，全面推进中国加入 DEPA 的谈判。在 2021 年 10 月正式提出加入 DEPA 申请后，中国与 DEPA 成员国新西兰、新加坡、智利在各层级开展对话磋商，深入阐释中国数字领域法律法规和监管实践，全面展现中国在 DEPA 框架下与各方开展数字经济领域合作的前景。③

---

① 参见《耿爽大使在第 77 届联大六委“联合国国际贸易法委员会第 55 届会议工作报告”议题下的发言》，中国常驻联合国代表团网站，2022 年 10 月 17 日，http：//un. china-mission. gov. cn/hyyfy/202210/t20221018_ 10784951. htm。

② 参见《商务部等六部门联合印发〈关于高质量实施《区域全面经济伙伴关系协定》（RCEP）的指导意见〉》，商务部网站，2022 年 1 月 26 日，http：//www. mofcom. gov. cn/article/xwfb/xwrcxw/202201/20220103239472. shtml。

③ DEPA 是由新西兰、新加坡、智利于 2019 年 5 月发起的、在 2020 年 6 月签署的全球首份数字经济区域协定。参见《中国加入〈数字经济伙伴关系协定〉（DEPA）工作组正式成立》，商务部网站，2022 年 8 月 19 日，http：//www. mofcom. gov. cn/article/xwfb/xwrcxw/202208/20220803342152. shtml。

（五）落实“一带一路”倡议

“一带一路”倡议开创的伙伴关系和多边合作是推动全球经济社会发展的变革动力。截至2022年12月，中国已经同150个国家和32个国际组织签署200余份共建“一带一路”合作文件，中国与共建“一带一路”国家之间的贸易自由化和便利化水平稳步提升，贸易方式不断创新。[①] 2022年9月，中国常驻联合国代表团同联合国经济和社会事务部共同举行《携手合作，共享美好未来——“一带一路”倡议支持联合国2030年可持续发展议程的进展报告》发布会。中国表示，深入推进“一带一路”建设，有利于各国合作应对挑战，共同抗击新冠疫情，推动全球经济复苏，维护全球供应链稳定，应对粮食、能源危机，是实现标本兼治的正确选择和途径。中国期待同所有合作伙伴一道，秉持共商共建共享原则，深化全方位合作，坚定不移推动“一带一路”高质量发展，为加快落实联合国2030年可持续发展议程、实现各国共同发展作出更大贡献。[②]

中国积极推动“一带一路”国际经贸合作平台建设，促进共同发展。2022年，中国先后举办第二届中国国际消费品博览会[③]、2022年世界大健康博览会[④]、丝绸之路国际博览会[⑤]、中国国际智能产业博览会[⑥]、第七届

---

① 参见《已同中国签订共建“一带一路”合作文件的国家一览》，中国一带一路网，2022年12月20日，https://www.yidaiyilu.gov.cn/xwzx/roll/77298.htm。

② 参见《协同推进“一带一路”和2030年议程，共谋全球可持续发展——张军大使在〈“一带一路”支持2030年可持续发展议程进展报告〉发布会上的主旨讲话》，中国常驻联合国代表团网站，2022年9月14日，http://un.china-mission.gov.cn/zgylhg/jsyfz/202209/t20220915_10766228.htm。

③ 参见《共享机遇　共创未来——写在第二届中国国际消费品博览会开幕之际》，中国一带一路网，2022年7月25日，https://www.yidaiyilu.gov.cn/xwzx/gnxw/263654.htm。

④ 参见《2022年世界大健康博览会在武汉开幕　现场签约超过440亿元》，中国一带一路网，2022年8月6日，https://www.yidaiyilu.gov.cn/xwzx/gnxw/266722.htm。

⑤ 参见《第六届丝绸之路国际博览会在西安开幕》，中国一带一路网，2022年8月15日，https://www.yidaiyilu.gov.cn/sbh/ystp/268706.htm。

⑥ 参见《2022中国国际智能产业博览会在渝开幕500多家单位展示前沿智能科技》，中国一带一路网，2022年8月22日，https://www.yidaiyilu.gov.cn/xwzx/gnxw/270354.htm。

“一带一路”高峰论坛[①]、2022年中国国际服务贸易交易会[②]、第二十二届中国国际投资贸易洽谈会[③]、第十九届中国—东盟博览会和中国—东盟商务与投资峰会[④]、第七届中国—亚欧博览会[⑤]、第一百三十二届中国进出口商品交易会[⑥]、第五届中国国际进口博览会[⑦]、第六届中国—南亚博览会暨第二十六届中国昆明进出口商品交易会[⑧]、首届全球数字贸易博览会[⑨]等落实“一带一路”经贸领域合作倡议的活动，实现高水平对外开放和服务贸易高质量发展相互促进，让世界共享中国机遇。

（六）推动双边贸易投资合作

中国持续推动与有关国家在贸易、投资等领域的合作。2022年，中国与巴基斯坦顺利实施中巴自贸协定及第二阶段议定书，有力促进了双边经贸关系发展。[⑩] 与巴西召开中巴（西）高委会第六次会议，就《2022年至2031年中巴战略规划》和《2022年至2026年中巴执行计划》两份政府间

---

① 参见《第七届“一带一路”高峰论坛圆满结束　吸引逾1.9万人线上线下参会》，中国一带一路网，2022年9月2日，https：//www. yidaiyilu. gov. cn/xwzx/gnxw/272997. htm。

② 参见《以高水平对外开放为世界搭建服务贸易新平台》，中国一带一路网，2022年9月4日，https：//www. yidaiyilu. gov. cn/xwzx/gnxw/273376. htm。

③ 参见《第二十二届中国国际投资贸易洽谈会开幕》，中国一带一路网，2022年9月9日，https：//www. yidaiyilu. gov. cn/xwzx/gnxw/274839. htm。

④ 参见《第19届东博会闭幕　签约总投资额较上届增长37%》，中国一带一路网，2022年9月20日，https：//www. yidaiyilu. gov. cn/xwzx/gnxw/278182. htm。

⑤ 参见《第七届中国—亚欧博览会招商引资项目签约额创新高》，中国一带一路网，2022年9月21日，https：//www. yidaiyilu. gov. cn/xwzx/gnxw/278367. htm。

⑥ 参见《广交会搭台　外贸企业积极开拓RCEP市场》，中国一带一路网，2022年10月19日，https：//www. yidaiyilu. gov. cn/xwzx/gnxw/284464. htm。

⑦ 参见《共享中国经济高质量发展带来的机遇》，中国一带一路网，2022年11月17日，https：//www. yidaiyilu. gov. cn/xwzx/gnxw/288056. htm。

⑧ 参见《80个国家、地区和国际组织参展第6届南博会》，中国一带一路网，2022年11月20日，https：//www. yidaiyilu. gov. cn/xwzx/gnxw/291428. htm。

⑨ 参见《首届全球数贸会预计达成意向贸易成交额374亿元》，中国一带一路网，2022年12月15日，https：//www. yidaiyilu. gov. cn/xwzx/gnxw/296845. htm。

⑩ 参见《王文涛部长同巴基斯坦总理商务和投资顾问达乌德举行视频会晤》，商务部网站，2022年3月30日，http：//www. mofcom. gov. cn/article/bnjg/202204/20220403301495. shtml。

合作文件达成一致，签署了中巴高委会第六次会议纪要及一系列经贸合作协议。[①] 举行中国—海合会自贸协定第十轮谈判部级首席谈判代表会议[②]、中国—沙特高级别联合委员会贸易投资分委会第四次会议[③]，进一步推进与沙特阿拉伯在贸易投资领域的合作。此外，《中华人民共和国政府和柬埔寨王国政府自由贸易协定》于 2022 年正式生效实施。[④] 中国还与白俄罗斯举行服务贸易与投资协定第四轮谈判，[⑤] 与韩国举行双边自贸协定第二阶段谈判首席谈判代表会议，[⑥] 与新加坡举行自贸协定升级后续谈判第四轮谈判首席谈判代表会议，[⑦] 进一步提升服务贸易和投资的开放与合作水平，激发双边贸易潜力。

---

① 双方同意在数字经济、产业链供应链、文化旅游等领域积极开展合作。参见《中巴（西）高委会第六次会议成果清单》，商务部网站，2022 年 5 月 24 日，http：//www. mofcom. gov. cn/article/xwfb/xwrcxw/202205/20220503313636. shtml。

② 中国与沙特阿拉伯驻华大使、海合会自贸谈判总协调人就货物贸易、服务贸易、投资、原产地规则、海关程序与贸易便利化等议题开展深入讨论，取得积极进展。参见《中国与海合会举行自贸协定第十轮谈判部级首席谈判代表会议》，商务部网站，2022 年 9 月 30 日，http：//www. mofcom. gov. cn/article/xwfb/xwbldhd/202209/20220903353034. shtml。

③ 中国与沙特阿拉伯就对接“一带一路”倡议和沙特阿拉伯“2030 愿景”、深化双向投资合作、挖掘贸易增长潜力等议题深入交换意见，达成广泛共识。参见《中国—沙特高级别联合委员会贸易投资分委会第四次会议召开》，商务部网站，2022 年 9 月 30 日，http：//www. mofcom. gov. cn/article/syxwfb/202209/20220903353320. shtm。

④ 根据该协定安排，中柬双方货物贸易零关税产品税目比重均将达到 90%以上，双方还将加强在服务贸易、投资、“一带一路”倡议、电子商务、经济技术等领域合作。参见《中国—柬埔寨自由贸易协定正式生效》，商务部网站，2022 年 1 月 5 日，http：//www. mofcom. gov. cn/article/xwfb/xwrcxw/202201/20220103234636. shtml。

⑤ 双方就投资、特定服务贸易、电子商务等章节深入交换意见，并拟定了下一步工作计划。参见《中国与白俄罗斯举行服务贸易与投资协定第四轮谈判》，商务部网站，2022 年 4 月 29 日，http：//sms. mofcom. gov. cn/article/zatp/202204/20220403308825. shtm。

⑥ 双方就跨境服务贸易、投资和金融服务等议题规则和负面清单市场准入问题开展深入磋商，取得积极进展。参见《中国与韩国积极推动自贸协定第二阶段谈判》，商务部网站，2022 年 7 月 13 日，http：//www. mofcom. gov. cn/article/xwfb/xwrcxw/202207/20220703333274. shtml。

⑦ 双方就有关章节文本、服务贸易和投资负面清单等议题开展深入讨论，取得积极进展。双方同意积极推动谈判进程，争取早日取得实质性成果。参见《中国与新加坡举行自贸协定升级后续谈判第四轮谈判首席谈判代表会议》，商务部网站，2022 年 8 月 3 日，http：//www. mofcom. gov. cn/article/xwfb/xwrcxw/202208/20220803338161. shtml。

八　推动知识产权国际保护

2022 年，中国已成为全球有效专利数量、有效商标注册量以及工业品外观设计有效注册量最多的国家。① 作为全球创新体系中的重要一极，中国继续深化与世界知识产权组织（WIPO）等国际组织以及各国和地区知识产权机构的交流合作，主动参与国际规则制定，推动全球知识产权治理体制向着更加公正合理方向发展。

（一）加入《工业品外观设计国际注册海牙协定》

2022 年 2 月，中国向 WIPO 提交《工业品外观设计国际注册海牙协定》（以下简称《海牙协定》）② 加入书，该协定于 2022 年 5 月正式对中国生效。加入《海牙协定》有利于中国积极融入外观设计全球化体系，对中国深度参与 WIPO 框架下的全球知识产权治理起到有力促进作用。中国将以加入《海牙协定》为契机，继续做好专利法实施细则和专利审查指南的有关修改工作，完善通过《海牙协定》途径申请的外观设计审查规则，做好信息化系统和费用体系等配套保障，为国内外申请人利用《海牙协定》体系，开展外观设计国际申请和保护提供便利服务。③

（二）参与知识产权国际治理

2022 年，中国不断加强知识产权保护、持续优化营商环境和创新环

① 参见《2022 年〈世界知识产权指标〉（WIPI）报告发布》，国家知识产权战略网，2022 年 11 月 23 日，http：//www. nipso. cn/onewsn. asp？ id=53942。

② 《海牙协定》是适用于工业设计领域的国际知识产权协定，与《商标国际注册马德里协定》和《专利合作条约》（PTC）共同构成工业产权领域三大服务体系，由 WIPO 管理。通过该协定，申请人向受理局提交一份单一的国际申请后，就可能在若干个缔约方获得工业品外观设计保护。

③ 参见《中国加入〈工业品外观设计国际注册海牙协定〉》，国家知识产权局网站，2022 年 2 月 9 日，https：//www. cnipa. gov. cn/art/2022/2/9/art_ 53_ 173132. html。

境，在对接中国知识产权强国建设纲要和 WIPO 中期战略计划方面开展了一系列合作。为进一步加强知识产权国际治理，中国就 WIPO 框架下的相关事务提出四点建议：一是呼吁 WIPO 成员国在复杂多变的国际形势下展现更多团结合作的精神，坚持协商一致的原则，妥善处理共同关心的问题；二是呼吁各国继续努力，共同推进联合国 2030 年可持续发展议程；三是继续完善 WIPO 全球知识产权服务体系，将中文等联合国相关官方语言纳入马德里体系和海牙体系；四是进一步完善 WIPO 的监督、审计体系等。①

（三）强化知识产权国际合作

中国进一步强化知识产权多边合作。2022 年，中美欧日韩知识产权五局（IP5）、商标五局（TM5）、合作和外观设计五局（ID5）先后通过《2022 年 IP5 合作局长联合声明》《TM5 合作十周年联合愿景声明》《ID5 联合声明》《TM5 运行指南》，更新了《ID5 操作规程》。② 中国与东盟成员国知识产权局局长讨论并通过了 2022—2023 年度工作计划。③ 第十四次金砖国家知识产权局局长会议审议了金砖五局 8 个合作领域的工作进展，批准了《金砖五局人工智能审查规则对比研究报告》《金砖五局外观设计视图提交要求对比研究报告》《金砖五局商标申请和审查程序对比手册》等多项成果。④ 中日韩三国知识产权局在合作框架下持续深化合作，举办了第 10 次

---

① 参见《申长雨率团出席世界知识产权组织第 63 届成员国大会并作一般性发言》，国家知识产权局网站，2022 年 7 月 20 日，https://www.cnipa.gov.cn/art/2022/7/20/art_53_176687.html。

② 参见《2022 年中美欧日韩知识产权五局合作局长系列会议举行》，国家知识产权局网站，2022 年 6 月 16 日，https://www.cnipa.gov.cn/art/2022/6/16/art_53_176059.html；《2022 年中美欧日韩商标五局合作和外观设计五局合作年度系列会议举行》，国家知识产权局网站，2022 年 11 月 4 日，https://www.cnipa.gov.cn/art/2022/11/4/art_53_180153.html。

③ 参见《第十三届中国—东盟知识产权局局长会举行》，国家知识产权局网站，2022 年 9 月 7 日，https://www.cnipa.gov.cn/art/2022/9/7/art_53_178517.html。

④ 参见《中国国家知识产权局主办第十四次金砖国家知识产权局局长视频会议》，国家知识产权局网站，2022 年 9 月 22 日，https://www.cnipa.gov.cn/art/2022/9/22/art_53_178894.html。

中日韩知识产权用户研讨会，并签署了有关会谈纪要。①

双边层面，中国在2022年与欧洲专利局延长《专利合作条约》国际检索单位试点项目，② 与欧亚专利局③、马来西亚④持续推进专利审查高速路（PPH）试点合作。此外，中国还与吉尔吉斯共和国⑤、柬埔寨⑥、法国⑦、老挝⑧、瑞典⑨、哥斯达黎加⑩、欧盟⑪、欧亚专利局⑫、日本⑬、韩

① 参见《2022年中日、中韩和中日韩知识产权局局长会议分别举行》，国家知识产权局网站，2022年12月14日，https://www.cnipa.gov.cn/art/2022/12/14/art_53_180786.html。

② 根据中国国家知识产权局和欧洲专利局达成的共识，该试点项目将延期一年至2023年11月30日，延长期内最高申请量为3000件。参见《中欧两局关于专利合作条约国际检索单位试点项目延期的联合公报》，国家知识产权局网站，2022年9月16日，https://www.cnipa.gov.cn/art/2022/9/16/art_53_178765.html。

③ 参见《中欧亚专利审查高速路（PPH）试点延长》，国家知识产权局网站，2022年3月8日，https://www.cnipa.gov.cn/art/2022/3/8/art_53_173860.html。

④ 参见《中马（来西亚）专利审查高速路（PPH）试点项目延长》，国家知识产权局网站，2022年6月29日，https://www.cnipa.gov.cn/art/2022/6/29/art_53_176284.html。

⑤ 参见《中吉两国知识产权局举行局长视频会议》，国家知识产权局网站，2022年3月11日，https://www.cnipa.gov.cn/art/2022/3/11/art_53_173944.html。

⑥ 参见《中柬专利审查合作研讨会线上举办》，国家知识产权局网站，2022年3月16日，https://www.cnipa.gov.cn/art/2022/3/16/art_53_174081.html。

⑦ 参见《中法地理标志在线研讨会举行》，国家知识产权局网站，2022年4月14日，https://www.cnipa.gov.cn/art/2022/4/14/art_53_174689.html；《国家知识产权局领导出席中法地理标志保护与发展论坛》，国家知识产权局网站，2022年7月6日，https://www.cnipa.gov.cn/art/2022/7/6/art_53_176400.html。

⑧ 参见《中老知识产权局局长举行视频会谈》，国家知识产权局网站，2022年3月16日，https://www.cnipa.gov.cn/art/2022/3/16/art_53_174082.html。

⑨ 参见《中瑞两局第九次正式会谈及第七届产业界圆桌会在线举行》，国家知识产权局网站，2022年5月26日，https://www.cnipa.gov.cn/art/2022/5/26/art_53_175746.html。

⑩ 参见《国家知识产权局面向哥斯达黎加国家注册局生物医药领域培训班成功举办》，国家知识产权局网站，2022年4月14日，https://www.cnipa.gov.cn/art/2022/6/6/art_53_175895.html。

⑪ 参见《申长雨与欧盟知识产权局局长阿尔尚博举行视频会谈》，国家知识产权局网站，2022年7月6日，https://www.cnipa.gov.cn/art/2022/7/6/art_53_176401.html；《第十六次中欧两局局长会议举行》，国家知识产权局网站，2022年12月12日，https://www.cnipa.gov.cn/art/2022/12/12/art_53_180782.html。

⑫ 参见《申长雨与欧亚专利局局长戈利高里·伊夫利耶夫举行视频会谈》，国家知识产权局网站，2022年9月27日，https://www.cnipa.gov.cn/art/2022/9/27/art_53_179000.html。

⑬ 参见《2022年中日、中韩和中日韩知识产权局局长会议分别举行》，国家知识产权局网站，2022年12月14日，https://www.cnipa.gov.cn/art/2022/12/14/art_53_180786.html。

国[1]通过开展会议、论坛、培训等方式进一步深化双边知识产权合作关系，为全球知识产权发展注入新活力。

为营造全球范围内鼓励科技创新和尊重知识产权的良好氛围，中国积极搭建交流合作平台，促进构建全球知识产权生态系统。2022 年，中国举办了博鳌亚洲论坛首届创新与知识产权保护会议[2]、第六届丝绸之路博览会“一带一路”知识产权合作论坛[3]，与 WIPO 在传统知识和民间文艺政府间委员会（IGC）框架下共同举办了知识产权与传统知识和遗传资源国际专题讨论会[4]，推动各方就相关议题凝聚共识，为完善全球知识产权体系贡献中国智慧。

九　中国对国际司法机构的支持

（一）支持联合国国际法院工作

中国倡导和践行真正的多边主义，始终坚持做国际法治的建设者和维护者。中国认为，联合国国际法院是解释、适用和发展国际法的突出贡献者，在和平解决国际争端、维护国际和平与安全方面发挥重要作用。面对新冠疫情，国际法院继续高效运作，处理的案件涉及大陆架划界、国家主权豁免、人权保护及单边制裁等重要国际法问题。作为最权威的国际司法机构，国际法院的司法活动不仅直接影响当事国的利益，也对相关国际规则发展产生深远影响。中国期待国际法院继续依照《联合国宪章》和《国际法院规约》忠实履行职责，切实尊重国家的自主选择，维护国家同意原则，审慎行使管

---

① 参见《2022 年中日、中韩和中日韩知识产权局局长会议分别举行》，国家知识产权局网站，2022 年 12 月 14 日，https://www.cnipa.gov.cn/art/2022/12/14/art_53_180786.html。

② 参见《博鳌亚洲论坛举办首届创新与知识产权保护会议》，国家知识产权战略网，2022 年 7 月 15 日，http://www.nipso.cn/onewsn.asp?id=53662。

③ 参见《“一带一路”知识产权合作论坛在西安举办》，国家知识产权局网站，2022 年 8 月 17 日，https://www.cnipa.gov.cn/art/2022/8/17/art_53_177352.html。

④ 参见《知识产权与传统知识和遗传资源国际专题讨论会成功举办》，国家知识产权局网站，2022 年 12 月 7 日，https://www.cnipa.gov.cn/art/2022/12/7/art_53_180685.html。

辖权；坚持客观、公正立场，完整、准确地解释和适用国际法规则，确保国际法平等统一适用，避免双重标准和例外主义。①

（二）关注国际刑事法院工作

中国密切关注国际刑事法院的工作，注意到其同有关国家和国际组织开展合作，在调查、审判以及受害者赔偿方面作出的努力。中国希望国际刑事法院通过更积极的接触和沟通，就有关情势听取相关国家意见，充分考虑当地各方面复杂因素，遵循《罗马规约》补充性管辖原则和相关国际法，为有关问题的妥善解决发挥建设性作用。

中国认为，安理会根据《联合国宪章》承担维护国际和平与安全的首要职责，国际刑事法院通过依法追究有关最严重罪行的刑事责任，促进实现公平正义。中国支持安理会与国际刑事法院在《联合国宪章》《联合国和国际刑事法院间关系协定》等国际文书确立的法律框架下，以符合各自职责目标和工作程序的方式开展合作。中国欢迎国际刑事法院继续优先处理安理会移交的情势，并通过例行报告等现有方式与安理会保持沟通。中国期待国际刑事法院秉持独立、公正和非政治化立场，严格依据国际法履行职责，通过实践赢得广泛的信任和支持，为促进司法正义、维护国际和平与安全作出贡献。②

（三）推进国际刑事法庭余留机制工作

受新冠疫情、被起诉人健康状况等因素影响，国际刑事法庭余留机制在过去两年的案件审理工作进展缓慢。2022 年 12 月，安理会通过第 2637 号

---

① 参见《耿爽大使在安理会国际法院院长通报会上的发言》，中国常驻联合国代表团网站，2022 年 10 月 26 日，http：//un. china-mission. gov. cn/zgylhg/jjalh/alhzh/202210/t20221027_ 10792634. htm；《中国代表、外交部条法司司长贾桂德在第 77 届联大“国际法院的报告”议题下的发言》，中国常驻联合国代表团网站，2022 年 10 月 27 日，http：//un. china-mission. gov. cn/zgylhg/flyty/ldlwjh/202210/t20221028_ 10793257. htm。

② 参见《中国代表刘洋在第 77 届联大“国际刑事法院的报告”议题下的发言》，中国常驻联合国代表团网站，2022 年 10 月 31 日，http：//un. china-mission. gov. cn/zgylhg/flyty/ldlwjh/202211/t20221101_ 10794964. htm。

决议决定余留机制继续运作两年。中国希望余留机制依循安理会决议授权开展活动，严格按照预估时间表高效完成剩余案件审理工作，合理分配预算资源，重点保障司法活动。对于追查剩余逃犯、重新安置无罪和刑满释放人员、余留机制与当事国之间移交案件等问题，中国希望余留机制与有关各方加强沟通，借鉴国际刑事法庭成功实践，找到妥善解决办法，携手打击有罪不罚。[①]

十　积极参与世贸组织争端解决

（一）中国诉澳大利亚铁道轮毂、风塔、不锈钢水槽等产品反倾销反补贴措施案（DS603）[②]

2022 年 1 月 13 日，中国请求世贸组织争端解决机构就中国诉澳大利亚铁道轮毂、风塔、不锈钢水槽等产品反倾销反补贴措施案（DS603）设立专家组。中国指出，澳大利亚对中国出口商的贸易救济调查以及采取反倾销反补贴措施的决定缺乏事实依据，解释不透明且滥用有关法律，在履行世贸组织《反倾销协议》和《补贴与反补贴措施协议》的义务方面存在一系列持续、长期的违反和不一致行为。

2 月 28 日，世贸组织争端解决机构决定就该案设立专家组。[③] 4 月 28 日，中澳双方通知世贸组织争端解决机构同意根据《关于争端解决规则和程序的谅解》第 25 条作出的多方临时上诉仲裁安排进行仲裁。经各方同意，专家组于 2022 年 9 月 5 日组成。

① 参见《耿爽大使在安理会审议国际刑庭余留机制近期工作报告的发言》，中国常驻联合国代表团网站，2022 年 12 月 12 日，http：//un. china-mission. gov. cn/hyyfy/202212/t20221213_ 10989460. htm。

② 参见“DS603：Australia-Anti-Dumping and Countervailing Duty Measures on Certain Products from China”，World Trade Organization，https：//www. wto. org/english/tratop_ e/dispu_ e/cases_ e/ds603_ e. htm。

③ 参见《世贸组织就中国诉澳大利亚反倾销反补贴措施案（DS603）设立专家组》，商务部网站，2022 年 3 月 24 日，http：//wto. mofcom. gov. cn/article/zddt/202203/20220303289577. shtml。

（二）中国诉美国特定反倾销措施案（DS471）[①]

2022 年 1 月 26 日，世贸组织仲裁庭发布中国诉美国反补贴措施世贸争端案裁决（DS471），认定由于美国未履行世贸组织生效裁决，中国在货物贸易领域每年可对美实施 6.45 亿美元贸易报复。该案是中国在世贸组织第 2 次获得对美方贸易报复额，对于纠正美违规反补贴做法、维护中国企业合法贸易利益、捍卫多边贸易体制具有重要意义。[②]

（三）欧盟诉中国对其部分货物进出口和服务领域限制措施案（DS610）[③]

2022 年 1 月 27 日，欧盟就中国影响欧盟的部分货物进出口限制措施和服务领域的限制措施，向中国提出世贸争端解决机制下的磋商请求（DS610），认为中国的货物和服务领域的限制措施涉嫌违反《1994 年关税与贸易总协定》《贸易便利化协定》《实施卫生与植物卫生措施协定》《服务贸易总协定》的相关条款以及中国加入世贸组织相关承诺。[④] 12 月 7 日，欧盟就该案向世贸组织争端解决机构提起设立专家组请求。中国强调一贯以符合世贸组织规则的方式管理对外贸易，持续强化知识产权保护，着力营造良好的创新环境和营商环境，取得的成绩有目共睹。对欧盟提起的有关请求，中国将根据世贸组织争端解决程序予以妥善处理，坚决维护自身合法权益。[⑤]

---

① 参见“DS471：United States-Certain Methodologies and their Application to Anti-Dumping Proceedings Involving China”，World Trade Organization，https：//www. wto. org/english/tratop_ e/dispu_ e/cases_ e/ds471_ e. htm。

② 参见《世贸组织就中国诉美国反补贴措施案发布裁决》，商务部网站，2022 年 1 月 27 日，http：//wto. mofcom. gov. cn/article/zddt/202201/20220103240038. shtml。

③ 参见“DS610：China-Measures Concerning Trade in Goods and Services”，World Trade Organization，https：//www. wto. org/english/tratop_ e/dispu_ e/cases_ e/ds610_ e. htm。

④ 参见《欧盟就中国对其部分货物进出口和服务领域限制措施提出磋商请求》，商务部网站，2022 年 1 月 29 日，http：//wto. mofcom. gov. cn/article/zddt/202201/20220103246885. shtml。

⑤ 参见《商务部条法司负责人就欧盟就两起诉我世贸争端案件提请世贸组织设立专家组答记者问》，商务部网站，2022 年 12 月 7 日，http：//www. mofcom. gov. cn/article/xwfb/xwsjfzr/202212/20221203372327. shtml。

（四）欧盟诉中国对知识产权执法措施案（DS611）[①]

2022年2月18日，欧盟就中国法院审理专利诉讼有关禁诉令措施，在世贸组织争端解决机制下向中国提出磋商请求（DS611），认为中国在与知识产权执法相关的司法程序中禁止专利持有人依据中国以外的法院判决维护自身权利，未公布相关最终判决，中国涉案措施影响了欧方知识产权保护和执法，违反《与贸易有关的知识产权协议》的多项条款以及中国加入世贸组织相关承诺。[②] 12月7日，欧盟宣布就该案向世贸组织争端解决机构提起设立专家组请求。对欧方提起的有关请求，中国表示将根据世贸组织争端解决程序予以妥善处理。[③]

（五）中国诉美国滥用出口管制措施限制芯片等产品贸易措施案（DS615）[④]

2022年12月12日，中国就美国对华芯片等产品的出口管制措施，向美国提出世贸争端解决机制下的磋商请求（DS615），主张美国对华芯片等产品实施的旨在限制中国获得先进计算芯片、开发和维护超级计算机以及制造先进半导体能力的多项贸易限制措施涉嫌违反《1994年关税与贸易总协定》《与贸易有关的知识产权协议》《与贸易有关的投资措施协议》《服务贸易总协定》的多项条款。中国认为，美国近年来不断泛化国家安全概念，滥用出口管制措施，阻碍芯片等产品的正常国

① 参见“DS611：China-Enforcement of intellectual property rights”，World Trade Organization，https：//www. wto. org/english/tratop_ e/dispu_ e/cases_ e/ds611_ e. htm。

② 参见《欧盟就中国对知识产权执法措施向中国提出磋商请求（DS611）》，商务部网站，2022年3月24日，http：//wto. mofcom. gov. cn/article/zddt/202203/20220303289576. shtml。

③ 参见《商务部条法司负责人就欧盟就两起诉我世贸争端案件提请世贸组织设立专家组答记者问》，商务部网站，2022年12月7日，http：//www. mofcom. gov. cn/article/xwfb/xwsjfzr/202212/20221203372327. shtml。

④ 参见“DS615：United States-Measures on Certain Semiconductor and other Products，and Related Services and Technologies”，World Trade Organization，https：//www. wto. org/english/tratop_ e/dispu_ e/cases_ e/ds615_ e. htm。

际贸易，威胁全球产业链供应链稳定，破坏国际经贸秩序，违反国际经贸规则。①

（六）中国诉美钢铝232关税措施案（DS544）②

2022年12月，中国诉美钢铝232关税措施案（DS544）专家组发布报告，裁定美相关措施违反世贸规则，驳回美援引世贸组织安全例外条款进行的抗辩。2018年以来，美国对部分世贸组织成员的钢铝产品选择性加征关税，以“国家安全”之名，行单边主义、保护主义之实，严重破坏以规则为基础的多边贸易体制。该措施不仅遭到众多世贸组织成员的共同反对，也在美国国内遭到广泛批评。事实证明，安全例外条款不是单边主义、保护主义的“避风港”。中国希望美方尊重专家组裁决和世贸组织规则，尽快纠正违规措施，与中方和其他世贸组织成员相向而行，共同维护多边贸易体制。③

结　语

2022年是中国共产党第二十次全国代表大会召开之年。中国坚持走和平发展道路，切实履行大国责任，积极推动联合国各项改革议程。在维护国际和平与安全方面，中国倡导加强联合国与区域组织的合作，积极参与联合国维和行动，明确对国际违法行为追责的立场，强调和平解决国际冲突，在传统安全领域坚决推动常规武器军控进程、维护全球核安全与生化安全，在

① 参见《商务部条法司负责人就中国在世贸组织起诉美滥用出口管制措施限制芯片等产品贸易答记者问》，商务部网站，2022年12月12日，http：//wto. mofcom. gov. cn/article/xwfb/202212/20221203373176. shtml。

② 参见“DS544：United States-Certain Measures on Steel and Aluminium Products”，World Trade Organization，https：//www. wto. org/english/tratop_ e/dispu_ e/cases_ e/ds544_ e. htm。

③ 参见《商务部新闻发言人就我诉美钢铝232关税措施案专家组发布报告答记者问》，商务部网站，2022年12月10日，http：//wto. mofcom. gov. cn/article/xwfb/202212/20221203372867. shtml。

非传统安全领域积极参与打击全球恐怖主义、腐败犯罪与毒品犯罪，进一步加强治理跨国有组织犯罪的国际合作。与此同时，在公共卫生、人权、海洋、空气空间、外层空间与网络空间等领域，中国也日益成为国际规则的积极建设者与有力完善者。

2022 年，中国践行真正的多边主义，致力于维护多边经贸格局，支持世贸组织改革和推动多边贸易谈判，推动国际贸易规则的编纂与完善，全面拓展区域经济伙伴关系，持续落实“一带一路”倡议，推动双边贸易投资合作，深度参与知识产权国际治理。中国支持国际司法机构工作，积极参与世贸组织争端解决，在尊重国际规则的基础上维护自身合法权益。

2023 年是中国实施“十四五”规划承前启后的关键一年，也是全面建设社会主义现代化国家开局起步的重要一年。中国将继续恪守《联合国宪章》宗旨和原则，更加全面深入地参与国际治理，更加紧密地与各国开展交流合作，与各国携手应对全球性挑战，共建人类命运共同体。

理论贡献篇

Development in Theories

B.6

2022年中国促进国际法治：国际公法学理论贡献

杨泽伟*

摘　要： 2022 年中国学界在国际公法学领域的理论贡献主要体现在以下四个方面：推动共建“一带一路”高质量发展成为研究的热点，中国与《联合国海洋法公约》四十周年的互动成为研究的新动向，国际法的新发展仍然是研究的重点，国际法的精品意识不断增强。

关键词： 共建“一带一路”　高质量发展　《联合国海洋法公约》

在过去的 2022 年，中国国际公法学的理论贡献主要体现在以下四个方面。

* 杨泽伟，法学博士，教育部长江学者特聘教授，武汉大学法学院教授、博士生导师，教育部重点研究基地武汉大学国际法研究所副所长，主要研究领域为国际法基本理论、国际能源法和海洋法。

一　推动共建“一带一路”高质量发展成为研究的热点

近年来，无论是中国共产党和国家领导人的讲话还是中国共产党的会议文件，均强调要推动共建“一带一路”高质量发展。特别是 2022 年 10 月，中国共产党第二十次全国代表大会报告明确指出，要推动共建“一带一路”高质量发展。因此，推动共建“一带一路”高质量发展，成为中国国际法学界研究的热点之一。

刘志云以价值共识为切入点，较为详细地探讨了“一带一路”倡议的推进方略。在他看来，国际法是国家之间合意的产物。国家之间达成的价值共识是抽象与持久的“合意”，构成国际法发展进程中的重要变量。在国家之间价值共识的形成、发展、普及乃至内化中，国际法扮演着至关重要的角色。按照从高到低的位阶，国家之间价值共识包括“世界观”、“原则化观念”与“因果信念”三个层次，这三个层次的价值共识在国际法体系中扮演着本体论、普遍性的基本原则以及特定领域的具体原则之作用，构成国际法体系的基本框架，并指导着具体制度的构建。国际法中有关“保护责任”制度化的争议与障碍，正是国家之间新的“价值共识”生成与演变中的典型。在全球化的新阶段，中国的和平发展决定了其在国际秩序与国际法体系中将更加有所作为，“一带一路”倡议的实践就是具体体现之一。将包括“人类命运共同体”在内的具有鲜明中国特色、符合全球化发展趋势的新理念通过制度化的方式进行有效的推广，促进国家之间新的“价值共识”的生成与内化，是推进“一带一路”倡议必须且有效的途径。①

王灵桂重点分析了法治“一带一路”的内涵与构建路径。他认为，高质量共建“一带一路”需要法治理念和法律制度发挥引领和规范作用。建

① 参见刘志云《价值共识、国际法与“一带一路”倡议的推进方略》，《厦门大学学报》（哲学社会科学版）2022 年第 3 期，第 154~163 页。

设法治"一带一路"是习近平全球治理观和习近平法治思想的贯彻落实，是共建"一带一路"高质量发展的必然要求，更是因应中国对外开放新阶段、新理念、新格局的重要举措。法治"一带一路"的建设将成为中国为全球治理提供的崭新智慧方案。建设法治"一带一路"，应以共商共建共享为指导性原则，加强涉外立法、执法、司法体系建设，推动与东道国相关标准的协调和协同，发挥双边、诸边、多边经贸协议及对接机制的功能，不断加强国际法、国别法的研究和运用。①

杨泽伟专门对推动共建"一带一路"高质量发展进行了国际法解读。他指出，推动共建"一带一路"高质量发展，是共建"一带一路"进程中的必然要求，也有助于化解国际社会对共建"一带一路"的误解。从国际法的角度来看，推动共建"一带一路"高质量发展不但要以人类命运共同体为价值引领、坚持共商共建共享原则，还应有相应的机构平台支撑、注意协调国际法治与国内法治等。今后推动共建"一带一路"高质量发展的规范，应由以软法为主向软法与硬法兼顾的方向发展。此外，推动共建"一带一路"高质量发展，还应进一步加强第三方合作、主动寻求与国际组织倡议对接和争取中国标准成为国际软法等。②

王军杰则为高质量共建"一带一路"提出了法治驱动的三个进路。2013 年以降，从顶层设计到高质量共建，"一带一路"倡议在实践中前进，在发展中完善，在合作中成长。然而，为了缓释沿线经贸高风险，降低文化法律差异导致的高制度成本，回应美国所谓的"以规则为基础的国际体系"，需借鉴经济全球化和国际治理的成功经验，全面推动"一带一路"倡议从"政治驱动"向"法治驱动"升维，实现倡议的法治化与机制化。概言之，进路有三：一是构建协同、完善的条约网络体系，为倡议的法治化奠定条约基础；二是形成多元、高效的争端解决机制，为条约实施和区域治理

① 参见王灵桂《法治"一带一路"的内涵与构建路径》，《国际法研究》2022 年第 2 期，第 3~20 页。

② 参见杨泽伟《推动共建"一带一路"高质量发展的国际法解读》，《武汉科技大学学报》（社会科学版）2022 年第 2 期，第 117~125 页。

装上“牙齿”；三是创建“一带一路”常设协调机构，为法治化进程提供平台依托。①

顾宾讨论了软法治理与“一带一路”法治化和全球化的关系。他提出，法治化是高质量共建“一带一路”的内在要求和显著标识。以软法思路推动共建“一带一路”，是中华文明对现代国际法治的重要贡献。“一带一路”倡议自 2013 年提出以来，遵循以软法为主体和特色的治理思路。在“一带一路”软法治理实践基础上，他主张“一带一路”软法体系应由参与主体、业务标准、争端解决三大板块组成。其中“参与主体”涵盖双边、多边、多利益相关方、单边四个类别，“业务标准”涵盖债务可持续、环境可持续、廉洁丝路三个领域，“争端解决”指与传统纠纷解决机制并行的多元化纠纷解决机制。“一带一路”治理体系以软法为主，但并不排斥硬法。为了进一步提升“一带一路”的法治化和全球化水平，应深化“一带一路”与现行国际秩序的兼容互济关系，推动“一带一路”符合高且可行的标准，并就“一带一路”多边机制化作出新的探索。②

二　中国与《联合国海洋法公约》四十周年的互动成为研究的新动向

1982 年 12 月 10 日，《联合国海洋法公约》（以下简称《公约》）在牙买加蒙特哥湾开放签署，中国成为首批签署《公约》的国家。《公约》是当代国际社会关系海洋权益和海洋秩序的基本文件，确立了人类利用海洋和管理海洋的基本法律框架，标志着新的海洋国际秩序的建立，被誉为“海洋宪章”（Constitution for Oceans）。因此，中国参与《公约》的缔结、签署和批准等实践，必然导致《公约》对中国产生多方面的影响。2022 年是中国

① 参见王军杰《高质量共建“一带一路”：法治驱动的三个进路》，《四川大学学报》（哲学社会科学版）2022 年第 5 期，第 32~44 页。

② 参见顾宾《软法治理与“一带一路”法治化和全球化》，《外交评论（外交学院学报）》2022 年第 4 期，第 1~27、165 页。

签署《公约》四十周年，回顾、总结中国与《公约》互动中的经验教训具有重要意义。

有鉴于此，一方面，中国国际法学术机构对此予以高度重视。例如，2022年5月召开的中国国际法年会单独设置了“《联合国海洋法公约》签署四十周年回顾与展望”专题予以研讨。又如，2022年12月10日中国政法大学专门举办了“海洋法前沿问题——暨纪念《联合国海洋法公约》开放签署四十周年研讨会”。另一方面，中国国际法学者也积极关注该议题，并涌现了以下有代表性的研究成果。

张海文以历史为视角，纵向分析了中国的海洋法实践。她指出，国际海洋法由几个世纪的各国国家实践缓慢发展而来，中国的国家实践亦在其中发挥重要作用。西方国际法传入中国主要是在清朝晚期，遭遇鸦片战争的晚清政府被迫接受和适用了包括海洋法在内的部分国际法。从1840年鸦片战争开始到1949年新中国成立之前，中国处于不平等条约秩序下的半殖民地半封建社会，主权被西方列强大肆侵害，海洋权益被严重侵犯。其中，清朝和民国时期，中国仅有少量有效应用海洋法的实践，包括一些平等的双边条约谈判和加入多边条约的实践。1949年新中国成立后，中国完全取得独立的国家地位并对不平等的涉及海洋问题的多边与双边条约进行了或终止或废除或修改的处理，以全面维护国家主权和安全。20世纪70年代，新中国政府全程参加了第三次联合国海洋法会议，开启了海洋法实践的新时代。作为缔约者之一，中国对制定《公约》作出了重要贡献，并通过国内实践全面实施以《公约》为代表的国际海洋法。但是，《公约》并不能解决全部海洋问题，大量的其他国际条约、习惯法则和国家实践也在诠释和发展着海洋法。当前，中国继续维护以联合国为核心的国际体系，主张尊重国家平等意愿，构建以国际法为基础的海洋秩序。①

贾宇重点分析了塑造国际海洋法律秩序的中国贡献。在她看来，第三次

① 参见张海文《中国的海洋法实践：历史与现状》，《国际法研究》2022年第6期，第19~35页。

联合国海洋法会议，是新中国恢复在联合国合法席位后参加的最重要的多边国际造法活动。中国坚定支持广大发展中国家扩大海洋管辖权的合理主张，反对海洋霸权主义，坚决维护国家主权、安全与海洋权益，在一些核心关切的海洋法重要问题上坚持原则立场，对《公约》的制定发挥了积极作用。在与《公约》直接相关的后续立法活动中，中国对富钴结壳规章中的矿区面积的建议，促进了规章的顺利通过；对沿海国200海里外大陆架划界案相关条款的执行提出建设性意见，促成了“初步信息”的达成。在第三次联合国海洋法会议、制定《公约》和后《公约》时代的相关海洋国际立法和国家实践中，中国审时度势、积极行动，为塑造和改善国际海洋法律秩序贡献了智慧和方案。①

杨泽伟从“中国与《联合国海洋法公约》四十周年的互动历程、影响与未来展望等”方面较为深入地阐释了中国与《公约》四十周年的关系。他提出，中国与《公约》四十周年的互动历程可以分为中国参与第三次联合国海洋法会议、批准《公约》前中国的有关实践以及批准《公约》后中国的有关实践三个阶段。《公约》不但促进了中国对全球海洋治理的参与、推动了中国涉海法律制度的完善，而且使中国与海上相邻或相向国家间的海域划界争端更加复杂、中国海洋权益的拓展受到更多限制。中国与《公约》四十周年互动历程的主要教训有：中国不应成为国际海洋法律秩序的被动接受者，中国的立场不能以意识形态为取舍标准，中国的主张不能只局限于短期利益的考量，等等。此外，中国国家身份的转型决定了中国与《公约》的未来关系将更加密切，中国“加快建设海洋强国”战略的实施也需要对一些与《公约》有关的国内海洋法律政策作出调整。②

何田田分析了《公约》四十周年的历程、挑战及中国角色。她认为，1982年通过和开放签署的《公约》是一部重要的海洋领域综合性法律文书，

① 参见贾宇《塑造国际海洋法律秩序的中国贡献——纪念〈联合国海洋法公约〉开放签署40周年》，《亚太安全与海洋研究》2022年第5期，第1~21页。

② 参见杨泽伟《中国与〈联合国海洋法公约〉40年：历程、影响与未来展望》，《当代法学》2022年第4期，第29~40页。

获得了国际社会的广泛支持。尽管《公约》构建了现代国际海洋秩序的法律框架，但《公约》并未穷尽关于海洋权利义务的所有事项。回顾《公约》四十周年的历程可发现，《公约》的谈判、通过、生效和发展无一不是时代的产物和利益的博弈，其精心构建的微妙平衡反映了海洋管辖与海洋自由这一对相生相伴矛盾的互动。在《公约》通过后的四十周年中，国家实践的差异、海洋技术的革新和自然环境的变化对包括《公约》在内的海洋法发展提出了诸多新挑战，外化表现为争端解决机制的不断扩权与随意滥用。中国与《公约》同行四十周年，在国内发展、国际形势和《公约》的共同影响下，逐步确立和深化了自身的海洋观念，践行着有特色的海洋实践。展望未来，中国应以更为积极主动的方式参与全球海洋治理，提出应对《公约》挑战的可行方案，增强“海洋命运共同体”重要论述的国际影响力，推动实现海洋的可持续发展。①

三　国际法的新发展仍然是研究的重点

2022年，中国国际法学界对国际法新发展的关注，在以下领域特别明显。

（一）国际法基本理论

张乃根专门讨论了“当代中国国际法基本理论的传承与创新问题”。他指出，当代中国正在迈向民族复兴伟业第二个百年奋斗目标的新征程上，亟待创新中国国际法基本理论。近现代以来，国际法的创新性基本理论都是一定国际关系变化的时代产物。将开创性或创新性中国国际法基本理论放在一定的国际关系下，理解其与时代的关联性及其相比前人的新颖性，有助于促进当代中国国际法基本理论的创新。当代中国作为负责任大国，面临世界百

① 参见何田田《〈联合国海洋法公约〉40年：历程、挑战和中国角色》，《太平洋学报》2022年第9期，第76~88页。

年未有之大变局，需要创新的中国国际法基本理论。在国际法原则的体系中，中国国际法学者传承对和平共处五项原则、“三个世界”、“和谐世界”的国际法基本理论的创新性阐述，须对新的人类命运共同体构建所包含的五项国际法原则作全面深入研究。展望未来，中国国际法学者应在理论、实践和国际法学界公认的综合维度上进一步创新，阐述中国特色鲜明，内容具体丰富，涵盖持久和平、普遍安全、共同繁荣、文明共存和可持续发展等统辖国际法各领域的基本理论，为共商共建共享更加公正合理的全球治理提供中国智慧、中国方案。①

赵骏和孟令浩阐释了世界百年未有之大变局下国际法功能的时代要义。在世界百年未有之大变局下，有效实现并完善国际法的功能是国际法理论与实践的基础命题。国际法的功能根植于法的一般功能，同时包括维护和平状态、防止非法诉诸武力，促进国际合作、构建政策协调机制，促进共同体认同、实现共同体利益等基本内容。作为调整国际关系和构建国际秩序的规范基础，国际法的产生与发展受到国际关系现实的深刻影响。当前国际社会的结构趋向多元化、治理需求趋向复杂化、国际社会法律关系处于动荡状态。从现实的维度看，国际法呈现新的功能定位：建构国家身份的重要载体、维护国际秩序稳定的压舱石、全球治理赤字的填补器、开展国际法律斗争的重要媒介。中国应当充分发挥国际法功能，通过协调运用国际法的内容和方式、促进国际法与国内法的交互支撑、探索弥补国际法功能的局限、正确处理国际法守正与创新的关系等，不断提高运用国际法的能力与水平，以有效应对各种挑战与风险，推动全球治理体系变革。②

陈一峰论述了“国际法的‘不确定性’及其对国际法治的影响”。随着批判国际法学的兴起，国际法的不确定性问题对传统国际法治理论提出了根本性的挑战。结构不确定性、语言不确定性、学说不确定性构成了国际法不

① 参见张乃根《论当代中国国际法基本理论的传承与创新》，《国际法研究》2022年第6期，第3~18页。

② 参见赵骏、孟令浩《百年未有之大变局下国际法功能的时代要义》，《武大国际法评论》2022年第4期，第61~82页。

确定性的主要来源。理解和克服国际法的不确定性、重构国际法研究的学科边界和正当性，构成了过去二十多年国际法学研究的一条学术主线。国际法的不确定性已经深深地嵌入当今的国际法学研究，深刻地变革国际法学的研究范式，改造国际法学的理论视野和研究风格，重塑国际法的学术话语。国际法的形式主义传统正在衰落，主体间性不断凸显，论辩主义成为新的主流方法。中国国际法学界有必要超越形式主义国际法治理论，基于发展中国家的历史经验和政治想象来构建新的国际法治理论，并积极开展国际法的跨学科研究。①

曾皓则另辟蹊径，较为系统地论证了“国际公法中禁止反言原则的适用问题”。国际公法中的禁止反言原则，是将国内法中的禁止反言原则类比适用于国际社会的产物。在国际公法中，禁止反言原则不但是一项一般法律原则，还构成国际习惯法规则。但必须谨慎适用这一原则。基于诚信原则与一致性原则，只有一国先前对相关事实进行了清楚的陈述，且该国的陈述是自愿的、无条件的、经过授权的，相关声明所针对的国家依赖该声明且作出了损害自身利益的行为，或者作出声明的一方从中获得了某种利益，具有合法期待的国家才能够依据禁止反言原则，要求另一国不得否认其先前对另一方所作事实陈述的真实性。②

（二）国际组织法

国际组织法虽然是国际法的传统领域，但是中国国际法学界推陈出新。

蒋小红从价值目标、生成路径和自我限制等方面专门讨论了“欧盟法的域外适用问题”。她认为，近年来欧盟在越来越多的领域不断扩展欧盟法域外适用范围。欧盟法域外适用不局限于维护欧盟内部利益这一目标，还借助单边立法域外适用的工具实现其外交政策目标，具有显著的国际定位特

① 参见陈一峰《国际法的“不确定性”及其对国际法治的影响》，《中外法学》2022 年第 4 期，第 1102~1119 页。

② 参见曾皓《论国际公法中禁止反言原则的适用》，《湘潭大学学报》（哲学社会科学版）2022 年第 2 期，第 95~100 页。

征。根据国际法，欧盟域外适用欧盟法，一方面要符合立法管辖权上的合法性要求以证明其享有域外管辖权，另一方面在行使域外管辖权时要符合合理性要求。欧盟利用扩张解释属地原则和属人原则、扩大效果原则的适用范围和自由裁量范围、利用实际联系原则的不同含义泛化理解欧盟法律和被规制对象之间的联系等路径来拓展欧盟法的域外适用范围。欧盟在努力扩张欧盟法域外适用范围的过程中，在追求合法性的同时，还在有限程度内注意欧盟法域外适用的合理性，避免域外适用造成潜在的管辖权冲突。在欧盟法的域外适用过程中，欧盟法院积极发挥司法能动性，充当了欧盟法域外适用的幕后推动者。尽管欧盟法的域外适用存在多方面的合法性困境，但其制度构建仍有值得中国借鉴的地方。①

殷敏从国际法的角度阐释了构建更加紧密的上合组织命运共同体的国际法内涵。在她看来，全球性危机的不断凸显要求上合组织成员国之间不断深化合作，强化命运纽带关系。构建更加紧密的上合组织命运共同体需以国际法治为坚实后盾，为此需更加重视国际规则在上合组织命运共同体中的运用，审视上合组织命运共同体的国际法基础和地位。上合组织命运共同体是在具有完备组织结构的国际组织框架内提出的共同体理念，更加紧密的上合组织命运共同体的构建以和平共处五项原则为理论基础，以人权为国际法基石，以国际合作为主要的国际法实践。更加紧密的上合组织命运共同体的构建在人类共同利益原则的价值取向下，注入了国际安全观这一重要的理论内涵。构建更加紧密的上合组织命运共同体是中国推进构建人类命运共同体的重要实践，是打造周边命运共同体的“先行先试区”。②

孙嘉珣剖析了世界贸易组织（WTO）争端解决机制的“造法”困境。WTO 争端解决机构是否能够“造法”存在争议，WTO 现在面临的困境一定程度上与此有关。《关于争端解决规则与程序的谅解》规定了争端解决机构

---

① 参见蒋小红《欧盟法的域外适用：价值目标、生成路径和自我限制》，《国际法研究》2022 年第 6 期，第 91~107 页。

② 参见殷敏《构建更加紧密的上合组织命运共同体的国际法释义》，《法学》2022 年第 10 期，第 177~192 页。

不得增减成员的权利和义务。专家组和上诉机构在审理案件中对协定条文的法律解释，被美国认为超越了法定权限，属于“造法”行为。专家组和上诉机构为了解决争端需要解释规则，又面临“造法”的指责，陷入了两难困境。上诉机构赋予“造法”行为正当性的所有尝试均存在争议，因为争端解决机构进行法律解释并保证同案同判的行为已经构成了“造法”。这一问题也是国际争端解决机制所面临的共同问题，其本质上涉及国际争端解决机制和国家司法主权之间的张力。国际争端解决机制存在权力的扩张和回缩两个改革方向，权力回缩的改革更能满足时代需求。①

（三）极地法

极地法是近年来中国国际法学界关注的一个新领域。

李雪平较为详细地解答了南极保护区制度会否创设新的历史性权利问题。在她看来，在南极条约体系内，那些有约束力的措施反复申明南极领土主权问题的原则和规则，以此保护有关国家所坚称的历史性权利。作为对全球气候变化议题的回应，根据《马德里议定书》及其附件五以及有关指南建立起来的南极保护区制度变得愈加重要，但南极领土主权声索国和准声索国争相指定南极保护区的行为，凸显这一制度的根本性缺陷及可能创设的新的历史性权利。面对如此复杂的情势，中国需酌情提出南极保护区制度的改革方案，限制或削弱可能创设的历史性权利对南极领土主权问题的复加性影响，切实保障中国在这一制度下的权利和利益。②

王泽林较为系统地研究了北极航道航行争端的和平解决方式问题。他认为，国际法要求以和平方式解决北极航道的航行争端，北极理事会目前不具备解决该争端的条件。北极航道的航行争端主要发生在美国与俄罗斯、加拿大之间。美国和加拿大通过双边谈判达成临时解决西北航道航行争端的协

① 参见孙嘉珣《世界贸易组织争端解决机制的“造法”困境》，《国际法研究》2022 年第 2 期，第 113~128 页。

② 参见李雪平《南极保护区制度会否创设新的历史性权利——基于对南极领土主权问题的思考》，《太平洋学报》2022 年第 10 期，第 49~60 页。

定，而美国还曾寻求国际海事组织解决相关争端但并未成功。《公约》缔约国的争端方可适用《公约》的争端解决程序与方法，包括强制争端解决程序，但该程序下的争端解决机构将面临管辖权的自动排除例外与任择性例外的限制，特别是涉及“历史性所有权”的限制；此外，还面临裁判能否得到执行等问题。《公约》非缔约国的争端方，在适用《联合国宪章》规定的和平解决方式时，需要考虑国际法院的强制管辖权能否适用。①

唐尧和夏立平专门讨论了人类命运共同体视域下北极渔业资源治理国际机制问题。极地海冰消融的后果波及整个地球，并以多种方式影响着人们。北极渔业资源就受到了这种变化的影响。2018 年《中国的北极政策》白皮书提出积极推动构建人类命运共同体。北极渔业资源治理是中国在北极推动构建人类命运共同体的重要抓手。一个世纪以来，北极渔业资源治理国际机制得到了蓬勃发展，它们表现出三个特点：科学在国际机制的制定和实施过程中发挥越来越重要的作用；非国家行为体参与国际机制的制定和实施的深度不断拓展；通过不断加强区域渔业管理组织来克服多边集体行动难题。中国的远洋渔业起步于 1985 年，且一直积极参与北极渔业资源治理。为了更好地参与北极渔业资源治理国际机制的制定、实施和完善过程，未来中国首先要加大对中北冰洋的科学考察力度，积累和分享关于渔业资源的知识；其次要深入广泛地运用好非国家行为体；最后要加强和建立区域渔业管理组织或安排。②

姜茂增和刘惠荣则根据《南极条约》协商会议文件，深入探讨了规制科学活动的南极国际法规范的类型、结构与性质。她们指出，科学活动是南极地区最主要的人类活动类型，是中国参与南极治理和制定国际法需要重点关注的规制对象。《南极条约》协商会议的文件中存在大量关于科学活动的规范。这些规范并不是单一的命令式管理规定，而是存在多种类型、不同表

---

① 参见王泽林《北极航道航行争端的和平解决方式研究》，《武大国际法评论》2022 年第 3 期，第 1~22 页。

② 参见唐尧、夏立平《人类命运共同体视域下北极渔业资源治理国际机制研究》，《中国海商法研究》2022 年第 2 期，第 64~71 页。

述、不同法律效力的规定，进而对科学活动产生多样化的规制效果。基于对1961~2019年《南极条约》协商会议文件的分析，她们全面系统探讨了涉及科学活动的国际法规范，这些会议文件包含七种规制科学活动的规范。这些规范由被规制的主体、规制行为的模式、被规制的对象所构成。最后，她们分析了这些会议文件的国际法性质。系统全面阐释这些涉及科学活动的规范本质，将为我国深入参与南极国际法的制定与修改提供理论支撑和参考，进而在国际法层面维护我国在南极的合法权益。①

杨显滨剖析了“冰上丝绸之路”倡议下北极外大陆架的治理困境，并提出了消解的路径。他认为，近年来北极永久冻土层加速融化，沿岸国在《公约》第76条框架下展开对北极外大陆架的权利争夺，呈现竞争样态“白热化”、利益核心区域“集中化”、具体权利主张“多元化”趋势。以大陆架界限委员会为治理主体，“自然延伸原则”为划界依据的治理模式无法妥善协调北极沿岸国间及其与北极利益攸关国间在专属经济区、公海、国际海底区域、公海保护区方面的利益冲突。在“冰上丝绸之路”倡议下应依据“公平原则”“等距离线规则”“适当顾及原则”对北极外大陆架进行划界，保障利益攸关国的北极事务参与权。通过国家管辖外海洋生物多样性机制协调公海保护区设置与沿岸国外大陆架权利行使。发挥北极理事会的作用，协调沿岸国相关权利行使，力争完善以协议为基础的北极海域外大陆架治理模式。②

（四）国际航空与空间法

国际航空与空间法是近年来发展较快的一个国际法分支。

查汉辉专门探讨了低轨小卫星星座对空间物体登记制度的挑战，并提出了应对建议。低轨小卫星星座规模庞大、构型复杂，给现行空间物体登记制

① 参见姜茂增、刘惠荣《规制科学活动的南极国际法规范的类型、结构与性质分析——以南极条约协商会议文件为研究对象》，《极地研究》2022年第2期，第239~253页。

② 参见杨显滨《“冰上丝绸之路”倡议下北极外大陆架的治理困境与消解路径》，《政治与法律》2022年第6期，第111~125页。

度的适用带来了严峻挑战。《登记公约》建立了空间物体的强制登记制度，但其仅适用于“一个空间物体”，并未对多个卫星组网形成的“星座”该如何登记进行规定，这导致根据现行登记制度对星座进行登记时难以实现该制度的立法目的。此外，面对低轨小卫星星座的不断发展，《登记公约》中诸多表述不清晰所引起的空间物体未登记、拖延登记、登记信息不充分等问题也将更为严峻。在此背景下，有必要构建低轨小卫星星座的整体登记机制，并对现行空间物体登记制度加以完善，推动其有效施行，从而提高外空活动的透明度，尽可能避免损害的发生。①

赵云则较为深入地探析了中国空间站运行所涉及的基本法律问题。中国空间站于2022年正式投入运行。空间站项目的顺利开展和成功运行，除了需要航天科技的支撑，在很大程度上还需要相关法律的配合和支持。由于中国迄今为止尚未制定高位阶的外空法律，因此，有必要通过对中国空间站运行所涉各项基本法律问题进行分析探讨并提出应对建议，保障未来空间站的运行更加顺畅。在围绕空间站的管辖权、宇航员及机组人员的行为守则，以及营救制度、责任制度等具体问题建构未来有关空间站运行的法律框架时，应当充分考虑维护中国自身的外空利益，同时确保空间站能够有序开放给世界其他国家开展国际合作，从而向国际社会展现中国负责任航天大国的形象。②

王国语和卫国宁讨论了低轨巨型星座的国际空间法问题。他们指出，由成千上万颗小卫星组成的低轨巨型星座给教育、电信、地球观测和减轻灾害等领域带来很多惠益，但也带来频谱轨道资源占用、在轨碰撞风险增加、影响他国发射窗口和地基观测等现实问题，同时给国际法规则适用带来挑战。国际空间法中有关自由探索利用、妥为顾及、提前磋商、空间物体登记、透明度、可追踪性、空间碎片减缓等的原则和要求，对于调整巨型星座活动具

① 参见查汉辉《低轨小卫星星座对空间物体登记制度的挑战与应对》，《空间碎片研究》2022年第2期，第23~31页。

② 参见赵云《中国空间站运行所涉基本法律问题探析》，《上海政法学院学报（法治论丛）》2022年第2期，第26~36页。

有重要意义，但仍需细化或作出因应调整。低轨巨型星座的快速发展将促进频轨分配协调、外空环境国际治理、太空交通国际治理与协调、外空军控等外空治理重大领域相关规则和机制的发展。国际社会应尽快构建有关低轨巨型星座的外空单方透明机制、协调磋商机制、危机管控机制和事后处置机制，以实现外空的良性国际法治。①

（五）武装冲突与国际人道法

2022 年 2 月俄罗斯在乌克兰开展了特别军事行为，使武装冲突与国际人道法再次引起中国国际法学界的重视。

卜凌嘉专门论述了海上军用无人系统的法律地位问题。他认为，海上军用无人系统的法律地位是一个未有定论的问题。现有的一些主张——“平台决定法律地位说”“军舰说”“船舶说”“军事装置说”，均有其依据及问题。根据控制平台决定海上军用无人系统的法律地位，不利于沿海国保障自身安全和权益，而且适用范围有限。“军舰说”不符合《公约》对军舰的定义和缔约国的意图。现阶段，海上军用无人系统不满足《公约》第 94 条对船舶的航行安全和第 98 条对海难救助的实质性要求，将其作为船舶存在安全隐患。“军事装置说”有利于保护沿海国安全，但可能会遭到海洋军事强国的反对。海洋军事强国和沿海国在无人系统上的利益冲突，不仅会影响对无人系统的定性，还会阻碍相关习惯国际法的形成。②

冷新宇则从微观角度讨论了致命性自主武器系统议题下有意义的人类控制原则。《常规武器公约》框架下政府专家组会议对致命性自主武器的讨论，确定了有意义的人类控制原则的中枢地位。有意义的人类控制原则之所以被提出，是因为在人工智能带来武器系统自主化的背景下，使用武器的人的行为与武器系统攻击存在不一致性，后者并不一定是前者的必然结果。为

① 参见王国语、卫国宁《低轨巨型星座的国际空间法问题分析》，《国际法研究》2022 年第 2 期，第 84~97 页。

② 参见卜凌嘉《论海上军用无人系统的法律地位》，《亚太安全与海洋研究》2022 年第 4 期，第 89~108、4 页。

消除伦理危机，实践中在两个方面阐述有意义的人类控制原则：一方面从军控角度出发，建立自开发至使用全流程监管机制，以期实现武器攻击反映操作员、指挥官意图的目标；另一方面从国际刑法、国家责任法角度出发，落实人（国家）的责任不得被转移至机器的原则。有意义的人类控制原则在约束国家行为以及追究个人刑事责任、国家责任两个层次发挥作用，对我国法律的完善及未来塑造规制致命性自主武器的国际法规则，均有重要参考意义。①

王章平和邹立刚则重点研究了取得海外军事基地的国际法依据。海外军事基地是国家军事力量的延伸，也是保护国家海外利益的枢纽。国际法学界关于取得海外军事基地的法律依据主要有国际地役权说、国家自卫权说、主权权利让渡说。国际地役权说主要基于美国与盟国的驻军协议，认为海外军事基地的取得主要依据的是国际地役权；国际自卫权说认为国家获得海外军事基地的法律依据为《联合国宪章》第 52 条的集体自卫权；主权权利让渡说认为海外军事基地租借国通过东道国的部分主权权利让渡，确立海外军事基地的合法性。②

四　国际法的精品意识不断增强

国际法的精品意识不断增强，是 2022 年中国国际法学界理论贡献的重要方面。

弦歌不辍、薪火相传，2022 年《梁西国际组织法》（第七版）出版。该书源于梁西先生早先为北京大学（78～81 级）和武汉大学（81～83 级）国际法专业本科生及研究生多年开课的讲义，1984 年正式出版第一版，名为《现代国际组织》，是国内有关国际组织法的第一部专著，也曾是很长一

① 参见冷新宇《致命性自主武器系统议题下有意义的人类控制原则》，《国际法学刊》2022 年第 2 期，第 1～36、154 页。

② 参见王章平、邹立刚《取得海外军事基地的国际法依据研究》，《中国海洋大学学报》（社会科学版）2022 年第 2 期，第 101～110 页。

段时期内我国在这一新兴国际法学科领域唯一的专著。在此后长达三十多年的历史进程中，经梁西先生自己多次精心修改补充，2022 年修订出版了第七版，定名为《梁西国际组织法》。与中外同类著作相比，《梁西国际组织法》（第七版）在研究视角和方法上至少有四个方面的特色：一是所建构的国际组织法学，是建立在深刻分析人类社会发展规律和国际社会结构的基础上的；二是始终将对国际组织法的研究与国际法的发展趋势有机地结合在一起；三是国际组织法学思想富有鲜明的法哲学味道，尤其体现在第一编的绪论和第六编的尾论以及其他各章节的导语中；四是研究紧密地联系着与中国有关国际组织的实践。总之，《梁西国际组织法》（第七版）创建了具有中国特色的国际组织法学科体系，构建了国际组织的法理学，并提出和阐述了一系列创新的学术观点，大大增加了国际组织法学的理论深度和学术价值。①

黄进《宏观国际法学论》（第二版）由法律出版社出版。该书分为法学理论探幽、国际私法探析、国家豁免探讨、区际私法探究、争端解决探微和名家法思探寻六编。从收录的论文可以看出，该书对我国国际法有关学术研究的历史发展，对研究有关国际法的理论及实践具有重要的借鉴和参考价值。②

贾兵兵出版了《国际公法：和平时期的解释与适用》（第二版）。该书努力回答中国在“法治”这一理念下，应如何运行、发展；针对争端，应如何通过使用法作出回应，展示大国的视野和胸怀；如何推进“法治”的重大问题；等等。③

杨泽伟《国际法析论》（第五版）正式出版。该书结合当代国际关系的有关实践，以历史与现实社会为背景，探讨了国际法的一些基本理论问题与国际法若干新发展，阐释了“一带一路”倡议相关的国际规则，分析了国际法上的国家主权，论述了海洋法发展的新动向，剖析了国际组织与国际法

① 参见梁西《梁西国际组织法》（第七版），杨泽伟修订，武汉大学出版社，2022。

② 参见黄进《宏观国际法学论》（第二版），法律出版社，2022。

③ 参见贾兵兵《国际公法：和平时期的解释与适用》（第二版），清华大学出版社，2022。

的系列问题，研究了国际能源法律和政策及其对中国的借鉴与启示，阐明了中国与国际法的互动关系。通过研究，得出了若干规律性的认识。[①]

总之，2022 年，中国国际法学界在推动共建“一带一路”高质量发展等方面作出了重要的理论贡献，国际法的精品意识不断增强。预计 2023 年，中国国际法学界将在进一步增强中国国际法发展话语权方面发挥更大作用。

① 参见杨泽伟《国际法析论》（第五版），中国人民大学出版社，2022。

B.7

2022年中国促进国际法治：国际私法学理论贡献

乔雄兵*

摘　要： 2022年，在中国国际私法学会等学术团体的组织和推动下，中国学者聚焦国际私法前沿理论和司法实践中的热点问题，发表了大量理论成果。他们在冲突法基本理论、法的域外适用、制裁与反制裁及阻断法、外国法院判决承认与执行及我国《仲裁法》的修订完善等方面提出了一些有较强理论和现实意义的观点。这些理论成果对推动我国涉外法治体系的完善起到了重要作用。不过，也有一些新的国际私法问题需要学者进一步加强研究。

关键词： 冲突法　域外适用　国际民商事管辖权　外国判决承认与执行　第三方资助

一　冲突法基本理论

2022年，中国国际私法学者继续聚焦冲突法基本理论问题，结合司法实践、顺应时代趋势，从多个维度、不同方面开展深入研究，进行了有益探讨。

关于国际私法的调整对象及性质，有学者指出，中国国际私法学将国际

* 乔雄兵，法学博士，武汉大学法学院、教育部重点研究基地武汉大学国际法研究所副教授、硕士生导师，主要研究领域为国际私法、国际商事仲裁法等。本文写作过程中，苗琛晨、黄天澜、黎晓欣、魏思捷、李雁波同学协助进行了资料收集及部分内容撰写，特此致谢！

私法的调整对象定为涉外/国际民商事法律关系实际上是长久以来的一种误解。由于法律选择规则仅指引在民商事关系中应该选择什么法律，而不决定当事人的权利义务关系，因此法律选择规则不属于实体性规则，那么以法律选择规则为核心规则的国际私法的调整对象，就不应该是民商事实体关系。此外，在对国际私法调整对象的纠偏下，该学者认为法律选择规则的性质属于程序法，国际私法兼具国内法和国际法双重属性。①

关于国际私法中的识别制度，有学者认为，识别存在的原因在于识别标准或依据具有差异性。如果单一地用法院地法识别会产生很多问题。该学者认为可以根据应适用的准据法的定性，来检验识别的结果是否正确。关于识别的归类，该学者认为归类在逻辑上受制于“冲突规范立法的精细化程度”“内国民法的体例选择及制度设置”“法律适用主体（法官、仲裁员、行政人员）的思维模式和习惯”，而且我国在客观上承认了司法实践中采用的分割适用方法。关于部分问题的双重识别情形，该学者认为，用法院地法对涉外法律纠纷进行识别，很容易出现法院地法没有的法律概念、制度等，此时需要借助相关国家法律，并结合法院地法的相关法律制度寻求冲突规范的适用。②

关于反致制度，有学者对《联合国海洋法公约》（以下简称《公约》）中的“区域性反致条款”适用进行了研究。“区域性反致条款”与国际私法中的反致制度相似，核心功能在于对特定区域范围内法律规范的反致，允许缔约国援用《公约》外的一般国际法规则和原则来维护其享有的海洋权利，为法庭解决争端时的法律适用提供了更为广泛的选择空间。这不仅弥补了《公约》本身的滞后性等制度缺陷，也实现了《公约》与国际法整体制度的对接，彰显了海洋法体系的反“碎片化”认识论，以及“系统整合”的条约解释方法论。然而，该条款内容不够清晰，解释空间很大，《公约》法庭

① 参见沈涓《国际私法调整对象及相关问题再探讨》，《环球法律评论》2022 年第 5 期，第 163~177 页。

② 参见杨利雅《对国际私法识别制度的再理解——基于我国实践案例研习带来的启示》，《经济与社会发展》2022 年第 2 期，第 56~63 页。

拥有较大的自由裁量权限。因此，这要求《公约》法庭在审理案件时对该条款法律性质的解释与认定保持司法能动与克制的动态均衡，并厘清“其他国际法规则”的适用逻辑，遵循国家同意原则，避免争端的裁判结果缺乏正当性与合法性。①

关于外国法查明制度，有学者聚焦各级法院发布的涉“一带一路”典型和专题指导性案例的新趋势和新特点，指出完善我国涉“一带一路”案件外国法查明机制的路径，包括整合宏观立法，扩大涉“一带一路”案件外国法查明制度中“外国法”法源，确保涉“一带一路”案件外国法查明程序的独立性和裁判文书的规范性，完成第三方查明平台的整合和“一带一路”国家外国法专家库的建设，以及加强与共建“一带一路”国家就外国法查明的国际合作。②

还有学者对法人属人法进行了研究，认为“主营业地”作为真实本座连结点构成成立地理论的例外规则。我国《涉外民事关系法律适用法》规定的“法人的主营业地与登记地不一致的，可以适用主营业地法律”中“可以”的措辞将主营业地法律的适用条件交由法官进行自由裁量。然而在司法实务中，我国法院适用主营业地法律确定法人属人法的案例很少，更多倾向于成立地理论。因此，需要进一步明确立法目的，通过厘清成立地理论与真实本座理论的功能价值，进一步明确“登记地”和“主营业地”的适用条件，同时重视强制性规则的适用，加强公法与私法、实体法与冲突法的联动，从而更好地保护利益相关者和公共利益。③

关于国家豁免问题，有学者对跨国文物追索中的国家豁免问题进行研究。当前，国家豁免的立场呈现从“绝对豁免”向“限制豁免”演进的趋

① 参见徐攀亚《〈联合国海洋法公约〉中“区域性反致条款”的适用研究》，《中国海商法研究》2022年第4期，第27~38页。

② 参见王莉莉、宋汉鲲《我国涉“一带一路”建设民商事案件的外国法查明机制创新研究——基于涉“一带一路”建设典型和专题指导性案例的分析》，《山东财经大学学报》2022年第3期，第108~120页。

③ 参见南楠《中国法人属人法之制度完善——以美国公司冲突法为评判对象》，《中国政法大学学报》2022年第3期，第245~254页。

势。近年来，限制豁免论已经扩展运用于跨国文物追索实践，这可以为文物原属人行使诉讼权利创造条件，确保私人与国家在跨国文物追索诉讼中处于平等地位，有利于文物返还。他们认为，中国应当适时调整国家豁免立场，从绝对豁免论转向限制豁免论，并配套制定国家豁免立法，系统构建契合文物追索需要的国家豁免规则体系，建立跨境借展文物司法免扣押制度。[①]

关于我国冲突法的立法局限性及克服，有学者认为，我国冲突法作为成文法不可避免地具有滞后性与不合目的性的问题。针对冲突法立法滞后性的问题，我国《涉外民事关系法律适用法》第 2 条第 2 款运用了最密切联系原则的立法补缺功能，但这还不够。针对冲突法立法不合目的性的问题，综观各国有两种应对方法：一种是事后救济立法解决（包括一般例外条款与特殊例外条款），另一种是事先救济立法解决（包括结合性冲突规范、梯次选择性冲突规范和保护性冲突规范三种）。我国《涉外民事关系法律适用法》作出了不同的取舍。该学者认为我国今后冲突法的立法应该继续保持并完善梯次选择性冲突规范，在产品责任等领域增加结合性冲突规范，慎重运用保护性冲突规范。[②]

除此之外，还有学者对美国《冲突法重述（第三版）》草案进行初探，认为三版《冲突法重述》的变迁，反映了冲突法规则的风格从突出确定性到彰显灵活性，再到强调确定性，这样一个完整的否定之否定发展历程。同时指出《冲突法重述（第三版）》中“两步分析模式”与法律选择规则内在的紧张关系，希望进一步寻求冲突法确定性与灵活性之间的平衡点。[③]

还有学者专门探讨了国际商事专家委员会运行涉及的问题。国际商事专家委员会的设立及运行是中国国际民事诉讼领域的重要创新，弥补了国际商事法庭单纯由中国法官审判的不足，为“一站式”争议解决机制提供了支

① 参见霍政欣、陈锐达《跨国文物追索诉讼的国家豁免问题》，《国际法研究》2022 年第 4 期，第 73~95 页。

② 参见徐伟功《我国冲突法立法局限性之克服》，《社会科学》2022 年第 3 期，第 97~105 页。

③ 参见许庆坤《重回冲突法确定性？——美国〈冲突法重述（第三版）〉草案初探》，《国际法研究》2022 年第 1 期，第 102~113 页。

持与保障。不过该专家委员会存在是否合规的困境。为此，我国应明确该委员会的性质是法院系统提供专业法律服务的辅助性机构，还应在细化具体程序的基础上，探索专家委员参与庭审活动的可行性，保证专家委员的独立性、公正性和专业性，在打造特色化国际商事争议解决机制过程中，为中国参与全球治理提供法治保障。①

关于我国特定经济区域变通适用国际私法规范的问题，有学者作出了前瞻性思考。我国特定经济区域对于冲突法规范、国际民事诉讼以及仲裁程序规范都有变通适用的必要性、合理性和适当性。实践中，特定经济区域对国际私法规范的变通适用已经开始在中国（上海）自由贸易试验区临港新片区进行探索，立法实务部门还需要进一步释放变通适用国际私法规范的制度红利，不断拓展变通适用国际私法规范的空间，积极探索多元化的法治保障途径，在激发特定经济区域法治保障能力的同时，进一步推动我国国际私法理论研究的深入发展。②

关于欧盟统一国际私法及其对中国的启示，有学者对“法律趋同化理论”的当代实践进行了研究。欧盟统一国际私法从以布鲁塞尔体系与罗马条例体系为代表的直接趋同，转变为英国脱欧后的间接趋同，反映了法律趋同化理论在欧盟受到不小的挑战。欧盟国际私法作为追求区域性法律趋同化的代表，给中国带来了三方面启示：要采取法典化模式整合中国国际私法的内在体系；要优化内地、香港与澳门三地间的区际私法调整模式；对于双边乃至多边关系，中国可以直接趋同的方式参与国际法治，也可以间接趋同的方式完善我国涉外法律体系。③

关于人类命运共同体背景下国际私法的使命，有学者进行了重新解读。当前，全球性问题的应对迫在眉睫，国际私法在全球治理中的缺位现状值得

① 参见陈婉姝《国际商事专家委员会运行机制的创新、困境及纾解》，《武大国际法评论》2022 年第 5 期，第 72~90 页。

② 参见丁伟《我国特定经济区域变通适用国际私法规范的前瞻思考》，《政治与法律》2022 年第 9 期，第 2~14 页。

③ 参见许凯《欧盟统一国际私法的经验与未来——“法律趋同化理论”的当代实践》，《政法论坛》2022 年第 2 期，第 125~136 页。

引起关注。由于国际私法在理论上和实践上都具有参与全球治理、弥补治理漏洞的功能，所以可以探索在人类命运共同体构建背景下国际私法发挥治理作用的方式，即构建国际民商事新秩序。特别是我国提出了“一带一路”倡议以及构建人类命运共同体，反映了我国参与全球治理、努力构建“开放、包容”新型国际关系的决心，因此我国更要积极发挥国际私法在其中的作用，围绕“构建国际民商事新秩序”这个中心开展中国国际私法法典的编纂，并重新认识国际私法与国际公法、环境法等其他学科的内在联系，共同发挥法律在全球治理中的作用。①

二 涉外民商事关系的法律冲突及解决

涉外民商事关系具体领域的法律适用问题是涉外民商事司法实践直接面对并需要处理的问题，更是学者重点关注的内容。

关于涉外物权法律适用，有学者关注提单物权凭证的法律适用问题。我国目前并没有对物权凭证作出任何法律上的明确规定，物权凭证概念的模糊也带来相应法律适用上的难题。目前正值《海商法》的修法阶段，我们需要在厘清物权凭证概念的来源和嬗变的前提下，把握其实质，然后在中国法语境下重构提单物权凭证的概念和法律适用：首先可以参照《德国商法典》第 524 条及《日本商法典》第 575 条的规定来拟定我国的物权凭证法律条文，然后再明确物权凭证法律条文的适用路径。该学者认为根据我国《民法典》的体例设置与条文内容，应将提单的交付拟制为现实交付而非返还请求权的让与。②

关于涉外合同法律适用，有学者研究美国单边制裁对国际商事合同法律适用的影响。当前，美国制裁法已经波及国际商事合同的法律适用，各国司

① 参见谭晓杰《人类命运共同体构建下国际私法使命的重新解读》，《时代法学》2022 年第 4 期，第 90~98 页。

② 参见何赛《〈民法典〉视域下提单物权凭证概念的反思与重构》，《甘肃政法大学学报》2022 年第 3 期，第 31~44 页。

法机关和仲裁机构都面临如何处理国际商事合同中美国制裁法的效力问题。对此，该学者认为，美国制裁法不能经意思自治方法适用，具体表现为合同当事人不能约定以美国制裁法作为免责条款；美国制裁法也不能经冲突规范指引适用，即制裁法不在准据法包含的范围之内，且在准据法确定的情况下，不能被当事人援引作为免责条款；美国制裁法更不能作为冲突法层面直接适用的法在非本国适用，因为制裁法在性质上属于公法，在适用上不能突破公法的地域属性，不能突破公法禁忌，因此一国法院在处理涉外合同案件时不能适用作为外国公法的美国制裁法。此外，我国的阻断法律体系已经基本搭建完成。我国阻断法作为法院地直接适用的法，在适用顺序上也要优先于外国直接适用的法，因此将在应对美国单边制裁中发挥重要作用。①

关于涉外侵权法律适用，有学者对互联网环境下涉外侵权的法律适用进行研究。对于互联网环境下的侵权，我国确立了更加体系化的法律适用规则，将终端设备与服务器所在地纳入侵权行为地领域，直接制定了人格权侵权行为适用被侵权人经常居所地法律的准据法，并将时空关联性更强且更具稳定性的网址视作连结点，以确定侵权人的身份信息。此外，最密切联系原则能够将信息技术发展引发的行为模式与侵权模式变革因素纳入考量，进而在侵权行为地、损害结果发生地、被害人经常居所地及侵害人营业地等连结点中选择最为合适的来确定准据法。另外，意思自治原则也能够在涉外侵权的法律适用中发挥作用，如果受害者具有相对弱势的社会能力，那么可以允许受害者单方择定准据法作为双方意见不一致时的补充机制，为案件公平审判提供更多保障。② 除此之外，有学者针对涉外人工智能侵权的冲突法因应展开研究。人工智能时代的到来，将会给国际私法传统划分的“范围”带来巨大冲击，相关学术研究也应从“系属”向“范围”转变。该学者认为，人工智能侵权的冲突规范可以由当事人意思自治，协议选择所适用的法律；

① 参见姜悠悠《论美国单边制裁对国际商事合同法律适用的影响》，《财经法学》2022 年第 2 期，第 176~192 页。

② 参见李珏《互联网对国际民商事审判的影响——评〈互联网环境下国际民商事法律关系适用〉》，《科技管理研究》2022 年第 22 期，第 218~219 页。

当事人没有选择的，适用侵权损害发生地法；当事人有共同经常居所地或共同国籍的，可适用其共同经常居所地或共同国籍国法。同时规定类型化调整的例外，即当侵权损害结果地与案件联系并不密切而与另一国法律更为密切时，可以适用最密切联系地法。[①] 此外，还有学者研究有利原则在涉外环境侵权中的适用。该学者认为，对于涉外环境侵权，除了引入单方意思自治规定来保证有利原则的落实外，还应由被侵权人选择最有利于自身的法律，法院发挥辅助功能；对于可选法律的范围予以限定，明确连结点，在“行为实施地”、“结果发生地”和“被侵权人经常居所地”中进行选择；同时对“被侵权人经常居所地”法律的选择附加条件限制，即需要侵权人与被侵权人经常居所地有关联，避免天平过度倾向于被侵权人。[②] 另外，还有学者对个人数据侵权的特殊冲突规范加以探寻。目前，侵权法律冲突领域的传统规则难以有效保护个人数据权，存在侵权行为地判断规则过于僵化等问题。为了解决以上困境，我国应减少对客观连结点的关注，从最密切联系原则入手；对于在个人数据保护法律关系中处在弱势地位的被侵权人，可以建立专门冲突规范，将侵权人主营业地或者主要办事机构所在地法律纳入法律选择的范围，从而使案件结果更公正合理。[③]

关于知识产权案件的法律适用问题，有学者结合 ALI 原则和 CLIP 原则进行比较思考。该学者在对知识产权侵权、合同及原始所有权的法律适用进行比较后指出，ALI 原则和 CLIP 原则都采用了分割方法，针对不同的知识产权法律关系分别适用不同的法律适用规则，以多元化代替单一化，以灵活代替僵硬，为各国审理跨国知识产权案件提供了很多优质的规则。[④] 除此之

---

① 参见梅傲《涉外人工智能侵权的司法进路》，《中国高校社会科学》2022 年第 2 期，第 129～139、160 页。

② 参见王超怡《试论有利原则在涉外环境侵权中的适用》，《河北环境工程学院学报》2023 年第 1 期，第 35～40 页。

③ 参见许依怡《个人数据侵权法律适用的先决问题与本问题》，《中阿科技论坛》（中英文）2022 年第 2 期，第 180～184 页。

④ 参见耿华《ALI 原则和 CLIP 原则相比较分析——知识产权之冲突法的新发展》，《太原城市职业技术学院学报》2022 年第 9 期，第 190～193 页。

外，还有学者指出我国《涉外民事关系法律适用法》中关于涉外知识产权纠纷法律适用存在的问题。该学者认为，《涉外民事关系法律适用法》第48条、第50条中的“被请求保护地法律”概念模糊不清，难以有效辨别“被请求保护地”“法院地”“侵权行为地”等一致或不一致的情形，在实践中不利于操作。[①] 还有学者专门讨论了知识产权的地域性问题，认为地域性是知识产权的基本属性，是涉外知识产权法律适用和知识产权国际保护的逻辑起点，但我国学界和实务界对知识产权的地域性原理依然存在诸多认识误区。知识产权地域性与公法的属地性既有联系又有本质区别。知识产权的地域性不应阻碍知识产权国际私法的发展，知识产权国际私法同样可以促进知识产权的国际保护。[②]

关于涉外协议离婚的法律适用，有学者认为，我国《涉外民事关系法律适用法》第26条中对于涉外协议离婚法律适用的规定不够具体和明确，导致在实践中处理纠纷时不够清晰合理。我国应该优化协议离婚法律选择形式，在允许当事人意思自治的同时排除“默示选择”这一形式；明确协议离婚的效力适用范围，厘清协议离婚的内容仅包含离婚的条件和离婚的效力，而不包含夫妻人身/财产关系、父母子女人身/财产关系，避免相关法条在适用时产生冲突；增强涉外离婚协议的强制力，有必要通过法院的司法程序将行政备案的涉外离婚协议转为离婚判决，从而避免在实践中陷入“执行难”的困境。[③]

还有学者对涉外未成年人监护面临的司法困境进行了研究。我国《涉外民事关系法律适用法》第30条被学界称为“有利于”规则，但在实践中，我国法院几乎从不根据该法条援引适用外国法，立法意图难以落实。因此，应将《涉外民事关系法律适用法》第30条中的“有利于未成年被监护

① 参见中国应用法学研究所课题组、姜启波《涉外知识产权纠纷法律问题研究》，《中国法律评论》2022年第6期，第177～191页。

② 宋晓：《重思知识产权的地域性》，《武大国际法评论》2022年第3期，第81～103页。

③ 参见马志强、尹启云《论我国涉外协议离婚法律适用与完善》，《福建江夏学院学报》2022年第5期，第71～79页。

人”与最密切联系原则相结合，以此在确定案件管辖权后只适用中国的法律；或者在维持现有立法不变的前提下由最高院出台相关的司法解释和指导性案例，以此增强《涉外民事关系法律适用法》第30条的可操作性。①

关于涉外继承问题，有学者对其中的“必留份”问题进行了探讨。我国《涉外民事关系法律适用法》采用了法定继承与遗嘱继承并立的立法体例，这在客观上引发了有关必留份制度的法律适用问题。对于必留份的法律适用，可以通过修改《涉外民事关系法律适用法》第33条系属的设置方式，把无条件择一适用转变为有条件选择适用，从而限制法官的自由裁量权。此外，设立单边冲突规范也具有可行性，为必留份的法律适用设置一个在某种特定情形下必然指向中国法的单边冲突规范，以“但书”的形式置于第33条遗嘱效力的法条之后，从而为保障特殊人群的利益设置最后一道“安全阀”。②

关于区块链交易的法律适用问题，目前国际社会尚没有专门法律规定，存在法律冲突和适用上的难题。有学者认为，区块链作为一种还在发展和探索阶段的交易载体，在诸多民商事领域都有应用的可能，因此应当保障各国立法的独立性，允许各国立法排斥域外区块链交易相关法的适用，这在一定程度上还可以抵御外国的经济制裁。此外，区块链交易域外法律适用有程序和实体之分。对于程序问题的法律适用，各国普遍做法是由当事人协商确定，若不能协商确定的适用仲裁庭或法院所在地程序法。对于实体问题的法律适用。国际上的通行做法是先由当事人协商确定，若不能协商确定的依据冲突规则确定适用的法律。③ 也有学者专门对加密货币流通中的国际私法问题进行了研究。该学者认为，加密货币系统的法律适用首先需要考量的是该系统的共识机制，该机制可以视为加密货币系统中调整参与者行为的一套自

① 参见王艺《涉外未成年人监护中的司法困境与理论思考》，《云南社会科学》2022年第6期，第124~135页。

② 参见王诣博《涉外继承中“必留份”的法律适用》，《甘肃政法大学学报》2022年第2期，第145~156页。

③ 参见程乐《区块链交易国际规制体系的构建》，《荆楚法学》2022年第3期，第141~151页。

治规则，但是援引该共识机制作为加密货币系统内参与者之间的准据法在各国法律上缺乏明确的规定。加密货币系统参与者之间首先应当考虑债权法律关系（或者合同性义务），如果共识机制加入了法律选择条款，应当被认定为当事人达成合意的结果，这种法律选择条款具有法律效力。在加密货币交易的背景下，应该引入弱者利益保护原则，对意思自治适用范围予以限制，比如引入第三方智能合约审计机制，对智能合约当事方权利义务的明确和责任的划分提供公司法上的确定性。[①]

关于我国外商投资的国际私法规则，有学者对其面临的困境与转型加以思考。由于外商投资合同的法律适用规则曾经散落在多份法律与行政法规中，在“外资三法”[②] 废止后，由相关法律法规所定义的三类特殊涉外合同及其衍生的其他外商投资合同随着《外商投资法》的生效而面临适用困境，容易产生来源于被废止条文中的规定在司法实践中仍被适用的情况。因此，我国对于外国投资合同法律适用规则还有进一步调整和完善的空间，尤其是要协调好不同法律法规对于相同问题的规定，做好新旧法规则和立法精神的衔接。[③]

关于跨国文物追索诉讼国家豁免的法律适用问题，有学者认为，一国法院如何处理国家豁免问题，取决于其所适用的法律。在此问题上，国际条约或习惯国际法通常具有优先适用的效力；如果没有可适用的国际条约或习惯国际法，国家豁免事项会因被识别为程序问题而适用法院地法。[④]

关于国际民商事条约在我国法院的可适用性，有学者指出，虽然《民法典》并未将《民法通则》第 142 条的内容保留，但这并不会妨碍国际民商事条约在我国的继续适用，因为在涉外民商事案件中适用国际条约已经成为我国的司法习惯。正如《最高人民法院关于适用〈中华人民共和国涉外

① 参见梁庭瑜《加密货币流通中的国际私法挑战与对策》，《中国流通经济》2022 年第 4 期，第 116~128 页。

② 《中外合作经营企业法》《中外合资经营企业法》《外资企业法》。

③ 参见王怡然《我国外商投资国际私法规则的困境与转型》，《中国外资》2022 年第 5 期，第 90~91 页。

④ 参见霍政欣、陈锐达《跨国文物追索诉讼的国家豁免问题》，《国际法研究》2022 年第 4 期，第 73~95 页。

民事关系法律适用法〉若干问题的解释（一）》所明确的那样，国际民商事条约可以在我国直接适用，但知识产权领域的国际条约已经转化或者需要转化为国内法的除外，即我国采取的是“以直接适用为原则，以转化适用为例外”的方式。国际民商事条约在我国存在直接适用和国际私法适用两种模式。①

三 国内法的域外适用

在国内法的域外适用体系构建方面，有学者从统筹推进国内法治和涉外法治的维度展开研究，关注国内法域外适用产生的国家间法律冲突以及国内法与国际法的冲突协调和解决问题，进一步从国家与国际层面阐释加快构建我国法域外适用体系的重大意义，分析应遵循的基本原则，并从“防御侧”和“进攻侧”两个维度，立法、执法、司法三个层面研究实现路径。② 有学者聚焦域外效力条款的具体设计，对我国现行立法中的域外效力条款以确定域外效力的方式分类并进行类型化分析，在此基础上论述了中国法中域外效力条款完善的基本理念与思路。③ 有学者专门对国内法域外适用中“域”的含义进行研究，首先对“国内法域外适用”“域外效力”“域外管辖”“法域”概念进行分析，总结出学界对“域”的含义有以地理空间概念作出的“管辖领域”、“领土”和“境”三种肯定性理解以及并非法域的否定性理解，进一步对相关法条表述进行规范分析，最后比较分析折中说、广义说、狭义说，提出以折中说界定“域”的含义。④ 有学者提出“涉外非民事关系”的概念，以提示《美国对外关系法重述》所界定的对外关系法的范围并

① 参见张普《国际民商事条约在我国法院的可适用性及其适用模式》，《河南财经政法大学学报》2022 年第 1 期，第 105~116 页。

② 参见霍政欣《我国法域外适用体系之构建——以统筹推进国内法治和涉外法治为视域》，《中国法律评论》2022 年第 1 期，第 41~51 页。

③ 参见廖诗评《中国法中的域外效力条款及其完善：基本理念与思路》，《中国法律评论》2022 年第 1 期，第 52~63 页。

④ 参见刘政德、郭向军《国内法域外适用中“域”的含义考量》，《学理论》2022 年第 4 期，第 80~82 页。

不完整，我国若制定涉外关系法，应考虑国家之间的关系、不同国家的私人之间的关系以及具有涉外因素的国家与私人之间的关系三个层面。[①] 还有学者在回顾有关域外立法管辖权的“法无禁止即许可”和“法无许可即禁止”两种学说的基础上，提出域外立法管辖权的第三种路径——“弹性禁止说”或“弱化的禁止说”，即以“法无许可即禁止”为基础，运用真实联系原则，设立弹性许可标准，同时引入限制性原则防止域外立法管辖权的滥用。[②]

部门法的域外适用问题也是学者关注的热点。在证券法领域，有学者在分析现行立法演进的基础上，结合司法与执法维度，检视我国《证券法》域外适用现状，接着从比较的视角出发，对美国相关规范及判例进行梳理研究，论述其效果测试标准、行为测试标准、交易标准三种域外适用判断标准，最后提出我国《证券法》实践进路，即厘定域外适用条款的前提、明确域外适用要件、限缩域外适用边界及优化跨境监管合作。[③] 在网络法领域，有学者对网络法域外适用的核心概念及运行逻辑等基础问题进行研究，并提出在人类命运共同体理念统领下，网络法域外适用应坚持正当、必要、礼让的基本原则。[④] 在反垄断法领域，有学者聚焦反垄断法域外适用的正当性这一关键前置性议题，认为不违反国际法且具备国内法基础的效果原则具有合法性，但还需要考虑效果原则的合理性问题，应当从效果原则内部进行条件细化，同时坚持国际礼让、国际法原则等外部限制因素，只有依据兼具合法性与合理性的效果原则进行的反垄断域外适用才具备正当性。[⑤]

在数据立法领域，有学者从理论和实践角度阐释“数据主权”和个人信息的利用价值，以论述确立我国《个人信息保护法》域外效力制度的必

---

① 参见车丕照《涉外非民事关系的管辖与法律适用》，《吉林大学社会科学学报》2022 年第 2 期，第 22~33、235 页。

② 参见汤诤《域外立法管辖权的第三条路径》，《当代法学》2022 年第 3 期，第 140~151 页。

③ 参见李翔宇《我国〈证券法〉域外适用的规范演进与实践进路》，《上海金融》2022 年第 10 期，第 32~40 页。

④ 参见张新民、张稷锋《网络法域外适用的法理阐释：概念、逻辑与原则》，《太平洋学报》2022 年第 12 期，第 26~38 页。

⑤ 参见赖思行、王海山《反垄断法域外适用中效果原则的正当性刍议》，《中国价格监管与反垄断》2022 年第 10 期，第 43~46 页。

要性，并对《欧盟数据保护指令》、《欧盟通用数据保护条例》、《美国云法案》以及美国信息隐私法律域外效力制度进行评述，最后提出我国应立足于《个人信息保护法》第 3 条的规定，并从强化适用性、提升体系性、加强国际性三个层面完善《个人信息保护法》域外效力制度。① 有学者在对《个人信息保护法》域外保护条款述评的基础上，结合国际法理论与数据保护的特殊性并参考域外经验，剖析个人信息域外保护的制度逻辑，进一步分析个人信息域外保护面临竞争激烈、我国相关制度供应不足、法院域外管辖过于被动的挑战，最后提出应从完善制度供给与配套措施、完善执法和司法的必要配合等方面作出回应。② 有学者在阐释数据立法域外扩张管辖的动因、依托个人数据保护法案的欧盟模式以及依托跨境取证法案的美国模式两种立法模式后，提出我国应界定数据保护域外立法管辖边界，在数据领域运用外国判决承认与执行制度，完善数据跨境取证模式，以应对数据立法域外管辖所带来的挑战与危机。③

四　制裁与反制裁及阻断法问题

有学者提出因单边经济制裁范围宽泛化、动机过度政治化，加之国际法规则体系严重碎片化，单边经济制裁会从人权、发展、环境三个维度冲击可持续发展原则，为协调二者的价值冲突，应当确立可持续发展理念的优先性，对可持续发展需求设立豁免，增强可持续发展原则的法律约束力。④ 有学者在对美国次级制裁的类型化分析、立法管辖标准、国际法争议等基础问题进行研判后，梳理各国反制次级制裁的措施，提出

① 参见张哲、齐爱民《论我国个人信息保护法域外效力制度的构建》，《重庆大学学报》（社会科学版）2022 年第 5 期，第 207~220 页。

② 参见郑军《论我国个人信息域外保护的新发展——以〈个人信息保护法〉为切入点》，《石河子大学学报》（哲学社会科学版）2022 年第 5 期，第 70~78 页。

③ 参见王雪、石巍《数据立法域外管辖的全球化及中国的应对》，《知识产权》2022 年第 4 期，第 54~75 页。

④ 参见许梦婧《单边经济制裁和可持续发展原则的价值冲突与规范协调》，《中国流通经济》2022 年第 12 期，第 92~101 页。

中国应从进攻与防御两个层次推进阻断立法，以应对美国次级制裁。[①] 有学者梳理美国次级制裁的缘起、适用对象与适用方式，从主权平等、企业利益方面论述我国反制美国次级制裁的必要性，指出我国反制美国次级制裁存在总统豁免权难以取得、世贸组织（WTO）处理结果欠佳的困境，最后提出完善阻断法、摆脱美元霸权体系的防御型对策和构建中国法域外适用法律体系的进攻型对策。[②]

关于阻断法，有学者梳理欧盟阻断法的立法背景、发展沿革与机制设计，介绍欧洲法院佐审官首次对阻断法发表官方意见的伊朗梅利银行诉德国电信案，并分析该案所揭示的欧盟阻断法的适用困境，最后对我国完善反制裁立法提出合理界定禁止遵守义务的范围，明确行使追偿权的主体、对象与条件，细化例外豁免申请规则，落实完善补偿机制的建议。[③] 有学者在阐释阻断法的概念、在国际私法中的性质、与法律冲突的区别等基本问题的基础上，分别研究阻断法在立法国、阻断国与第三国的效力，并从威慑效果和执行效果方面考虑阻断法的实际效力，提出我国需要考量法律和政治两个维度，既要建立反域外制裁与干涉的规则体系，又要运用行政与司法手段加强阻断法的适用与执行。[④] 有学者研究欧盟阻断法与美国域外制裁法律博弈的演变历程与冲突焦点，阐释欧盟在其《阻断条例》无法有效阻断美国域外制裁背景下的一系列变革回应，提出中国应加强阻断法效果的建议，包括减少对美元的依赖、建立完善的豁免特许机制、对受损企业建立救济帮扶机制、将《反外国制裁法》所规定的“限制性措施”适用于反制美国域外制裁等。[⑤]

---

① 参见姜悠悠《论美国次级制裁的域外效力及国际法规制》，《苏州大学学报》（法学版）2022 年第 3 期，第 75~88 页。

② 参见唐也斯、杨署东《中国应对美国次级制裁的反制研究》，《国际贸易》2022 年第 3 期，第 89~96 页。

③ 参见漆彤《欧盟〈阻断法〉的适用困境及其对我国的启示——以伊朗梅利银行诉德国电信案为例》，《财经法学》2022 年第 1 期，第 179~192 页。

④ 参见汤诤、廖挺《阻断法的司法适用：性质、效力与法律冲突》，《法律适用》2022 年第 7 期，第 43~51 页。

⑤ 参见杨永红《欧盟阻断法与美国域外制裁之法律博弈》，《欧洲研究》2022 年第 1 期，第 35~63、6 页。

五 国际民商事管辖权

国际民商事管辖权是法院审理案件的前提，对案件的处理结果具有重要影响，一直是国际民事诉讼的重要问题之一，也是学界关注的重点。有学者对涉外民事诉讼必要管辖权制度进行探讨，并以阻断追偿诉讼为中心对其进行规范阐释，认为必要管辖权在我国涉外民事管辖权体系中应定位为一种“填补空白的管辖机制”。对于阻断追偿诉讼而言，必要管辖权制度具有填补可能存在的司法管辖空白并维护我国立法管辖规范的效力，有效发挥其作为涉外法治斗争的法律工具之功能。[①] 对于区际民商事管辖权问题，有学者对内地与香港区际诉讼与仲裁平行程序进行了探讨，认为内地与香港区际诉讼与仲裁平行程序冲突的实质是区际司法管辖权和仲裁管辖权的冲突，根本原因是仲裁协议效力判断的差异。在对国际社会以及香港与内地现有的解决机制存在的不足进行探讨后，学者认为，只有立足于立法和司法两个层面，解决仲裁协议效力认定的法律冲突，协调临时措施签发标准，才能有效解决内地与香港区际诉讼与仲裁平行程序问题。[②] 有学者从实证角度对我国涉台民商事平行诉讼进行实务研究，认为人民法院对涉台民商事平行诉讼的现有处理方式实质上是放任平行诉讼的存在，或者说是扩张管辖权，应对此予以矫正。两岸民商事平行诉讼的处理不应照搬一般平行诉讼的原则和方式，正确的做法是以区际礼让为基本原则，完善涉台民商事案件平行诉讼处理机制，避免双方争抢管辖权。[③]

还有一些学者对国际民商事管辖权的具体问题进行了探讨。有学者从欧盟方面对跨国消费合同管辖权进行研究，指出我国跨国消费合同管辖具有非特别性，跨国消费合同管辖的弱者权益保护效果和平等保护效果均有限，参考欧盟

---

① 参见黄志慧《我国涉外民事诉讼必要管辖权制度的体系定位与规范阐释》，《法商研究》2022 年第 4 期，第 48~61 页。

② 参见谢婉《论内地与香港区际诉讼与仲裁平行程序的解决》，《商事仲裁与调解》2022 年第 3 期，第 17~32 页。

③ 参见薛永慧《涉台民商事平行诉讼司法实务研究》，《台湾研究集刊》2022 年第 5 期，第 100~116 页。

经验，有必要对我国跨国消费合同管辖性质、管辖范围、管辖连结范围予以修正。① 还有学者紧扣前沿热点，针对涉外人工智能侵权问题，从立法和司法层面对有关管辖权问题进行探讨，认为在立法中，由于人工智能高速发展带来的不确定性因素增加，应弹性规定人工智能侵权案件的管辖权，与案件具有实质联系的国家都有管辖权。而与此相反，在司法实践中，法官应充分且必要地审慎考量。② 还有学者专门针对涉外环境侵权管辖权制度进行研究，认为涉外环境侵权管辖权制度完善的理论支撑是以国家主权为基础，同时兼顾“共同但有区别的责任”原则；实体法层面的具体完善路径应以一般管辖权为基础，以特别管辖权为修正，以协议管辖权为补充。③ 有学者对跨境知识产权侵权纠纷的民事诉讼管辖规则进行研究，指出我国《民事诉讼法》并没有针对涉外知识产权纠纷管辖的专门性规范，应构建跨境知识产权侵权诉讼国际司法管辖的一般规则，具体解决专属管辖、特殊地域管辖、合并管辖、临时措施管辖以及国际诉讼竞合管辖等问题，并将标准必要专利相关纠纷的特殊因素纳入上述分析框架。④ 还有学者专门针对粤港澳大湾区跨境证券侵权纠纷问题进行研究，认为新《证券法》确立了“效果主义”的域外管辖原则，但并未明确具体适用的标准。结合“深港通”证券监管的“主场原则”，建议内地法院在处理粤港澳大湾区跨境证券侵权纠纷管辖权冲突时，首先应遵循“属地管辖优先，域外管辖例外”的原则，由证券交易发生地法院优先管辖，只有在侵权行为对内地证券市场秩序和投资者利益产生实质可预见性的影响时，内地法院才应考虑按照“效果标准”行使域外管辖权。⑤ 还有学者对跨

① 参见刘阳《跨国消费合同管辖权研究：欧盟经验及我国方案》，《武大国际法评论》2022 年第 1 期，第 58~79 页。

② 参见梅傲《涉外人工智能侵权的司法进路》，《中国高校社会科学》2022 年第 2 期，第 129~139、160 页。

③ 参见谌建《我国涉外环境侵权管辖权制度的完善》，《青岛行政学院学报》2022 年第 3 期，第 95~101 页。

④ 参见张鹏《跨境知识产权侵权纠纷的民事诉讼管辖规则研究》，《知识产权》2022 年第 1 期，第 14~35 页。

⑤ 参见高菲《粤港澳大湾区跨境证券侵权纠纷之法律适用问题研究——以“深港通”为切入点》，《南方金融》2022 年第 4 期，第 91~98 页。

国碳排放权交易的管辖权冲突进行研究，认为跨国碳排放权交易的管辖权冲突依据不同标准，可分为积极冲突与消极冲突，单向对接合作中的冲突、双向对接合作中的冲突与多边对接合作中的冲突。解决管辖权冲突的对策是适用意思自治原则和最密切联系原则，并借鉴适用 WTO 争端解决机构相关规则，最根本的解决方案则是缔结统一的国际条约，明确规定关于管辖权的具体规则。①

对于涉外协议管辖相关问题，有学者以中国国际商事法庭为中心对国际商事法庭的协议管辖制度进行研究后指出，中国国际商事法庭相较于国际社会主要商事法庭在协议管辖制度上存在诸多限制。在服务“一带一路”倡议的宗旨指引下，中国国际商事法庭应适当扩大协议管辖的范围，逐步放开实际联系原则的限制，将涉“一带一路”的“离岸案件”纳入管辖范畴，以提高中国国际商事法庭在解决国际商事纠纷中的影响力和竞争力。② 还有学者认为我国国际商事法庭在管辖方面属于混合模式，实行一审终审。结合我国国际商事法庭的定位以及域外经验，未来适宜采用合意模式，以当事人意思自治为基本理念，扩大协议管辖范围，容纳离岸案件，促进制度规则的创新，形成国际商事诉讼、仲裁、调解三位一体的纠纷解决产业集群。③ 此外，还有学者认为，我国国际商事法庭中的意思自治非常有限，为了充分实现我国国际商事法庭的制度功能，应适当优化我国国际商事法庭中的意思自治，取消协议管辖的实际联系限制要求。④ 还有学者进一步认为，实际联系原则的理论价值已被弱化，在司法层面的应用也出现混乱和失灵，在我国开启国际私法典编纂的背景

---

① 参见郝海青、周雯慧《论跨国碳排放权交易的管辖权冲突及解决》，《中南林业科技大学学报》2022 年第 2 期，第 63~69 页。

② 参见张冰《国际商事法庭的协议管辖制度研究——以中国国际商事法庭为中心》，《重庆理工大学学报》2022 年第 4 期，第 156~166 页。

③ 参见陈巍、孟洪宇《我国国际商事法庭管辖研究》，《法治论坛》2022 年第 2 期，第 128~142 页。

④ 参见王彦志、范冰仪《意思自治原则在国际商事法庭中的运用》，《东北师大学报》（哲学社会科学版）2022 年第 1 期，第 116~124、133 页。

下，应当采纳废除实际联系原则的立场，并通过合理的路径选择，完善协议管辖制度设计。[①] 还有学者从《选择法院协议公约》角度对中国涉外协议管辖实践进行研究，认为《选择法院协议公约》属于非典型的程序性合同，一般情况下具有授予排他性管辖权的功能，但非排他性选择法院协议同样存在。中国涉外协议管辖在实践中呈现的特征与《选择法院协议公约》的性质不符。因此，应转变国内协议管辖与涉外协议管辖统一的单轨制模式，区分选择法院协议的有效性与可执行性。[②] 还有学者依照公约结构，在直接管辖权和间接管辖权背景下讨论管辖权协议的准据法适用问题，“实际联系”标准与管辖权协议排他性的矛盾，以及作为未被选择法院而对案件享有管辖权时中国法院的应对模式。[③] 此外，还有学者运用比较法，从学理与实践两个视角剖析德国国际民事诉讼法违反排他性协议管辖损害赔偿规则适用的主要构件、现实影响，尝试性提出违反排他性协议管辖损害赔偿规则在我国法律中构建的必要性、可行性以及相应的规则设想。[④]

对于专属管辖问题，有学者以欧洲法院判例为视角对涉外不动产专属管辖进行研究，介绍欧盟对涉外不动产专属管辖范围划定的三要素识别说和期限二分说，以及涉外专属管辖冲突的两种情形，认为我国可在参考欧盟经验的基础上，区分虚假的专属管辖冲突和真实的专属管辖冲突。[⑤]

海牙国际私法会议“管辖权项目”也是学者关注的热点。有学者指出，海牙国际私法会议“管辖权项目”的主要分歧包括三个方面：一是就直接管辖权问题到底是制定硬法文书还是软法文书；二是新文书仅涉及平行诉讼还

① 参见汪炜晨《论国际民商事诉讼协议管辖中实际联系原则之废除》，《国际法学刊》2022 年第 2 期，第 117~140、157 页。

② 参见范冰仪《中国涉外协议管辖实践审思——以〈选择法院协议公约〉的批准为考量》，《社会科学战线》2022 年第 3 期，第 275~280 页。

③ 参见杨赟《海牙〈选择法院协议公约〉背景下管辖权协议之效力研究》，《国际法学刊》2022 年第 3 期，第 136~152、157~158 页。

④ 参见王磊《德国法上违反排他性协议管辖损害规则：主要构件与现实影响》，《阜阳师范大学学报》2022 年第 1 期，第 105~115 页。

⑤ 参见刘阳《涉外不动产专属管辖研究：以欧洲法院判例为视角》，《南海法学》2022 年第 2 期，第 66~79 页。

是也应包括直接管辖权规则；三是在处理平行诉讼问题上，到底是采纳具有确定性的先受理规则，还是采纳具有较好灵活性的法院方法。在海牙管辖权项目的谈判中，中国需要兼顾未来国际民事诉讼制度的发展。未来修改中国《民事诉讼法》时，应吸收先受理规则、更适合法院方法、判决预期承认规则等制度的合理性因素，同时建立有限度的禁诉令制度，有效维护我国司法管辖权。[①] 该学者还进一步对海牙管辖权项目下的平行诉讼进行了研究，介绍了目前海牙管辖权项目工作组已讨论出的平行诉讼的五种解决方案。该学者认为我国应借鉴海牙管辖权项目形成的新思路、新结构，在平行诉讼上确立系统化的解决方案，并完善相应的制度。[②] 就海牙管辖权项目涉外专属管辖之争的问题，有学者选取海牙涉外公司诉讼、国际知识产权和外国判决执行事项专属管辖展开论述，认为我国对涉外公司专属管辖宜采取“原则+例外”的立场；对国际知识产权宜秉持有限的专属管辖，仅对国际知识产权有效性和涉及国家主权的数据知识产权适用专属管辖；外国判决执行事项不属于我国专属管辖的法定类型，应由被执行人住所地或财产所在地法院管辖。[③]

在禁诉令大战持续的背景下，一些学者对知识产权领域的禁诉令制度进行了研究。有学者认为禁诉令使用对专利地域性、当事人诉权和他国法院管辖权带来了挑战与冲击，为纾解禁诉令产生的困境，国际社会应该就禁诉令救济展开国际合作与协调。我国应维护国家司法主权原则，加快完善国内相关立法、司法，采取阻断措施等保护我国当事人正当的诉讼权益。[④] 有学者分析了禁诉令在其他国家的适用实践后指出，我国尚未建立禁诉令制度，可以先利用行为保全制度暂行“禁诉令”功能，利用商务部《阻断外国法律与措施

---

① 参见何其生《海牙管辖权项目的困境与转变》，《武大国际法评论》2022 年第 2 期，第 36~58 页。

② 参见何其生《海牙管辖权项目下平行诉讼的解决方案与启示》，《武大国际法评论》2022 年第 5 期，第 21~47 页。

③ 参见刘阳《海牙管辖权项目涉外专属管辖之争及中国因应》，《时代法学》2022 年第 5 期，第 91~102 页。

④ 参见聂建强、潘雪娇《专利跨国诉讼中禁诉令适用的困境与纾解》，《科技与法律》（中英文）2022 年第 4 期，第 65~72、135 页。

不当域外适用办法》阻断外国禁诉令的适用。未来可考虑在我国《民事诉讼法》中增设禁诉令条款，对禁诉令的相关内容予以规定。[①] 另有学者认为，尽管禁诉令具有规制当事人滥诉并有效解决国际平行诉讼的功能，但存在干涉其他国家司法主权及导致“禁诉令的战争”之弊端，因此，禁诉令的签发应遵循适当平衡个案正义与国际礼让之法理。[②] 有学者从标准必要专利纠纷的视角对我国构建禁诉令制度的必要性、可行性进行探讨，提出我国应在理论探讨及实践经验的基础上，在《民事诉讼法》中增设禁诉令条款，明确禁诉令适用应遵循谦抑性原则，规定其适用的案件类型以及对违反禁诉令行为的惩罚措施。[③] 另有学者从实证分析的角度，对全球主要司法辖区禁诉令诉讼的典型案例进行研究后指出，两诉判决是否会相互影响进而导致本国诉讼受到影响是禁诉令颁发的主要影响因素。未来可考虑通过订立相关国际条约的方式，在全球范围内建立统一、共识的分析框架，该框架可通过形式审查、实质审查以及结果审查的模式进行。[④] 还有学者对标准必要专利的全球许可费率管辖权争夺问题进行研究，主张应建立非政府组织性质的国际仲裁机构，以对标准必要专利的全球许可费率纠纷进行裁决，对国际专利执法进行有效整合。[⑤]

对于间接管辖权问题，有学者对中国间接管辖权制度的发展路径进行研究后指出，我国的间接管辖权制度存在立法中审查规则欠缺、司法实践中审查标准混乱的问题。因此，探索我国间接管辖权的发展路径，需要从明确审查依据的准据法规则、顺应间接管辖权统一化趋势等方面进行。[⑥]

---

① 参见欧福永、袁江平《国际专利诉讼中的禁诉令制度》，《湖南大学学报》（社会科学版）2022 年第 2 期，第 136~146 页。

② 参见黄志慧《我国涉外民事诉讼中禁诉令的法理阐释与规则适用》，《法律科学（西北政法大学学报）》2022 年第 5 期，第 178~190 页。

③ 参见徐伟功、贾赫《标准必要专利纠纷视角下我国禁诉令制度的构建》，《社会科学家》2022 年第 10 期，第 130~138 页。

④ 参见张玉蓉、李金城《标准必要专利国际平行诉讼中禁诉令影响因素的实证研究》，《中国科技论坛》2022 年第 4 期，第 168~179 页。

⑤ 参见宗倩倩《标准必要专利的全球许可费率管辖权争夺及其应对路径研究》，《科技与法律》（中英文）2022 年第 1 期，第 26~35 页。

⑥ 参见陆凌秀《中国间接管辖权制度的发展路径探索》，《西部学刊》2022 年第 1 期，第 71~74 页。

六　外国法院判决的承认与执行

法院判决的承认与执行是国际民事诉讼程序的最后阶段，也是国际民事诉讼程序的关键阶段，是有关司法程序的实质所在。有学者针对互惠原则进行研究，通过梳理无条约就无互惠、事实互惠、推定互惠、承诺互惠等不同观点，重申互惠原则只能是法律互惠。① 还有学者针对 2021 年上海雍润公司诉喀什星河公司案对承认与执行外国法院判决中的体系缺陷理由进行分析，指出该理由存在违背政治问题原则的合宪性嫌疑。中国司法主体可以该案为契机，深入了解体系缺陷抗辩的内涵与机制，适当时予以援用或及时开展应对工作。② 有学者聚焦身份关系效力跨国稳定性的困境，从实践和理论角度探讨身份关系跨国承认制度的治理功能，认为我国的外国身份关系承认制度应采用自动承认制而非法院宣告制，并通过人权法与国际私法合作形成的"直接方法"和"间接方法"，实现外国身份关系承认制度的治理功能。③ 还有学者针对《海牙判决公约》下未决诉讼规则的适用条件进行研究，认为公约第 7 条第 2 款将密切联系原则增补为未决诉讼规则的适用条件是一种突破式革新，但其不足之处在于禁止性适用条件缺失。我国可借鉴公约的经验，将同一性条件、时间条件和密切联系条件作为未决诉讼规则基础性适用条件，并将后受诉法院协议管辖、专属管辖、弱者管辖利益保护原则作为未决诉讼规则禁止性适用条件。④ 另有学者针对《海牙判决公约》的国家豁免问题谈判进行研究，指出公约虽然对国家及其财产的特权与豁免不持立场，但并未排除国家作为一方当事人的民商事判决的适用，客观上将有利

---

① 参见李旺《论承认外国法院判决的互惠原则》，《南大法学》2022 年第 1 期，第 1~17 页。

② 参见陈柳冰《承认与执行外国判决中的体系缺陷理由分析》，《沈阳师范大学学报》（社会科学版）2022 年第 6 期，第 105~112 页。

③ 参见黄志慧《论身份关系跨国承认制度的治理功能》，《清华法学》2022 年第 4 期，第 168~187 页。

④ 参见刘阳《〈海牙判决公约〉下未决诉讼规则适用条件研究》，《中国海洋大学学报》（社会科学版）2022 年第 5 期，第 99~111 页。

于限制豁免国家。同时，公约不适用于武装力量活动和执法活动，其与驻军地位协定的关系值得中国关注。公约关于国有企业的谈判意味着中国与相关国家之间在国际贸易领域的博弈延伸至国际私法领域。① 还有学者以《新加坡公约》为视角对国际商事调解协议在我国法院的司法确认与执行问题进行研究后指出，该公约生效使得国际商事调解协议直接具备执行力。如果我国批准该公约，应对我国商事调解制度予以适当改进，从统一立法、细化程序、明确调解协议法律地位及完善配套机制等方面，做好衔接与配套工作。② 还有学者从区际司法角度，对内地与香港民商事判决承认与执行的欺诈例外进行研究，认为内地司法实践中认定“欺诈”的内涵、范围、审查标准尚有诸多问题，并针对内地现行制度的不足，梳理出一套欺诈例外制度。③ 还有学者对“一带一路”背景下中国国际商事法庭建设进行研究后指出，针对法庭判决在域外的承认与执行方面遇到的障碍，可以更多地通过参与国际条约、明确互惠原则标准、积极与共建“一带一路”国家的最高法院订立合作谅解备忘录等方式，采取综合措施助力中国国际商事法庭判决在域外的承认与执行。④

七　国际民商事司法协助

在国际民商事诉讼中，为保证诉讼程序顺利进行，各法域间的司法合作尤为重要。有学者针对跨国取证司法合作中的不对称互惠问题进行研究后指出，由于美国的证据开示与他国的取证行为不具有等价性和可互换性，实质

① 参见何其生《〈海牙判决公约〉国家豁免问题的谈判与启示》，《国际法研究》2022 年第 2 期，第 40~52 页。

② 参见黎理《国际商事调解协议在我国法院司法确认与执行问题研究——以〈新加坡公约〉为视角》，《法治论坛》2022 年第 2 期，第 219~234 页。

③ 参见张荣荣《内地与香港民商事判决承认与执行的欺诈例外》，《法制博览》2022 年第 9 期，第 65~67 页。

④ 参见殷敏《“一带一路”实践下中国国际商事法庭面临的挑战及应对》，《国际商务研究》2022 年第 4 期，第 51~62 页。

上是一种不对称互惠。要想跨越美式互惠陷阱，我国应坚持以《海牙取证公约》为指导，加强对跨境证据传递的监管，抵制美国单边域外证据开示，完善国内书证提出令的域外执行机制。在人类命运共同体理念指导下加强国际司法合作，在多边主义框架下构建国际证据互联互通共享机制。[①] 有学者对跨国在线审判进行研究，介绍了当前国际社会对跨国在线审判制度正当性构建所形成的“当事人主义”与“国家主权主义”两大方案，认为我国有必要顺应国际上的司法变革趋势，探索构建跨国在线审判正当性的“中国方案”。[②] 另有学者以美国法院新近判例为分析对象，评析美国法院滥用电子邮件送达管辖中国企业的行为，认为美国法院流程式地批准对中国企业被告采用电子邮件送达，违反了《海牙送达公约》，构成对裁量权的滥用。[③]

还有学者针对国际民商事司法协助中的具体问题进行了研究。有学者研究了国际司法合作中的知识产权地域性，认为知识产权地域性保护可分为绝对地域性方案和相对地域性方案。我国在知识产权领域进行国际司法合作应区分合作的国家、知识产权类型、知识产权事项以及合作的内容，在二元方案基础上进行多元组合，但总体上应坚持以相对地域性方案为原则、绝对地域性方案为例外。[④]

八　国际商事仲裁的基本理论

在国际商事争议的解决中，国际商事仲裁起着重要作用。国际商事仲裁的基本理论始终是学者关注的重点。国际商事仲裁作为国际商事争议当事人解决纠纷的重要选择，尊重当事人的意思自治是其中最重要的问题之

---

① 参见杜涛《跨国取证司法合作中的不对称互惠问题研究》，《法律科学（西北政法大学学报）》2023 年第 1 期，第 183~201 页。

② 参见龚中航《基于主权原则的跨国在线审判正当性构建》，《求索》2022 年第 6 期，第 164~173 页。

③ 参见覃斌武《美国法院滥用电子邮件送达管辖中国企业之评析——以美国法院新近判例为分析对象》，《湘南学院学报》2022 年第 6 期，第 44~51 页。

④ 参见何其生《论国际司法合作中的知识产权地域性》，《现代法学》2022 年第 4 期，第 78~88 页。

一。有学者在研究中提出，国际商事仲裁意思自治作为一种实存，兼具理论上的神圣性与实践中的现实性。从时间、价值、结构三个维度对国际商事仲裁意思自治进行理解和观察，其动态调整的发展过程表明，在我国《仲裁法》修改中坚持国际商事仲裁意思自治保障与限制的辩证统一，使得意思自治保障与限制达成平衡，才能真正发挥意思自治的价值，实现高质量的立法目标。[①]

仲裁中调解作为一种新兴的纠纷解决机制，融合了仲裁与调解两种程序的优势，同时又能弥补各自的一些缺陷，但这种混合模式也受到一些质疑。有学者建议当前我国正在修订的《仲裁法》接纳调解这一新型纠纷解决机制，并规定仲裁员退出机制。[②]

在第三方资助国际商事仲裁已在我国萌芽的背景下，有学者指出我国需要批判性地吸收国际社会现有的规制模式，提供配套的规制制度。通过分析三种典型的第三方资助国际商事仲裁模式，即澳大利亚的司法主导型、英国和威尔士的司法监督与行业自治双轨规制型以及新加坡和我国香港地区的立法规制型，结合我国具体国情，该学者提出对于第三方资助国际商事仲裁应以修订《仲裁法》进行规制为主，辅以我国特有的"副法"体系进行规制，并由国内仲裁机构制定有关第三方资助国际商事仲裁的规则。[③] 第三方资助在缓解国际商事仲裁当事人资金困难方面带来了积极的影响，但也给仲裁程序带来了法律风险。由于第三方资助的隐蔽性可能使仲裁员难以规制第三方资助行为，因此构建以受资方为义务主体的信息披露制度是降低风险的关键。有学者在分析第三方资助国际商事仲裁中受资方信息披露必要性的基础上，对受资方信息披露义务的范围、属性、时机和形式等方面进行规则设计，并提出我国应通过立法明确第三方资助的合法性，发挥对第三方资助行

① 参见李贤森《国际商事仲裁意思自治的保障与限制问题——兼评〈仲裁法〉的修改》，《法学》2022 年第 4 期，第 179~192 页。

② 参见邹国勇、王姝晗《国际商事仲裁中调解的程序困境与疏解》，《长江论坛》2022 年第 6 期，第 77~87 页。

③ 参见杨子希《第三方资助国际商事仲裁的规制研究》，《法治论坛》2022 年第 1 期，第 261~278 页。

为的调适作用，构建符合我国国情的受资方信息披露机制，助力第三方资助国际商事仲裁在我国的健康发展。①

在我国商事主体、仲裁员与法院越来越多地参与国际商事仲裁实践的背景下，商事仲裁国际化的现实需要日益凸显。在我国《仲裁法》修订之际，有学者主张我国的仲裁立法采用国内仲裁、国际仲裁的二元立法模式。我国的经济发展与立法支持为国际商事仲裁发展提供土壤，而我国国际商事仲裁的良好实践为仲裁立法进一步改革奠定基础，为仲裁立法的改革与完善提供支持。同时，中国的商事仲裁立法与通行的国际商事仲裁制度存在较多差异，仲裁二元立法既是更为合理的选择也是现实需要，又能为未来我国成为国际商事仲裁中心提供良好的法律和制度支持。② 还有学者以临时措施制度为研究中心，探讨商事仲裁国际化背景下我国仲裁立法将临时措施发布决定权赋予仲裁庭的必要性与价值目的，并从现有规定和国际延伸两个角度探究当前规则的补强路径。③

在国际商事仲裁实践中，仲裁的法律适用问题一直是学者关注的热点问题。有学者从比较研究的视角切入，梳理对比了中英两国仲裁协议法律适用的立法实践，提出中国应在《仲裁法》修改中明确仲裁协议准据法的适用范围，删除适用法院地法的兜底规则，充分尊重当事人意思自治，在当事人具有真实选法意图的情形下将主合同准据法纳入仲裁协议准据法的选法范围，并将“支持仲裁”精神引入仲裁协议有效原则。④ 有学者指出国际商事仲裁法在程序法的适用规则上相对成熟，但在事关当事人具体权利义务的实体法的适用规则上依然相对模糊。国际实践许可当事人协商确定准据法，但

① 参见陈雅峥、冯硕《国际商事仲裁中第三方资助行为的规制——以受资方信息披露义务为视角》，《商事仲裁与调解》2022 年第 5 期，第 59~74 页。

② 参见孙巍《中国仲裁立法的二元模式探讨》，《中国法律评论》2022 年第 3 期，第 193~205 页。

③ 参见蒋惠、张心童《国际商事仲裁临时措施的体系性理解及制度化完善——从〈中华人民共和国仲裁法（征求意见稿）〉切入》，《广西政法管理干部学院学报》2022 年第 4 期，第 1~7 页。

④ 参见聂羽欣《国际商事仲裁协议准据法的确定——英国法和中国法比较考察》，《商事仲裁与调解》2022 年第 3 期，第 60~77 页。

事实上，大多数当事人选择实体法依然是基于对某部法律的了解程度。这种选择方式在理论和实践上会产生较多的误区，亟待从理论上加以探讨并归正。同时，随着我国对外开放和国际贸易水平上升到新的高度，构建更加合理的仲裁准据法制度也更有利于保障我国当事人的合法利益。[①]

近年来，在单边主义、投资保护主义等思潮作用下，禁止仲裁令作为一国法院干预国际投资仲裁和国际商事仲裁的重要工具，正被日益频繁地使用。有学者就禁止仲裁令及其对我国企业境外投资的影响进行研究，分析禁止仲裁令制度的兴起和特征，并对其进行法理方面的检视。禁止仲裁令可能导致我国企业所涉境外投资纠纷无法得到及时公正的解决。对此，我国企业在境外投资过程中必须认识和理解禁止仲裁令相关制度，积极应对和防范风险并主动出击。[②]

在中国仲裁市场不断扩大的背景下，仲裁作为解决国际贸易纠纷的常用手段，也将在中国（上海）自由贸易试验区临港新片区发挥重要作用。有学者提到，讨论仲裁地的建设需要厘清仲裁地的属性以及其在中国法律背景下和政策文件中的概念。通过分析一流仲裁地对于国家和仲裁机构的要求，该学者进一步提出在我国自由贸易试验区的建设路径中，通过先行适用仲裁地相关规则下放司法审查权，以及法院积极支持仲裁前保全和打造一流的仲裁机构等措施，先行在我国打造一个具有吸引力的仲裁地。[③]

自中国—东盟自由贸易区（CAFTA）建立以来，经济贸易的频繁使得海商事纠纷也逐渐增多，但针对海商事纠纷的解决尚未设置专门的机构。有学者提出在 CAFTA 框架下，创建一个专门处理各成员国之间海商事纠纷的国际海商事仲裁中心势在必行。通过分析创建国际海商事仲裁中心的必要性以及 CAFTA 创建国际海商事仲裁中心的现实困境，并参考现有的理论依据和区域仲裁机构的设置，该学者提出了 CAFTA 国际海商事仲裁中心构建的

① 参见王一栋《国际商事仲裁实体法适用的理论误区与归正》，《海峡法学》2022 年第 2 期，第 105~111 页。

② 参见杨翠柏、张雪娇《禁止仲裁令及其对我国企业境外投资的影响》，《西南民族大学学报》（人文社会科学版）2022 年第 1 期，第 69~77 页。

③ 参见杨园硕《中国仲裁地建设研究——以中国（上海）自由贸易试验区临港新片区为例》，《华东理工大学学报》（社会科学版）2022 年第 2 期，第 120~134 页。

具体构想，以期推动多元化纠纷解决机制改革，促进各成员国之间海商事纠纷解决，进而促进中国同东盟乃至世界海商事贸易的发展。①

在国际交往日益频繁的今天，随着纠纷标的规模日趋扩大，“一裁终局”的高效率绝对优势地位受到了一些质疑。有学者认为针对我国仲裁机构处理的国际商事仲裁案件，可以引入系统的复裁规则，在仲裁地法允许的前提下，为案件当事人提供“双重保障”。在当事人对于仲裁复裁确有需求的背景下，可以建立由仲裁机构内部主导的复裁模式，仅为当事人提供复裁选项，即“一裁终局”仍为基本原则，并在此基础上确定意思自治或大金额纠纷强制二裁等例外。②

有学者参考法国在国际商事仲裁中对弱势方的保护规定，建议中国在强化国际商事仲裁自治性的同时，也须考虑由此带来的仲裁弱势方保护问题，应首先界定法律给予特殊保护的对象范围，在此基础上制定配套性规则，在仲裁管辖权和仲裁员指定方面对弱势方作出倾斜性的规定，同时允许保险人开发争议解决保险服务，提高弱势方的抗风险能力。③

哈萨克斯坦因共建“一带一路”专门建设的阿斯塔纳国际金融中心下设国际仲裁中心（AIAC），而 AIAC 的仲裁制度是哈萨克斯坦国际商事仲裁制度的重要组成部分。有学者对 AIAC 的仲裁协议、仲裁庭、仲裁程序、仲裁裁决的规定内容进行分析，建议我国当事人选择 AIAC 进行争议解决时应参考 AIAC 仲裁示范条款，合理运用仲裁庭，熟悉并重视其证据制度、速裁程序、裁决的承认与执行和救济程序等，从而更好地规避风险，解决商事争议。④

---

① 参见王威《CAFTA 国际海商事仲裁中心构建的法律问题》，《社会科学家》2022 年第 1 期，第 152~160 页。

② 参见庄可《国际商事仲裁复裁制度的法理基础与实践逻辑》，《商事仲裁与调解》2022 年第 1 期，第 106~125 页。

③ 参见金鑫《国际商事仲裁自治性强化背景下的弱势方保护——法国的经验及启示》，《时代法学》2022 年第 1 期，第 106~116 页。

④ 参见王青松、苏超《哈萨克斯坦国际商事仲裁制度研究——以阿斯塔纳国际金融中心仲裁制度为视角》，《国际商务研究》2022 年第 3 期，第 65~75 页。

九　国际商事仲裁裁决的承认与执行

裁决的承认与执行是国际商事仲裁领域核心问题，对于发挥仲裁的作用、保证仲裁活动的合法公正进行、促进国内外经济贸易活动有重要意义。

在国际商事仲裁实践中，《承认及执行外国仲裁裁决公约》（又名《纽约公约》）的适用是学者探讨的重点。承认与执行已撤销仲裁裁决问题是适用《纽约公约》过程中最具代表性的争议之一，是各国对《纽约公约》第5条和第7条理解不同产生的后果。有学者从《纽约公约》第5条第1款第（e）项的规定和第7条第1款的规定出发，深入研究条款的理解和适用，发现《纽约公约》只是设定了裁决承认与执行的最低限度条件，因而其通过第5条和第7条尽可能使外国裁决获得承认与执行。通过考察缔约国对于承认与执行已撤销仲裁裁决的司法实践可知，各国的模式都易导致仲裁裁决的效力处于不稳定的状态。在对我国现行的有关立法和实践进行检视的过程中，针对我国当事人日益广泛地参与国际商事活动，且各国司法实务和理论的争议也越发突出的情况，该学者提出我国应积极面对该问题，考虑在合理解释《纽约公约》的基础上适当调整对该问题绝对否定的司法态度，顺应国际商事仲裁发展的趋势，维护我国当事人合法权益，保障我国国家利益。① 当前，破产与仲裁两者交叉出现的可能性大幅增加，破产与国际商事仲裁裁决承认与执行的交叉问题是其中的重点，而国内外对这一问题的讨论较为有限。有学者就这一问题，结合《纽约公约》第5条的适用，阐述了裁决持有人执行地国无需考虑债务人破产的情况和需要考虑债务人破产的情况，以及破产背景下执行地国法院适用《纽约公约》第5条时，往往会从破产当事方的行为能力受限与否、破产情况下仲裁协议的有效性是否存疑、与破产有关的争议是否属于可仲裁事项、破产法原则是否构成执行地的公共政策四个方面来考虑债务人破产对适用该条的影响，并针对目前我国在债权

---

① 参见郭施雯《已撤销国际商事仲裁裁决的承认与执行问题研究》，《东南大学学报》（哲学社会科学版）2022年第S2期，第98~102页。

人破产情形下适用《纽约公约》第 5 条的处理方法与债权人破产情形下国内裁决执行的处理方式，提出将议题纳入《仲裁法》修订考量范围和在司法实践中分情况谨慎处理的建议。①

在国际仲裁领域，越权无效原则被广泛提及但多有误解。对此，有学者从越权无效原则的实体、程序两个维度切入，对国际仲裁越权裁决的救济难题进行剖析。针对越权无效原则，理论和实践对于何为越权、谁来判断越权和越权的后果仍存在分歧。在实体方面，为了解决“越权”的定义难题、防止个案中的恣意判断，对认定裁决是否“越权”也应遵循有限性、严格性与客观性的标准。在程序方面，不同的仲裁类型在越权的认定主体、越权裁决的效力形态等方面具有多元的制度化路径。该学者就国际商事仲裁提出商事仲裁具有属地性，商事仲裁旨在解决平等主体之间的商事争议，注重裁决的终局性，当事方对裁决效力的异议受到严格限制；而越权裁决法律救济的制度完善，应根据仲裁类型的不同，在终局性与公正性、强制性与自治性之间寻求恰当的平衡。②

在《区域全面经济伙伴关系协定》（RCEP）于 2022 年全面生效的背景下，有学者以中国—东盟商事仲裁承认与执行问题为中心，提出国际商事仲裁归于单一国家法律秩序的主张已趋于失灵，因此合作主义与共同繁荣原则为国际商事仲裁领域改革提供了新思路。但我国的国际商事仲裁面临裁决籍属认定不一、仲裁送达规范不足和报核制度根系不稳的问题，而对其进行改革的过程中，在 RCEP 背景下国际商事仲裁承认与执行的国内改革是否适宜采用法律继受与移植的方式需要理性探讨，且需立足于我国现实的基础实现法律趋同，同时应加强国内制度建设并拓宽国际合作渠道，推动我国仲裁国际化发展再上新台阶。③

---

① 参见范晓宇《论破产对国际商事仲裁裁决承认与执行的影响——以〈纽约公约〉第 5 条的适用为视角》，《国际经济法学刊》2022 年第 3 期，第 141~156 页。

② 参见徐树《谁来监督裁判者：国际仲裁越权裁决的救济难题》，《当代法学》2022 年第 1 期，第 149~160 页。

③ 参见蒋慧《RCEP 背景下中国—东盟商事仲裁承认与执行机制省察与调适革新》，《政法论丛》2022 年第 6 期，第 97~109 页。

2022年，中国学者在国际私法研究方面取得了较为丰硕的成果。不过，学者的研究也有一些需要加强的地方，主要包括我国法域外适用体系的构建、单边经济制裁带来的各种国际私法问题、国际私法实践创新及自主知识体系构建等。期望2023年我国学者能继续聚焦热点问题，进行深入研究，为我国涉外法治体系的完善贡献自己的力量。

B.8

2022年中国促进国际法治：国际经济法学理论贡献

漆 彤 贾晓涵*

摘 要： 当今世界正经历百年未有之大变局，世界和平与发展面临严峻挑战，国际经贸体制及规则面临深刻调整和重构。在新的战略环境下，中国面临国际经贸秩序变革所带来的巨大风险，也迎来了参与全球经济治理的重要机遇。2022 年，围绕法治“一带一路”建设、制裁与反制裁规制、世界贸易组织改革、数字贸易治理、新型国际经贸协定、国际投资争端解决机制、全球税改等热点问题，中国国际经济法学界进行了较为集中的研究，对相关法律制度完善与创新作出了积极探索。

关键词： 国际经济法学 国际经贸法律风险 全球经济治理 中国方案

当前，世界进入新的动荡与变革期，国际经贸摩擦频发、单边制裁变本加厉、俄乌冲突持续发酵，世界和平与发展面临严峻挑战，全球治理体系和国际秩序变革加速。习近平主席强调，“当前，我国正处在实现中华民族伟大复兴的关键时期，世界百年未有之大变局加速演进，改革发展稳定任务艰巨繁重，对外开放深入推进，需要更好发挥法治固根本、稳预

* 漆彤，法学博士，武汉大学法学院、教育部重点研究基地武汉大学国际法研究所教授、博士生导师，（国家高端智库）武汉大学国际法治研究院副院长，主要研究领域为国际经济法；贾晓涵，武汉大学法学院 2022 级硕士研究生，主要研究领域为国际经济法。

期、利长远的作用”。[①] 大变局下，统筹推进国内法治和涉外法治，积极参与建设国际法治，对于我国应对外部经贸风险显得尤为关键。2022 年，中国国际经济法学界围绕法治“一带一路”建设、制裁与反制裁规制、世界贸易组织（WTO）法律制度、数字贸易治理、国际投资争端解决机制、新型国际经贸协定等热点问题进行了较为集中的研究，取得了一定的理论突破。

一 大变局下的国际经济法理论创新

（一）“一带一路”倡议下国际经济法理论的发展

高质量共建“一带一路”需要法治理念和法律制度发挥引领和规范作用。在建设法治“一带一路”方面，有学者指出，法治“一带一路”的建设将为全球治理提供崭新的中国方案。建设法治“一带一路”，应以共商共建共享为指导性原则，加强涉外立法、执法、司法体系建设，推动与东道国相关标准的协调和协同，发挥双边、诸边、多边经贸协议及对接机制的功能，不断加强国际法、国别法的研究和运用。[②] 在软法治理方面，有学者提出，大变局下全球治理所面临的情况日趋复杂，共建“一带一路”国家总体发展水平不均，以条约为核心的国际硬法治理模式遭遇瓶颈，而在国际法的治理机制中，国际软法规则已经在各个方面发挥治理作用。软法规则开放灵活的特点与丝路精神相契合，在共建“一带一路”过程中已经形成一定数量的软法，为共建“一带一路”软法治理提供了实践基础。在借助软法治理实现共建“一带一路”法治化的过程中，应以共商促进软法的创制、共建强化软法的效力、共享厘定软法的治理目标，不断推动共建“一带一

① 习近平：《坚持走中国特色社会主义法治道路　更好推进中国特色社会主义法治体系建设》，《求是》2022 年第 4 期。

② 王灵桂：《法治“一带一路”的内涵与构建路径》，《国际法研究》2022 年第 2 期，第 3~20 页。

路”的法治化。① 还有学者提出将软法作为海外投资规制的切入口，探究软法在投资治理中的应然价值和演进需求，以及在突出软法特殊价值的基础上，透过硬法巧执行、软法强执行、软法软执行等检视中国海外投资治理中的软法实践及存在的问题，借助国际投资软法的理念价值完善、软法与硬法的衔接创新、国际投资软法的双向推进、硬法规则适度强化和其他配套措施完善等方法加以应对，强化中国在新国际投资规则中的话语权。②

（二）单边制裁与反制裁的国际法规制

当前，在联合国体系之外，由主权国家自主实施的单边制裁已呈过度蔓延之势，其合法性问题作为单边制裁的基础性国际法问题受到关注。有学者从安理会制裁决议角度、特别国际法（条约为主）和一般国际法（习惯为主）等初级规则角度以及国家责任法这一次级规则角度，分析指出单边制裁难以截然地被认定为合法或非法，而是应结合具体制裁规定、相关国际法规则来进行分析和判断。我国可以从法律角度应对域外单边制裁，也应当认真考虑对外制裁立法和实践中的合法性问题。③ 也有学者分析了反制裁措施的合法性，指出 WTO 体制内针对报复措施（WTO 协定称之为中止减让，但实际上是报复）有着特殊的限制。④

在实施单边制裁的国家中，美国已将对外制裁作为维护霸权地位、谋取霸权利益的主要政策工具。应利用多边渠道，凝聚反对美国对外制裁的国际共识。⑤ 有学者对美国次级制裁的域外效力进行讨论。在国内法层面，次级制裁作为美国国内法，在基本符合美国立法管辖标准的前提下，其国内合法

---

① 刘晓红：《论“一带一路”建设中的软法治理》，《东方法学》2022 年第 5 期，第 100～115 页。

② 梁咏：《论中国海外投资治理中的软法方案》，《法学》2022 年第 11 期，第 174～192 页。

③ 张辉：《单边制裁是否具有合法性：一个框架性分析》，《中国法学》2022 年第 3 期，第 283～304 页。

④ 马光：《论反制裁措施的国际合法性及我国反制裁立法的完善》，《法治研究》2022 年第 1 期，第 151～160 页。

⑤ 漆彤：《美国对外制裁历史凸显出的霸权主义本质》，《人民论坛》2022 年第 13 期，第 112～115 页。

性得到了普遍认可，但其国际法合法性备受质疑。次级制裁的立法管辖并不符合传统的国际习惯法，部分次级制裁违背 WTO 规则，同时对国际私法中多边主义的冲突规则产生影响。[①]

聚焦中美贸易摩擦，拜登政府继续以国家安全等为由加大对中国相关产业特别是高科技产业的打压力度，并借助盟友、伙伴和国际组织的力量来围堵和遏制中国。[②] 有学者对美国《2018 年出口管制法》进行深入研究，指出该法使美国出口管制体系走向法典化、系统化和多边化，并建立了跨部门许可审查机制，确立了“合规协助”条款，扩大了“新兴和基础技术”的出口管制范围，扩张了出口管制域外管辖权，同时加大了惩罚和执行力度。我国应注重“新兴与基础技术”的管制，完善出口管制系列清单，扩大出口管制管理机构的执法权限，为出口经营者合规提供具体指导，严格执行阻断法，推进双边与多边出口管制标准设立以应对美国《2018 年出口管制法》的实施。[③] 美国于 2022 年 8 月推出《芯片与科学法》，试图重构全球集成电路产业链和创新系统，并意图推动全球半导体产业链和创新网络实现“美国中心化”和“去中国化”。有学者指出，该法对全球芯片企业形成了选边站队的压力，以芯片为代表的高科技产业链正由全球化、一体化的分工协作网络，走向本土化、区域化、并行化。该法还改变了美国科技政策的传统社会契约，对美国以及全世界的科技创新产生重大影响。面对美国的极限打压，中国应坚持高水平科技自立自强和开放发展的方向不动摇，完善自主开放的信息技术产业生态，在社会主义市场经济条件下加大创新投入。[④] 以美国为代表的发达国家不断推动国家安全审查从政策向工具、从例外向原则、

---

① 姜悠悠：《论美国次级制裁的域外效力及国际法规制》，《苏州大学学报》（法学版）2022 年第 3 期，第 75~88 页。

② 管健：《拜登政府对华经贸政策的影响与应对》，《武大国际法评论》2022 年第 5 期，第 91~116 页。

③ 欧福永、罗依凯：《美国〈2018 年出口管制法〉评析与启示》，《河北法学》2022 年第 2 期，第 61~80 页。

④ 薛澜、魏少军、李燕等：《美国〈芯片与科学法〉及其影响分析》，《国际经济评论》2022 年第 6 期，第 9~44、4 页。

从被动向主动等形态转变，并联合其他国家泛化国家安全的实践。对此，有学者指出，鉴于不同领域国际经济活动的差异，中国应充实反制国家安全泛化的“工具箱”，灵活运用贸易领域的争端解决机制，充分利用投资领域跨国企业的诉讼救济方式，推动金融领域人民币跨境结算体系的发展。[①] 另有学者指出，中美作为两个世界大国，新兴的一方与守成的另一方发生了巨大的权力变迁，双方在国际经贸领域的收益分配也出现了反转的态势，中美之间的激烈经济与战略竞争使得双方经贸关系“政治化”更加明显。缘此，中美之间的既有经贸关系正面临前所未有的变动压力，或已难以完全固守普适于各国的统一“规则”，客观上需要引入一种可适时而变的专门“契约”加以修补，借以寻求双方之间收益分配的再平衡。[②]

为保护本国或本地区实体免受制裁影响，平衡甚至反制美国及其他国家的治外法权，许多国家出台了反制裁立法。我国于 2021 年 6 月通过了《反外国制裁法》。《反外国制裁法》作为中国反制裁体系中的基础性立法，受到学者的广泛关注。有学者指出，歧视性限制措施是反制措施触发和阻断机制启动的先决条件，但《反外国制裁法》并未明晰这一概念的内涵、外延和识别基准。在这一概念的识别中，应当契合《反外国制裁法》的立法目的、宗旨、基本原则和立法价值诉求，并在其本身的内涵和外延所框定之范围内识别。为保障中国反制在国际法层面的合法性和正当性，应当依循法定基准和合理的识别操作次序，以保证具体识别结论的准确性。[③] 2021 年 1 月 9 日，中国商务部颁布了《阻断外国法律与措施不当域外适用办法》（以下简称《阻断办法》）。有学者对阻断法的实施机制与实践进行研究，指出我国《阻断办法》和《反外国制裁法》在借鉴国际立法经验的基础上初步构建了具有中国特色的阻断法体系，但从实施层面看，我国阻断法仍存在自由

① 彭阳：《国际经济治理中的国家安全泛化：法理剖析与中国应对》，《国际法研究》2022 年第 5 期，第 87～107 页。

② 徐崇利：《中美特殊经贸关系与“契约”之路径》，《政法论丛》2022 年第 1 期，第 53～63 页。

③ 周艳云：《中国〈反外国制裁法〉中“歧视性限制措施”的识别》，《环球法律评论》2022 年第 2 期，第 162～175 页。

裁量权限宽泛、适用范围模糊、关键概念界定不明以及与现有国内民事法律体系衔接不畅等不足之处，我国应在更高层级制定专门的阻断法并填补法律适用上的漏洞。[①] 有学者分析了中国的阻断法体系，将美国对华经济制裁分为四种情况，并提出针对不同情况，在中国阻断法体系的建构中分别适用优先阻断、原则阻断、适度阻断，在中国阻断法的执法和司法中分别适用重点阻断、灵活阻断、谨慎阻断。其认为，阻断法是一把“双刃剑”，中国在阻断法的立法和实施中应进退有度，在充分发挥阻断法工具价值的同时，兼顾阻断法的谦抑性，在维护国家宏观利益和个体微观利益之间寻求平衡。[②] 有学者同样对反制裁立法的适用效果进行反思，其以欧盟《应对第三国法案域外适用的保护条例》的具体适用为例，指出该条例的制度设计将导致当事人处于两难境地。我国密集出台的一系列反外国制裁法律法规，引入了与欧盟类似的禁止遵守、损害赔偿、例外豁免等制度，在实践中可能同样面临相关难题。该学者指出，落实、完善我国反制裁立法的重点和难点为合理界定禁止遵守义务的范围，进一步明确行使追偿权的主体、对象与条件，细化例外豁免申请的实体与程序规则，落实完善补偿机制。[③]

也有学者专门从国际投资仲裁角度系统审视经济制裁问题。该学者指出，实践表明，仲裁庭可能因投资违反联合国制裁而拒绝管辖和受理争端，裁决亦可能因制裁而无法顺利执行。此外，经济制裁是否违反投资保护的实体待遇标准，东道国能否援引条约中的国家安全例外，或以习惯国际法中的不可抗力、紧急措施、反措施规则予以抗辩，均存在较大的不确定性。涉经济制裁投资仲裁案件的不断累积，将有助于澄清国际投资法体系和经济制裁体系之间的模糊关系。在国际立法缺位的当下，投资仲裁可作为约束或制衡

① 丁汉韬：《论阻断法的实施机制及其中国实践》，《环球法律评论》2022 年第 2 期，第 176～192 页。

② 叶研：《美国经济制裁背景下的中国阻断法体系建构》，《国际经济评论》2022 年第 2 期，第 111～139、7 页。

③ 漆彤：《欧盟〈阻断法〉的适用困境及其对我国的启示——以伊朗梅利银行诉德国电信案为例》，《财经法学》2022 年第 1 期，第 179～192 页。

经济制裁的有效武器之一，从保护外国投资者的角度，压缩东道国滥用经济制裁的空间，让各国对经济制裁的使用回归正义、法治与理性。①

二　国际贸易法律制度

（一）世界贸易组织法律制度

WTO 改革仍然是当前我国国际经济法学界的研究焦点之一。针对当前 WTO 谈判陷入的僵局，有学者关注到近年来基于“联合声明倡议”方式进行的开放式新诸边模式，认为该模式并未违反《马拉喀什建立世界贸易组织协定》，在一般国际法上亦具有合法性。此类谈判成果若能成为关键多数协定，则可基于最惠国待遇原则将协定利益扩及所有 WTO 成员。我国作为重要参与方，在坚持多边主渠道的同时，可针对开放式诸边谈判的议题选择、启动方式以及成果走向等重大问题提出注重发展导向的系统性建议，以期重振 WTO 的谈判功能。②

自上诉机构陷入“停摆”危机以来，WTO 争端解决机制改革一直是学者关注的热点话题。专家组和上诉机构为了解决争端需要解释规则，却又遭到“造法”的指责。对此有学者认为，这一矛盾本质上涉及国际争端解决机制和国家司法主权之间的张力。国际争端解决机制存在权力的扩张和回缩两个改革方向，权力回缩的改革更能满足时代需求。③ 也有学者认为，在 WTO 上诉机构“停摆”并亟须改革的当下，需要揭示隐藏在其规则解释表象之下的深层法理。上诉机构规则解释的目标在于促进 WTO 制度的有效性，具体包括促进争端的有效解决、确保规则安全性和可预测性以及政策开

① 范晓宇、漆彤：《经济制裁对国际投资仲裁的影响——基于 ISDS 实践的分析》，《国际法研究》2022 年第 5 期，第 69~86 页。

② 石静霞：《世界贸易组织谈判功能重振中的“联合声明倡议”开放式新诸边模式》，《法商研究》2022 年第 5 期，第 3~17 页。

③ 孙嘉珣：《世界贸易组织争端解决机制的“造法”困境》，《国际法研究》2022 年第 2 期，第 113~128 页。

放性三个方面。然而，上诉机构在个案裁决中面临目标选择的困境。当上诉机构在个案裁决中选择实现政策开放性、规则安全性和可预测性目标，而对成员方的管理自主权加以限制，即可能损害促进争端解决的目标时，其政策选择是否符合 WTO 的民主合法性是其规则解释的真正问题所在。[①] 学界还存在对 WTO 上诉机构的“存废之争”。有学者梳理了 WTO 争端解决机制改革改良派、革命派和扬弃派的观点，并指出扬弃派遵循 WTO 争端解决机制发展的客观规律，对改革改良派和革命派的主张进行扬弃，在不同阶段提出和选择不同改革方案的主张更具全面性、前瞻性、灵活性、全局性和可行性，更符合中国利益和 WTO 成员的共同利益及人类命运共同体理念。为了推动 WTO 争端解决机制的发展尽早进入下一阶段，中国需要推动专家组机制的改革和吸引更多成员加入《多方临时上诉仲裁安排》。[②] 2022 年 1 月 1 日，《区域全面经济伙伴关系协定》（RCEP）生效实施，在实体规则之外，RCEP 第 19 章还创设了专门的国际贸易争端解决机制。有学者指出，相较于 WTO 争端解决机制，RCEP 争端解决机制更加重视磋商的作用，充分彰显自治性和高效性，同时在争端解决各项程序的运行方面注重协调。RCEP 争端解决机制虽然在区域性合作的框架内展开，但其与多边自由贸易体制相辅相成，共同促进世界经济朝着开放、合作、共赢的方向发展。[③]

有学者认为，WTO 改革应给予透明度机制更多关注。WTO 透明度机制下的通报机制存在成员方通报不力的问题，贸易政策审议机制具有信息供给不足的缺陷。两者具有相同的制度根源，面临相似的机制问题，在透明度功能运行中具有互补性，因此应从机制整体发展视角进行 WTO 透明度机制改革。WTO 透明度机制改革应坚持通报机制与贸易政策审议机制改革并进、国际透明与国内透明并重；在自我报告方式中选择透明度实现的合理约束路

---

① 范笑迎：《WTO 上诉机构规则解释的内在逻辑与目标选择》，《武大国际法评论》2022 年第 3 期，第 42~62 页。

② 梁意：《论上诉机构存废背景下的 WTO 争端解决机制改革》，《法学》2022 年第 12 期，第 175~192 页。

③ 张建：《RCEP 背景下国际贸易争端解决机制的创新与完善》，《中国政法大学学报》2022 年第 2 期，第 216~229 页。

径，在他人报告方式中完善和强化反向通报和秘书处报告的作用。[①]

在补贴规则方面，美欧等WTO成员指责现有的多边补贴纪律存在真空地带，不能有效规制成员的补贴措施，提出扩大禁止性补贴的范围、规定举证责任倒置、解决产能过剩、增加反向通报的惩罚性后果以及认定公共机构规则等改革建议。有学者指出，WTO补贴规则改革需要进一步明确界定补贴，制定明确、合理、实用的补贴规则以及“特殊与差别待遇”所涉补贴规则，以减少使用贸易救济措施和其他导致全球贸易紧张局势的单边行动。中国应顺应国际产业补贴新规则，统筹好国内改革和WTO改革两个大局，提出维护自身贸易利益和公平贸易的规则修改诉求，以更积极的姿态有效推动乃至引领WTO产业补贴规则谈判。[②] 有学者关注了中国诉美国反补贴措施案（DS 437），在肯定中国在WTO反倾销与反补贴领域的争端案件中胜诉意义的同时，认为中国在国内法治层面应按照WTO规则合理使用补贴促进外贸发展，做好贸易统计和补贴通报工作，提高透明度，加强对WTO贸易救济规则的研究和运用，积极推进国有企业改革；在国际法治层面，中国应积极参与WTO争端解决，维护中国企业合法权益，努力推动WTO上诉机构尽早恢复正常运转，积极参与WTO改革和贸易救济规则修改。[③] 另外，欧盟委员会公布的《关于扭曲内部市场的外国政府补贴的条例》（草案）已于2022年5月5日进入欧洲理事会和欧洲议会关于最终文本的谈判阶段。有学者指出，该草案拟引入新型审查机制来应对外国补贴对欧盟市场带来的扭曲性效应，这表明欧盟的外国投资政策变得愈发保守。该草案的出台不仅会使我国对欧投资面临更复杂和更严苛的审查，还会破坏正常的国际经贸秩序，需要从政府和企业两个层面积极应对。[④] 有学

① 张耀元：《世界贸易组织透明度机制整体改革研究》，《世界经济研究》2022年第3期，第80~91、135页。

② 都亳：《WTO产业补贴规则的改革与中国应对》，《武大国际法评论》2022年第3期，第63~80页。

③ 张月姣：《中国在WTO诉美国反补贴措施案中胜诉的意义及启示》，《国际法研究》2022年第3期，第3~16页。

④ 张生、李妮：《欧盟外国补贴立法：发展、影响及中国的应对》，《国际贸易》2022年第3期，第51~57页。

者指出，跨境补贴的规制应秉承有限约束的原则，恪守贸易救济的路径。跨境补贴仅在属于禁止性补贴时才受约束，无须扩大规制对象。避免在基础补贴规则完善之前，将适用范围扩大至服务贸易和投资领域。救济程序则应在禁止性补贴的多边救济程序基础上作出适度调整，扩大磋商当事方，启用常设专家小组强制征求意见程序，并增强救济措施的灵活性。中国应推动国有企业改革、避免规则竞合、完善产业政策，降低欧美对中国国有企业海外发展的限制和约束。① 亦有学者提出了“直接型—间接型/货物—服务—知识产权”分析框架，为分析和检视现有及未来国际投资补贴规则提供了基础。②

国有企业问题与补贴之间存在紧密联系。有学者提出，国有企业条款的引入是国际经贸规则的新趋势，不仅借鉴了 WTO 的“边境内”措施规制框架，而且融合了《美欧自由贸易协定》（FTA）竞争政策章节的宗旨和特点。以《全面与进步跨太平洋伙伴关系协定》（CPTPP）国有企业和指定垄断章节为例，国有企业规制覆盖的实体范围广泛，设定强化的商业考量、非歧视义务和有针对性的反补贴规则，提出较高的透明度标准，同时体现出竞争中性理念的硬法化趋势。③ 中国在这一议题上存在立场的演变：始于入世时期对“WTO+”承诺的接受，经过探索与转型，逐渐转变为积极参与，并尝试通过“接合面”机制协调不同经济体制之间的差异，为国有企业规制的多元化贡献中国智慧，体现中国话语。在标志着中国阶段性转变的《中欧全面投资协定》（CAI）中，“接合面”机制的运用使规则设置更加中性、灵活和平衡。④ 具体到 CPTPP 的国有企业和指定垄断章节，有学者指出该章节确立

① 徐昕：《国有企业海外投资跨境补贴的规制》，《法学研究》2022 年第 5 期，第 207～224 页。

② 丁如：《新兴国际投资补贴规则：分析框架及我国方案构建》，《清华法学》2022 年第 5 期，第 177～192 页。

③ 沈伟、方荔：《国际经贸协定国企条款的立法趋势与中国的立场演化》，《国际经济评论》2022 年第 5 期，第 93～114、6 页。

④ 沈伟、方荔：《从接受到“接合”：国有企业国际规制的中国话语转变》，《国际经济法学刊》2022 年第 1 期，第 34～50 页。

了针对国有企业和指定垄断的系统行为规范和规则体系，降低了针对国有企业的反补贴门槛，很容易将国有企业占比较高的国家推定为非市场经济体。该章节规则对我国国有企业的改革和发展，以及现有的经济制度和体制正常运行带来了一定的挑战，需要特别关注。[①] CAI 国有企业规则采用宽泛的国有企业定义，从国有企业的商业行为及相关的政府行为两方面提出规制要求，以回应欧盟对中国国有企业不公平竞争优势之担忧。就 CAI 国有企业规则的影响而言，其不仅为中国国有企业循序渐进改革提供了必要空间，而且对国有企业国际规则的重塑与发展作出重要贡献。[②] 以 CPTPP“国有企业”专章为代表规制国有企业的国际法新规则正在加速形成，对中国国有企业参与国际市场竞争构成新的重大法律挑战。也有学者指出，应客观地看待新规则维护国际市场公平竞争的核心目标。正式提出加入 CPTPP 的申请后，中国应从宏观层面尽快出台一系列支持市场经济和市场化进程的重大举措，为顺利推进 CPTPP 谈判中的国有企业议题创造良好氛围和条件。同时，应密切关注当前国有企业国际法新规则的理论与实践发展动向，统筹谈判各方立场并结合中国国有企业的自身特点，以确定谈判方案并推进国内的国有企业改革向纵深发展。[③]

（二）数字贸易法律制度

数字经济时代，数据跨境流动的重要性日益凸显，越来越多的国际经贸协定开始纳入数据跨境流动规则。有学者指出，各国对于跨境数据流动的规制存在分歧。WTO 框架下的一些安排推动了数字贸易基础设施的贸易自由化，从而促进了跨境数据流动。FTA 通过确立“原则+例外”的规制模式为跨境数据流动构建了相对自由的法律框架；FTA 还针对特殊数据规定了专门

① 宋泓：《CPTPP 国有企业和指定垄断条款及其影响分析》，《国际贸易》2022 年第 1 期，第 26~32、50 页。

② 张金矜：《〈中欧全面投资协定〉国有企业规则述评》，《国际经济法学刊》2022 年第 4 期，第 63~79 页。

③ 刘敬东：《CPTPP 语境下国有企业新规则：背景、特点及其应对》，《学术论坛》2022 年第 5 期，第 33~43 页。

规则，包括个人数据保护和政府数据开放规则。在跨境数据流动规则的协调方面，WTO 成员可以在 WTO 中为数据保护达成一个基本框架，成员还可以依据《服务贸易总协定》（GATS）第 7 条，通过互认机制协调个人数据保护标准，并加强与亚太经济合作组织（APEC）或经济合作与发展组织（OECD）的合作。[①] 有学者分析了“Schrems Ⅱ案”对欧盟数据跨境流动法律监管的影响以及欧盟数据跨境流动法律监管的新发展，并指出在“Schrems Ⅱ案”的影响下，《欧盟基本权利宪章》在数据保护领域的地位进一步提高，保障措施的适用愈发严苛，数据跨境流动欧盟法规则与国际贸易法的不兼容问题日益凸显。[②]

我国已经正式申请加入 CPTPP 和《数字经济伙伴关系协定》（DEPA）两个高水平数字贸易相关协定，其中，数据跨境流动规则不仅是上述协定的核心议题，也是影响中国加入进程的关键因素。有学者指出，在参与数据跨境流动国际规则时，中国面临国际数据跨境流动规则高水平发展的外部压力、国内数据跨境流动监管法律制度的适恰性障碍，以及来自发达成员排斥和干预的风险三方面的挑战。随着日益深度融入国际数字贸易，中国需要及时调整完善国内法律中关于数据出境渠道、安全评估适用等制度的内容，积极化解外部压力风险，逐步提升参与数据跨境流动国际规则的“制度性话语权”，推动中国早日顺利加入相关协定。[③] 也有学者提出，数据跨境流动规则是我国加入 CPTPP 谈判的难点之一，CPTPP 强调数据跨境自由流动、限制数据本地化措施、重视个人信息保护。我国数字经济蓬勃发展，数据立法进展迅速，基于维护国家安全和网络安全的立场，构建了以数据本地化存储为原则的数据安全保护规则，较为严格地管控数据的跨境流动，与 CPTPP 之间存在一定的差距。为了早日达成加入 CPTPP 的谈判，更好地对

① 谭观福：《数字贸易中跨境数据流动的国际法规制》，《比较法研究》2022 年第 3 期，第 169~185 页。

② 杨帆：《后“Schrems Ⅱ案”时期欧盟数据跨境流动法律监管的演进及我国的因应》，《环球法律评论》2022 年第 1 期，第 178~192 页。

③ 何波：《中国参与数据跨境流动国际规则的挑战与因应》，《行政法学研究》2022 年第 4 期，第 89~103 页。

接 CPTPP 中的数据跨境流动规则，我国应当注重国际规则和国内法治的良性互动。一方面借鉴 CPTPP 规则，加强数据跨境流动的国际协调和合作，适时推动自由贸易协定中的数据跨境流动规则谈判，在相关协定中合理设置例外条款，平衡安全和发展问题；另一方面加快完善国内数据跨境流动的法律体系，通过数据安全保障促进数据的自由流动，抓紧开展自由贸易试验区对于数据出境的安全评估试点工作，并强化相关法律法规的实施和执行。①

限制数据本土化是国际经贸合作的一个重要趋势，但也存在排除禁止性规范适用的例外情形。有学者指出，数据本土化禁止性规范的例外条款是指“合法公共政策目的”条款、“平行”条款和“基本安全利益”条款。然而，当前并没有任何一个国际协定准确界定前述例外条款的含义和厘定其适用范围。WTO 的相关判例主张，对它们含义的界定不能“一刀切”，而应该将其放置于缔约方的实情和制度层面进行事实性的评价和判断。“反歧视”规范和“反变相限制”规范构成的合法公共政策目的的“反规避性条款”，是防止“合法公共政策目的”条款被滥用的重要工具，对两者的评价应该回归到对相应具体措施目的的实质性分析，厘清其与“合法公共政策目的”是否存在实质性关联、是否相悖。② 也有学者专门研究了数据跨境流动规制中的正当公共政策目标例外。CPTPP、RCEP 和 DEPA 等晚近经贸协定开始明确禁止缔约方限制数据跨境流动或采取数据本地化措施，同时允许缔约方为了追求正当公共政策目标而在满足相应条件的情况下采取上述措施。但不同协定中的正当公共政策目标例外在文本表述上存在不同程度的差异，在解释该例外时应关注文本差异引发的适用区别。中国最可能受到挑战的数据本地化措施，在现阶段对于实现安全和执法获取数据等多重目标可能是必要的，但鉴于措施的必要性会随着实践发展而动态变化，可发展规制措施必要性评估制度以及关于网络安全和保护个人隐私的标准与最佳实践，避

---

① 黄秋红、李雅颖：《对接 CPTPP 数据跨境流动规则研究》，《南海法学》2022 年第 1 期，第 115~124 页。

② 黄贵：《RCEP 数据本土化的禁止性规范及其例外条款》，《国际经济法学刊》2022 年第 3 期，第 1~16 页。

免未来在援引正当公共政策目标例外时陷入被动局面。①

在数据隐私保护方面，有学者梳理了美国、欧盟和中国分别形成的数据隐私一元规制、数据隐私二元规制和数据隐私分离规制三种模式，国际贸易协定主要通过贸易例外和贸易事项两种方式纳入数据隐私规制问题。不同数据隐私规制模式倾向于支持不同的纳入方式，而不同的纳入方式也会影响不同数据隐私规制模式自主发展的空间。② 同时，各国不同的跨境数据隐私保护法律也可能会不当阻碍数据跨境自由流动。当前，通过贸易规制方式协调各国跨境数据隐私保护法律制度，已成为国际数字治理的主导模式之一。国际贸易协定主要通过贸易例外和贸易事项两种方式将数据隐私保护问题纳入贸易法框架。前者不会实质性地限制一国数据隐私保护法律制度的构建，后者则对之施加了公平信息实践要求。中国加入 CPTPP 和 DEPA 有助于行使制度话语权，塑造新一代的跨境数据隐私保护规则。③

三　国际投资法律制度

（一）国际投资法治发展相关问题

国际投资协定的变化更新体现了当前国际投资规则对可持续发展的关注。有学者指出，CAI 较好地反映了中国在《双边投资协定》（BIT）中对可持续发展理念的认可程度。中国在共建“一带一路”国家投资中应进一步遵守可持续发展的法规要求。④ 在我国已缔结的国际投资条约中，CAI 在“可持续发展”专章首次规定了有约束力的劳工条款。有学者对其可执行性进行探讨，指出劳工条款的正当性通过可持续发展理念予以增强，并由分歧处理机制的强制性和高透明度提供程序支持，因此具有可执行性。在未来执

① 鄢雨虹：《数据跨境流动规制中的正当公共政策目标例外及中国因应》，《兰州学刊》2022 年第 3 期，第 106~119 页。

② 彭岳：《数据隐私规制模式及其贸易法表达》，《法商研究》2022 年第 5 期，第 102~117 页。

③ 彭岳：《跨境数据隐私保护的贸易法维度》，《法律适用》2022 年第 6 期，第 16~28 页。

④ 龚柏华：《论境外投资规制中可持续发展理念》，《政法论丛》2022 年第 2 期，第 3~13 页。

行这些条款时，对于我国未承诺批准的核心劳工公约，其所体现的国际劳工标准是否以及该如何通过“尊重基本原则”义务约束缔约方，是最可能引发分歧的法律争点。可考虑从劳工条款本身的解释和相关核心劳工公约所体现的基本原则内涵两个层面予以解决。[①] 也有学者以欧韩劳工分歧处理案为例，探讨了《欧盟—韩国自由贸易协定》（以下简称《欧韩贸易协定》）中劳工规则的边界以及缔约国承担的劳工保护义务，并指出相较于《欧韩贸易协定》，CAI 中的劳工保护要求更为具体细致。就此，建议我国在劳工争端解决方面，合理使用该投资协定下的分歧处理机制，并建立劳工问题的预处理程序；对于劳工保护实体规则，应进一步明确协定下劳工条款的范围，同时不断提高自身劳工保护水平，积极向国际劳工标准靠拢。[②]

在国际投资协定的例外条款方面，有学者指出，国家安全概念的开放性，导致缔约实践中安全例外条款的自裁性和扩张性明显，影响甚至危及国际经贸秩序的稳定性和国际经济关系的公平性。国际投资协定的文本分析与统计数据显示，安全例外条款在国际投资协定中呈现一定的时空分布特点与内容代际变化。以此为参照，中国 BIT 实践显示出不足之处，需要有所应对。[③] 也有学者提出，例外条款在协定文本和仲裁实践中呈现背离的发展趋势，国际投资协定纳入例外条款的数量和种类均快速增长，主权国家不断强化国家规制权，而国际投资仲裁庭适用例外条款时，则在条款效力、适用阶段等问题上采用限缩解释措施，以防止例外条款滥用。中国在未来谈判和修订国际投资协定时应以总体国家安全观为立足点，以利益平衡为出发点，补充纳入并区分种类设置例外条款，同时在《外商投资法》的配套立法中适当构建例外条款适用路径，既要发展也要安全，在推动形成全面开放新格局

---

① 肖军：《论〈中欧全面投资协定〉劳工条款的可执行性》，《法学》2022 年第 9 期，第 178~192 页。

② 赵春蕾：《国际经贸协定中劳工条款的解读——以欧韩劳工分歧处理案为例》，《政法论坛》2022 年第 6 期，第 148~156 页。

③ 沈伟：《国际投资协定中的安全例外条款：全球趋势与中国实践》，《比较法研究》2022 年第 6 期，第 181~198 页。

的同时维护中国的合法规制权。①

在国际投资协定的日落条款方面，有学者指出，晚近部分国家在共同终止老一代国际投资协定时尝试对其日落条款进行嗣后管理，使之更契合现实需要，但国际投资协定独特的三角结构令相关管理面临国际法风险。因立场和视角偏差，投资仲裁庭视野中的日落条款与缔约方视野中的相应事物可能存在很大的不同，此方面投资仲裁实践有限且混乱，仲裁庭之间尚未形成禁得起推敲的普遍共识。就中外国际投资协定日落条款而言，在制度预设方面，缔约方必要时应在综合贸易类协定项下的国际投资协定中增设日落条款，同时完善日落条款的表述；在嗣后管理方面，缔约方不予嗣后管理时应注意与日落条款的衔接，予以嗣后管理时应尽量采用明示的方式。②

在海外投资保险法律制度方面，有学者指出，当前联美反华国家持零和博弈的新冷战思维，对包括中兴、华为在内的中国企业进行打压和遏制，构成渐进征收、网络恐怖主义和政府违约三大重大政治风险。为此，应当完善BIT 范本，使“投资”的定义涵盖数字投资，且在援引完全保护和安全（FPS）标准时合理评估东道国采取预防措施的程度。在完善国内法方面，将海外投资保险规定纳入海外投资法具有可行性。在完善保险合同方面，建议开设数字商业保险业务，以奠定海外数字投资保险的基石；与此同时，尽快修订保单的三大险别，增加渐进征收，开辟独立的恐怖主义责任险，同时完善违约险表述，全面提升保险公司应对数字技术新挑战的能力。③

在外商投资安全审查制度方面，有学者指出，我国外商投资安全审查制度在立法及实践经验方面还存在不足，欧盟外商投资安全审查制度的核心内容，比如安全审查的启动及考虑要素、司法救济、程序规范等，对我国外商

---

① 张倩雯、王鹏：《利益平衡视角下双边投资协定例外条款的扩张与限缩》，《国际商务研究》2022 年第 3 期，第 96~106 页。

② 魏艳茹：《国际投资协议日落条款研究》，《法商研究》2022 年第 3 期，第 42~56 页。

③ 王淑敏：《“数字丝绸之路”视阈下中国海外投资保险法律问题研究》，《武大国际法评论》2022 年第 3 期，第 104~124 页。

投资安全审查制度具有重要的参考意义。我国可以批判吸收其经验，在国内法方面，明确外资安全审查的范围和标准，不设置安全审查启动门槛，赋予当事人法律救济权，引入欧盟法律中的比例原则和程序正义原则，以及设立监督程序；在国际法层面，加强国际法规范的制定及引领，合理规范国家安全例外条款，增强投资安全审查的透明度和法律的确定性。在双边投资条约中加入安全审查救济的内容，维护投资者在东道国的合法权益，推动构建公平合理、开放共赢的国际投资环境。①

（二）国际投资争端解决机制

投资者与东道国争端解决（ISDS）机制是 BIT 的核心内容，也是全球治理的一项重要制度安排，它在平衡保护投资者利益和维护东道国监管权方面发挥关键作用。

当前，国际投资仲裁是解决国际投资争端的重要方式之一。有学者指出，投资条约仲裁制度有利于投资者保护，但也存在易于导致东道国与投资者权益保护失衡等问题。中国应采取包括维护东道国的管理权、缩减仲裁庭自由解释条约的空间以及加强缔约国对条约解释的控制权等措施，以确保其能平衡保护投资者与东道国的权益。欧盟倡导的投资法院制度虽然对争端当事人的意思自治有一定的限制，但是能纠正投资条约仲裁制度的某些重要缺陷，中国可考虑在与欧盟的 BIT 谈判中探索接受并改进这一制度的可能性。② 在国际投资仲裁中的“法庭之友”资格认定方面，有学者提出，法益衡量理论为国际投资仲裁中的“法庭之友”资格认定提供了根本性解释框架。在维护公共利益的基本共识下，国际投资法通过立法技术设计为“法庭之友”预设了“公益保护不得侵害合法私益”的评价尺度。在比例原则与裁判结果取向方法的指导下，对非投资性问题的宽进与严出，对独立性的披露与重大利益的明确界定，以及对费用负担问题的认定，是化解资格认定

① 高华：《新时代中国外商投资安全审查制度的完善——基于对欧盟安全审查制度变革的考察与借鉴》，《法学论坛》2022 年第 5 期，第 74~85 页。

② 余劲松：《投资条约仲裁制度改革的中国选择》，《法商研究》2022 年第 1 期，第 59~70 页。

难题、实现法益保护的可行之策。[①] 在国际投资仲裁准据法适用方面，有学者指出，我国签订的双边投资保护协定中对于准据法的选择大多采用复合模式，带有很强的“战略模糊性”，因此，有必要研究投资争议中国际法与东道国国内法各自的法律功能以及两者之间的适用关系。从已有投资仲裁判例所呈现的规律来看，应从利益分配的实体视角出发，在投资协定的框架下追求东道国与投资母国之间的利益协调最大化。仲裁庭在准据法适用时应承认和尊重东道国国内法中所体现的公共利益，通过形式判断、实体解构和程序保障三个维度实现准据法的适用平衡。[②] 在国际投资仲裁执行方面，有学者指出，《解决国家和他国国民之间投资争端公约》和《承认及执行外国仲裁裁决公约》为投资仲裁裁决提供了强大的执行保障机制，但二者均未解决仲裁裁决的国家财产执行豁免问题。执行豁免弃权例外与商业资产例外在实践中均被严苛适用。该问题可从法律性解决和市场性救济两方面入手有效解决。在《联合国国家及其财产管辖豁免公约》尚未生效的情况下，倡导建立体现平衡理念的豁免示范法将为统一各国规则和实践提供指引。此外，裁决后和解、裁决转让、发挥世界银行促进作用等市场性救济途径不失为可取的补充性方案。[③]

在 ISDS 机制改革方面，有学者指出，目前生效的中外 BIT 中，尽管 ISDS 机制条款不一，但普遍采取友好协商、东道国国内救济和国际仲裁三种争端解决方式。实践中，大部分中外 BIT 中的 ISDS 机制条款既没有更新也缺乏制度化调解程序，有些 ISDS 机制条款内容过于原则性或相对模糊，并且均缺乏上诉机制。中国应对 ISDS 机制作出创新性安排，导入争端预防、制度化调解、上诉法庭三种既相互独立又彼此衔接的机制。[④]

---

① 单菊铭：《国际投资仲裁中的“法庭之友”资格认定——基于法益衡量视角》，《武大国际法评论》2022 年第 5 期，第 117~138 页。

② 宋阳：《国际投资仲裁准据法的平衡适用论》，《现代法学》2022 年第 3 期，第 194~205 页。

③ 范晓宇：《投资仲裁裁决执行的国家豁免困境、成因及出路》，《武大国际法评论》2022 年第 3 期，第 118~140 页。

④ 谈谭、裴雷：《中外双边投资协定中投资者—东道国争端解决机制分析》，《武大国际法评论》2022 年第 5 期，第 139~157 页。

在 ISDS 机制改革过程中，促进以投资调解为代表的替代性争端解决方式的发展成为改革的重要内容。有学者指出，调解在国际投资争端解决上的作用尚未得到充分发挥，且正面临如透明度要求、调解协议执行的法律不确定性以及东道国的消极参与等挑战。调解在 ISDS 机制改革中具有重要价值，我国应在国际投资协定中完善投资调解的规定，并在此基础上推动公平公正、专业高效的投资调解机制的建立，以及完善投资调解的国内配套制度，为 ISDS 机制改革提供中国方案。① 也有学者指出，由于调解缺乏使和解协议具有法律效力的跨境执行机制，其实际使用率并不理想。《联合国关于调解所产生的国际和解协议公约》（以下简称《新加坡调解公约》）能否缩小投资调解与投资仲裁在可执行性方面的差距，从而增强调解作为国际投资争端解决方案的吸引力和竞争力，取决于《新加坡调解公约》是否适用以及如何适用于投资争端和解协议。②

RCEP 暂时搁置了投资者与国家间争端解决机制，而在第 19 章规定了包含磋商、斡旋、调解、调停、专家组的国家间争端解决（SSDS）机制。但有学者指出，该机制主要是为贸易协定设计的，在保护和救济投资者权益方面作用有限。中国与东盟国家投资者可以利用中国与东盟国家现有投资协定中的 ISDS 机制寻求救济。中国与其他 RCEP 缔约方应积极探索构建一个融合争端预防、磋商、调解、仲裁和（或）诉讼等多种方式的投资者与国家间争端解决机制。③

CAI 涵盖了四种类型的国家间争端解决机制，除了国家间争端解决一般规定外，还专门纳入了可持续发展争端解决、补贴争端解决、投资委员会对于紧急和重要事项的解决规则。有学者指出，CAI 中的国家间争端解决机制呈现全面性、专业性和灵活性特征，也在一定程度上反映了国家间争端解决

---

① 连俊雅：《国际投资争端解决机制改革中的调解及中国因应》，《北方法学》2022 年第 3 期，第 121~134 页。

② 漆彤：《论〈新加坡调解公约〉对投资争端和解协议的适用》，《南大法学》2022 年第 2 期，第 74~90 页。

③ 王彦志：《RCEP 背景下中国—东盟投资争端解决机制》，《政法论丛》2022 年第 6 期，第 86~96 页。

机制的“回归”。在当前ISDS机制面临改革的背景下，CAI中的国家间争端解决机制会成为其他国家商签投资协定的范本。但是，与ISDS机制相比，国家间争端解决机制具有更强的政治性特征，特别是在劳工争议等问题的解决上，它的运用会使有关争端更具“政治化”色彩。我国应特别关注CAI生效后欧盟以劳工问题为由启动国家间争端解决机制的可能性，避免争端解决的“政治化”；同时，要注意投资协定与其他国际协定或国际法机制协调运作，共同促进国际投资法制的发展。[①] 也有学者指出，CAI规定的国家间争端解决机制可能在三个方面引发争议：适用范围的颠覆性改变；投资委员会就协定条款所作解释对仲裁专家组的约束力；国家间争端解决机制与ISDS机制的关系。对此，中国首先应坚持限缩国家间争端解决机制的适用范围；其次争取就投资委员会所作解释的约束力与欧盟达成进一步的协定，明确投资委员会所作解释对仲裁专家组的约束力，禁止仲裁专家组对投资委员会所作解释进行实质审查，针对仲裁专家组报告设立上诉机制；最后未来在谈判中妥善处理ISDS机制与SSDS机制的关系。[②]

四　其他法律制度

（一）国际金融法律制度

在国际金融法领域，数字货币的国际监管受到学者的广泛关注。针对各国难以独自监管数字货币的技术风险、国际流动性风险和国际利益冲突风险的问题，有学者认为，其出路在于建立国际监管法律秩序。应当确立鼓励创新与控制风险平衡、数字货币与传统货币接轨、国家利益与私人利益协调、国家利益与国际信用统一的监管法律原则；应当制定数字货币的国际监管协定，数字货币常规业务、技术、违法犯罪国际监管机构组织法，以及交易平

① 张生、马燕飞：《〈中欧全面投资协定〉中的国家间争端解决机制：内容、特点与影响》，《武大国际法评论》2022年第1期，第141~157页。

② 宋俊荣：《〈中欧全面投资协定〉的国家间争端解决机制》，《中国流通经济》2022年第1期，第117~128页。

台、国际行业协会、国际纠纷仲裁庭组织法。我国应厘定国家数字货币的使命，适时调整民间数字货币的禁止政策，并引领数字货币国际监管法律秩序的建设。① 也有学者指出，法定数字货币被认为具有改革、完善国际货币体系的潜力，其跨境流通是必然趋势，需要相应的法律制度予以保障。然而，无论是国际法还是国内法，现行货币法律体系都不能为之提供充分支持，须借助国际组织的力量，推动各国共同建立经营监管秩序，寻找新的法律适用思路。我国除了应积极参与相关国际合作外，更要明确治理方向，建立境外经营权和监管体系，完善冲突规范，调整国内货币法律体系，使之与数字人民币相适应，为数字人民币跨境流通赢得信用空间。②

有学者专门针对国际金融机构问责机制尤其是其制度改革进行了研究，指出国际法义务性规范的适用限制、国际金融机构与其成员之间的权能博弈、外部问责的缺失和内部问责的非司法性，共同影响了世界银行问责机制作用的发挥。基于此，世界银行应加强问责过程中国际人权标准的适用、提高相关方的认可度和参与度、平衡多重价值取向之间的关系，在推动机构整体改革的基础上积极参与协同化独立问责体系的构建，从而实现世界银行本身及其问责机制的良性、有序和可持续发展。③

（二）国际知识产权法律制度

2022 年 2 月 22 日，欧盟依据《与贸易有关的知识产权协定》（以下简称《TRIPs 协定》）有关条款在 WTO 就中国法院审理的禁诉令案件向中国发起磋商请求，对中国发布禁诉令的法律依据提出质疑。有学者指出，禁诉令在国内作为行为保全措施而得到适用，与《TRIPs 协定》规定的临时措施相契合。分析禁诉令在《TRIPs 协定》下的合规性，需要回到《维也纳条约

① 李帅、屈茂辉：《数字货币国际监管的法律秩序构建》，《法学评论》2022 年第 4 期，第 148~160 页。

② 李智、黄琳芳：《法定数字货币跨境流通的法律问题研究》，《武大国际法评论》2022 年第 2 期，第 59~78 页。

③ 姜晨曦：《世界银行问责机制的改革与发展路径探析》，《国际法研究》2022 年第 5 期，第 108~128 页。

法公约》规定的条约解释通则，准确解释《TRIPs 协定》条款文本的含义。依据该协定文本，中国在个案中适用禁诉令措施没有影响专利权的行使，也未导致执法程序滥用，无法得出必然违反《TRIPs 协定》的结论。[①]

也有学者关注专利平行诉讼中的禁诉令问题，指出禁诉令在专利平行诉讼中的适用对专利的地域性、当事人诉权以及他国法院的司法管辖权等带来重大影响，造成困境。为纾解禁诉令产生的困境，国际社会应该就禁诉令救济展开国际合作与协调。我国应维护国家司法主权原则，完善国内相关立法，保护我国当事人正当的诉讼权益，采取举措限制外国禁诉令造成的不利影响。[②]

2022 年 6 月，WTO 第十二届部长会议达成《关于世贸组织新冠肺炎疫情应对和未来疫情应对准备的部长宣言》以及豁免新冠疫苗专利的《关于〈与贸易有关的知识产权协定〉的部长决定》等共识。在新冠疫苗专利豁免的问题上，有学者指出，临时豁免 TRIPs 义务在新冠预防和治疗中的适用是人类应对疫情共同威胁的应然选择，可以为实现发展中国家在公共健康领域的正义诉求提供及时有效的法律保障。[③] 也有学者认为，这是激励技术创新的知识产权保护与为构建人类卫生健康共同体拓展疫苗可及性之间的妥协性平衡。我国作为拥有一定新冠疫苗自主研发和制造能力的发展中国家，既是专利豁免方，也是专利被豁免方，应当坚持构建人类命运共同体、人类健康共同体的立场，积极支持落实新冠疫苗专利豁免，在专利豁免过程中积累经验，进一步完善我国专利强制许可制度。[④]

（三）国际税收法律制度

在数字经济背景下，国际税法领域的传统常设机构认定与利润归属规则

---

① 孙益武：《〈TRIPS 协定〉下的禁诉令措施——欧盟诉中国知识产权执法措施案探讨》，《武大国际法评论》2022 年第 4 期，第 123～140 页。

② 聂建强、潘雪娇：《专利跨国诉讼中禁诉令适用的困境与纾解》，《科技与法律》（中英文）2022 年第 4 期，第 65～72、135 页。

③ 张海燕：《论 TRIPS 义务的临时豁免在新冠预防和治疗中的适用》，《政治与法律》2022 年第 3 期，第 43～58 页。

④ 许春明、陈雪妮：《论 WTO 拓展新冠疫苗可及性的专利豁免》，《科技与法律》（中英文）2022 年第 4 期，第 29～36 页。

受到巨大冲击，为应对经济数字化带来的税收挑战，国际税收领域出现了不同的税制改革方案。

在单边层面，有国家根据国内法出台了数字服务税（DST）来应对数字经济带来的冲击。有学者指出，研判能否开征 DST 首先需要解决税基合法律性、税收管辖权正当性以及税制公平性的争议。DST 可以营业额为税基，在性质上不属于间接税，而是一种以“用户创造价值”为征税对象的企业直接税，不违反法律和双边税收协定。DST 的税收管辖权正当性基础是数字服务提供者因为征税国用户为其创造的价值而对征税国产生的经济忠诚，不受常设机构标准的限制。DST 的设计基于数字服务提供者的财务能力而非居民身份，符合公平原则，不违反 WTO 规则。税基、税收管辖权以及税制公平问题都不构成我国开征 DST 的法理障碍。[①] 在梳理了各种国际实践后，也有学者指出，从 DST 的起源、理论基础、性质等方面来看，我国不应盲目开征 DST 这一新税种，而应当修改企业所得税相关规则，通过扩大预提税征税范围来维护本国的税收利益，最终促进税收利益在各国间的公平分配。[②] 另外，有学者指出，作为数字贸易的重要组成部分，软件贸易成为决定数字经济时代服务贸易竞争力的关键领域。然而，软件的无形性和软件交易的复杂性使得跨境软件交易所得准确定性成为一大难题，这主要表现在跨境软件交易所得究竟是构成营业利润，还是特许权使用费，抑或是财产收益。各国为了维护本国的税收利益，在该问题上持不同立场。软件输出国倾向于采用基于权利的方法，即根据受让人从软件交易合同中所获得的权利的性质对跨境软件交易所得进行定性；软件输入国则倾向于扩大特许权使用费条款的适用范围。考虑到税法与民法的关系、税收公平原则的要求以及我国的税收利益，建议我国采用基于权利的方法处理跨境软件交易所得的定性问题。为此，有必要对部分税收协定中特许权使用费条款的定义进行适当限

① 张牧君：《数字服务税的争议与法理辩释》，《法律科学（西北政法大学学报）》2022 年第 4 期，第 68～80 页。

② 郭昌盛：《应对数字经济直接税挑战的国际实践与中国进路》，《法律科学（西北政法大学学报）》2022 年第 4 期，第 51～67 页。

缩，同时出台规范性文件对该问题加以明确。①

在多边层面，2021 年 10 月 8 日，G20/OECD 税基侵蚀和利润转移（BEPS）包容性框架的 136 个成员就应对经济数字化税收挑战的双支柱方案达成共识，发布了《关于应对经济数字化税收挑战双支柱方案的声明》。

在支柱一方案中，争议预防与解决机制是重要内容，是提高税收确定性的关键。有学者指出，与传统的税收争议解决机制相比，支柱一方案的争议预防与解决机制具有多边性、强制性、高效性等特征，但也存在对于各国税收主权的挑战、高昂的实施成本、忽视对纳税人程序权利的保护等问题。在基本理念方面，应注重裁判方独立性与受制性的平衡、公平与效率的平衡以及国家利益与纳税人权利的平衡；在具体路径方面，有必要加强对发展中国家的支持，提升机制运行效率，保障纳税人的程序权利以及完善决定小组程序等。②

支柱二方案旨在在全球范围内建立广泛、协调的最低税制度。针对最低税改革问题，有学者指出，在理论层面，其或将对税收主权造成过度限制，对税收竞争形成严格规制，并在一定程度上偏离价值创造原则；在实践层面，全球最低税改革将对各国的税收立法、税收征管和税收争议解决产生深远影响。随着全球最低税改革逐步进入实施阶段，中国应当审慎推进全球最低税制度在中国的转化立法，积极参与构建全球最低税制度的税收征管和争议解决机制；中国跨国企业则应当灵活调整集团的投资布局，提前做好税收信息合规准备，合理运用各类排除、豁免规则。③

海南自贸港的建立，也引发了学者在国际税收领域的诸多思考。有学者指出，海南自贸港面临税收法定主义与地方税制创新之间的冲突。从历史上看，税收法定主义是限制政府权力扩张的有力武器，并基于阻断地方税收有

① 崔晓静、孙奕：《跨境软件交易所得的税法定性研究》，《河南师范大学学报》（哲学社会科学版）2022 年第 1 期，第 56~65 页。

② 孙奕：《OECD 支柱一方案税收争议预防与解决机制研究》，《国际税收》2022 年第 4 期，第 42~52 页。

③ 崔晓静、陈镜先：《全球最低税改革的规则创新与中国应对》，《学术论坛》2022 年第 4 期，第 105~118 页。

害竞争的客观需要，具有合理性和合法性。双循环背景下的自由贸易港（区）宜重释税收法定主义，而不宜坚持绝对的法律保留，使之成为地方懒政的理由和高水平税制创新的阻碍。只有引入《海南自由贸易港建设总体方案》中的经济促导规则进行法律解释，才能充分发挥中央和地方两级的积极性，共同推动税收制度创新的“沙盒试验田”改革。① 海南自贸港货物贸易享有多种税收优惠，有学者指出，WTO《补贴与反补贴措施协议》将政府放弃应征收的收入纳入补贴，从而为此类税收优惠埋下了 WTO 合规隐患。对此，海南应行使自贸港法规制定权，建立适用于自贸港的税制和税率，以避免专向性补贴。此外，进口料件加工增值内销免征关税与《中国加入世贸组织议定书》的内容相悖，亦易被认定为进口替代补贴。我国需要变自贸港增值比例要求为自贸港原产地要求，并进行配套改革。②

在税收制裁方面，税收制裁最初旨在规制国际避税活动，如今已被发达国家异化为维护本国政治利益的重要工具。税收制裁涉嫌违反不干涉内政原则、GATS 非歧视原则、双边税收协定和《多边税收征管互助公约》。有学者指出，未来我国须高度警惕外国可能对华实施的税收制裁，必要时采取强化跨国公司风险规避意识、诉诸 WTO 争端解决机制、深度参与全球税收治理、开展政治谈判、实施税收反制等措施，以防范税收制裁风险，解除税收制裁危机，维护国家合法权益。③

在国际税收竞争方面，有学者指出，国际税收法律制度竞争是国际税收竞争的核心。近年来，各国提升国际税制竞争力的主要举措包括从全球税制向有限属地税制转型、加强税收协定中消极所得预提税税率的法律协调以及对吸引外资的税收优惠制度进行调整。在全球竞争的大背景下，中国应当在总结先进经验的基础上，对自身的国际税制进行系统性改革，即加快从全球

① 许多奇：《重释税收法定主义——以〈海南自由贸易港法〉颁布为契机》，《法学论坛》2022 年第 2 期，第 98~108 页。

② 韩龙：《海南自由贸易港间接税优惠的 WTO 合规性审视》，《现代法学》2022 年第 1 期，第 144~161 页。

③ 刘渊、陈浩达：《税收制裁的法律分析与中国应对》，《国际税收》2022 年第 11 期，第 51~59 页。

税制向有限属地税制转型，完善税收协定中的消极所得条款，调整企业所得税优惠以应对支柱二方案带来的挑战。①

在国际税收争议解决方面，有学者指出，凯恩案体现了通过国际投资仲裁解决国际税收争议的新发展动向，但国际投资仲裁对于税收争议的适用范围仍然有限。国际投资仲裁相较于传统国际税收争议解决路径具有独特优势，主要体现在投资协定实体条款可作为税收协定适用范围的有力补充，且投资仲裁机制更具中立性和有效性。然而，国际投资仲裁自身也存在过度限制各国税收主权、专业性不足等问题。未来，建议我国在投资协定中纳入专门化、精细化的税收条款，完善投资仲裁机制对于国际税收争议的适用，同时加强国际投资仲裁与税收协定争议解决机制的协调。② 也有学者提出，我国目前的跨境税收争议解决在制度和程序方面均存在不足，并建议从拓展税收协定网络、增加税收确定性服务供给、提高税收争议解决效率和健全风险防控体系等方面着手，建立与更高水平开放型经济相匹配的跨境税收争议解决机制，为高质量双向投资提供支撑和保障。③

结　语

坚持统筹推进国内法治和涉外法治，积极参与建设国际法治，是全面依法治国的必然要求，也是推动构建人类命运共同体的坚实保障。世界百年未有之大变局下，全球多边贸易体系遇到极大挑战，但中国始终践行对外开放、合作共赢的理念，推动构建开放型世界经济，促进“一带一路”倡议与人类命运共同体理念不断融汇贯通，践行真正的多边主义，做多边贸易体制的积极参与者、坚定维护者和重要贡献者。

---

① 陈镜先：《新发展格局下中国国际税制竞争力的提升路径》，《法学》2022 年第 2 期，第 176~192 页。

② 崔晓静、孙奕：《国际投资仲裁：国际税收争议解决的新路径?》，《华侨大学学报》（哲学社会科学版）2022 年第 4 期，第 80~92 页。

③ 安然、柴劲松、金文英：《开放型经济新体制下我国跨境税收争议解决机制探索》，《国际税收》2022 年第 10 期，第 53~61 页。

总体而言，2022 年中国国际经济法学界围绕法治“一带一路”建设、制裁与反制裁规制、WTO 改革、补贴规则、数字贸易治理、国际投资争端解决机制、新型经贸协定等热点问题进行了较为集中的研究，对相关法律制度完善与创新作出了积极探索，且在内容上具有回应性与发展性。不过，对于意在遏制中国的美西方涉华立法与提案等最新发展，相关的理论成果较少，需要在今后进一步加以重视。

2023 年，共建“一带一路”将进入第十个年头，数字经济也将迎来更高的发展高潮，WTO 改革、国际投资争端解决等问题仍然是主旋律，新型国际经贸协定、投资协定等规则有待更深入研究，相关国内配套制度需要建立和完善。总之，如何密切结合当前形势，聚焦国际经济法体系的新问题、新趋势、新发展，以维护中国企业合法权益，强化中国在国际经贸规则中的制度性话语权，需要中国国际经济法学界在现有研究的基础上凝聚共识、继续耕耘。

B.9

2022年中国促进国际法治：国际环境法学理论贡献

陈海嵩　唐丽云*

摘　要： 2022年是充满挑战的一年，中国以更坚定的行动为充满不稳定性不确定性的世界走向光明未来贡献力量，积极参与全球生态文明建设，加快构筑尊崇自然、绿色发展的生态体系。我国学者对国际环境法基本理论、生物多样性保护、海洋环境治理、应对气候变化等全球共同关切的环境议题进行深入思考与研究，为国际环境法治建设提供了有益的理论参考。同时，中国从全球环境治理的积极参与者转为积极贡献者，以实际行动积极推动全球环境治理进程并提出世界环境保护和可持续发展的中国方案，展现负责任大国的形象和担当。

关键词： 国际环境法　人类命运共同体　生物多样性　海洋环境治理　气候变化

2022年是联合国人类环境会议召开50周年，也是中国启动现代环境保护50周年。中国坚定不移地走绿色发展的道路，积极参与全球环境治理。面对全球生态环境危机，中国践行人类命运共同体理念，着眼于人类可持续发展，参与全球环境治理的交流与合作，提出一系列重要倡议和主张，严格

* 陈海嵩，青年长江学者，武汉大学环境法研究所教授、博士生导师，主要研究领域为环境资源法；唐丽云，武汉大学环境法研究所硕士研究生，主要研究领域为环境法。

履行国际环境条约，推动各项环境条约制定进程，为共同建设清洁美丽的世界注入信心和力量。2022 年，中国国际环境法学界对国际环境法有着深入且与时偕行的研究，具体分布在国际环境法以下领域：生物多样性保护、海洋环境治理、应对全球气候变化、国际核安全以及国际水法等。

一　国际环境法基础理论问题

（一）环境权在国际环境法中的发展

环境权一直是环境法学研究所探讨的热点问题，自 1972 年斯德哥尔摩会议以来环境权就受到普遍关注，近 50 年来环境权也在各国法律、区域公约、环境公约以及联合国主导的全球层面逐步得到确认。2022 年 7 月 28 日，联合国大会以 161 票赞成、8 票弃权的结果通过了一项关于环境健康的历史性决议，宣布享有清洁、健康和可持续的环境是一项普遍人权。[①] 该决议第一次在全球层面承认环境人权，积极推动和研究人权与环境发展进程，标志着环境人权从派生性权利到独立权利的演进，具有里程碑式的意义。决议虽属国际软法范畴，但为环境权从国际软法规范迈向硬法规范奠定基础。[②] 有学者认为环境权的发展具有重要意义，应当通过实定法将环境权利予以规范和保障，促进我国更好地履行环境人权的保护义务，以便能够积极参与全球人权治理，深度参与联合国人权机制工作。[③] 在新时代的背景下，学者还发展出了新时代环境权概念。新时代环境权是指以人民美好生活为价值根基，展现中国发展新一代人权和建设优美生态环境的全新立场，彰显中国所坚持的包括绿色发展在内的新发展理念，是一项内生于我国环境法治实

---

① 《历史性决议！享有清洁健康环境是一项普遍人权》，“联合国”微信公众号，2022 年 7 月 29 日，https://mp.weixin.qq.com/s/U9x2A459BRS4QkB6p25QHA。

② 吴卫星：《环境人权在联合国系统之演进——联合国人权理事会第 48/13 号决议之评析》，《人权法学》2022 年第 3 期，第 1~15、144~145 页。

③ 吴卫星：《环境权在我国环境法典中的证成与展开》，《现代法学》2022 年第 4 期，第 118~130 页。

践的新型权利。新时代环境权的概念不仅丰富我国环境法治理论，还能引领国际环境法中环境权概念的演进方向，积极贡献国际环境保护的中国智慧。①

（二）人类命运共同体理念对国际环境法的影响

人类命运共同体理念蕴含着建设持久和平、普遍安全、共同繁荣、开放包容、清洁美丽的世界的内容，这也是国际社会共同努力的目标。② 党的二十大报告指出，中国要致力于推动构建人类命运共同体。学者呼吁人类命运共同体理念在海洋环境治理、极地治理、气候变化治理等全球环境治理中广泛适用。当前，全球环境治理由于治理主体间存在利益和价值矛盾、国际形势复杂而陷入全球环境治理合作效果不佳和执行力度有限的“集体行动困境”，而人类命运共同体理念为破解全球环境治理中的“集体行动困境”提供了方向。③ 人类命运共同体理念的落实为环境法律规范立法提供了价值指引与制度框架，并要求国际、各国国内环境法律规范对人类生态环境共同体价值予以有效融合。人类命运共同体理念是对作为国际环境法原则的“人类共同环境利益”高度提炼的产物，也为国际环境法律制度体系的构建提供了价值宣示和发展方向。④ 此外，人类命运共同体理念还为全球公域治理提供新方向。在参与全球公域开发治理过程中，中国一直践行并推广人类命运共同体理念，从“构建蓝色伙伴关系”的提出到构建“海洋命运共同体”倡议再到“共同构建人与自然生命共同体”的治理方案，不断建构全球公域治理的价值认同。可以说，中国所提出的人类命运共同体理念引领全球公域的国际治理，有助于治理主体形成“权责共担、合作共赢”的价值共识

① 秦天宝：《论新时代的中国环境权概念》，《法制与社会发展》2022 年第 3 期，第 5~19 页。

② 张乃根：《论当代中国国际法基本理论的传承与创新》，《国际法研究》2022 年第 6 期，第 3~18 页。

③ 栾林、阎博强：《人类命运共同体视域下破解全球环境治理“集体行动困境”的路径研究》，《环境保护》2022 年第 21 期，第 42~44 页。

④ 张震、石逸群：《人类命运共同体视域下全球环境治理的制度更新及完善探究》，《河南社会科学》2022 年第 4 期，第 46~54 页。

和“你中有我、我中有你”的责任观，提高整个国际社会对全球公域的治理积极性。[①]

（三）风险预防原则的国际环境法适用

风险预防作为国际环境法的一项重要基本原则，适用于气候变化、生物多样性、核安全等领域。有学者对风险预防原则进行实质阐释，即从整体预防观出发，突破象征性立法困局，最大限度实现精细化立法，通过危险与风险双层预防视野下的适度精细化展开。[②] 现代科技的高速发展催生了更加多样的跨界损害活动，导致核污染、海洋污染、气候变化，“国家在跨界损害领域的预防义务”是一个亟待解决的具有重大理论意义和实践价值的课题。有学者呼吁在跨界损害领域采取预防的办法、手段和措施以避免造成重大的跨界损害后果，诸如切实履行通知与事先知情同意、跨界环境影响评价、信息收集与交流等预防义务，切实达到从源头预防或控制跨界损害的发生以使自然生态系统免遭损害并保护环境和人体健康的目的，这也是国际环境法课予国家保护环境的国际法律义务。[③] 在风险社会背景下，中国在环境健康中积极贯彻国际环境法领域的风险预防原则，《生物安全法》、《动物防疫法》和《野生动物保护法》的修订草案中都纳入了预防原则和保护公众健康的目标，其中，监控系统、风险评估系统、管理系统等制度安排构成了将预防原则应用于环境可持续发展战略的综合方法的中国范例，充分发挥了法律制度在预防环境健康风险、保障公民环境健康权益方面的积极作用。[④] 风险预防已成为现代社会的核心议题，随着环境风险愈发凸显，风险预防原则将会在国际环境法领域不断发展。

---

① 杨署东、杨安琪：《全球公域治理：法理探源与中国之策》，《河南师范大学学报》（哲学社会科学版）2022 年第 1 期，第 40~46 页。

② 刘明全：《中国环境法预防原则的实质阐释》，《清华法学》2022 年第 5 期，第 163~176 页。

③ 林灿铃：《国家在跨界损害领域的预防义务》，《比较法研究》2022 年第 6 期，第 171~180 页。

④ L. Yin，T. Qin，“Applying the Precautionary Principle to Emerging Zoonotic Disease：Lessons from China's Response in Environmental Law，” *Journal of Environmental Law* 34（2022）：331-342.

二 国际环境法具体领域的理论研究与创新

（一）生物多样性的保护

2022年12月7～19日，《生物多样性公约》第十五次缔约方大会（CBD COP15）第二阶段会议在加拿大蒙特利尔举办。习近平主席以视频的方式出席会议并作会议开幕式致辞。习近平主席在讲话中对生物多样性保护提出了四点中国主张并阐述了中国行动方案，为未来全球生物多样性治理指明了方向，表明了中国推动全球生物多样性治理迈上新台阶的坚定决心。中国作为COP15主席国，以最高级别的政治意愿和领导力协调各方达成最大共识，推动在云南昆明召开的COP15第一阶段会议取得圆满成功。第一阶段会议通过的《昆明宣言》为第二阶段会议的召开奠定了坚实的政治基础，在第二阶段会议上，各缔约方在“框架”目标、资源调动、遗传资源数字序列信息（DSI）等关键议题上达成了一致，还通过了“昆明—蒙特利尔全球生物多样性框架”，为全球生物多样性治理擘画新蓝图。

在COP15背景下，学者们关注生物多样性的立法保护。目前，我国生物多样性保护立法面临多重挑战，既要切实回应公众对生物安全问题的关切，也要对履约计划与行动中牵涉的多方利益进行平衡。有学者提出应当以整体系统观统筹生物多样性保护的法律体系，这意味着既要制定生物多样性保护专门法，还应当调整环境保护基本法相关条款。[①] 此外，有学者研究将生物多样性纳入环境评价的国际经验与启示，从《生物多样性公约》出发系统分析了将生物多样性纳入环境评价的基本原则，在关注国际影响评估协会和欧盟相关文件的基础上，梳理了将生物多样性纳入项目环境影响评价和

① 秦天宝、刘斯羽：《〈生物多样性公约〉谈判背景下中国生物多样性保护法律体系再审视》，《阅江学刊》2022年第6期，第95～104、170页。

战略环境评价的国际经验，提出了未来推动我国将生物多样性纳入环境评价的政策建议。①

2022 年，学者们关于生物安全的研究成果丰富。有学者关注欧亚地区生物安全危机，梳理欧亚地区生物安全危机的产生背景、具体表现、发展趋势和影响因素，分析中美俄在欧亚地区战略博弈中的价值维度差异对地区生物安全发展走势的影响。研究发现，基于不同的价值理念，中美俄对欧亚地区生物安全的战略期待存在根本性差异，面对日益严峻复杂的生物安全形势，欧亚地区急需更有效的公共治理产品来应对发展危机。而开展国际协同合作是构建维护欧亚地区生物安全的保障体系的重要举措，应当倡导兼顾各方生物安全发展诉求，以实现地区和谐发展为最终目标。② 此外，当前全球生物安全面临重大传染病频繁暴发、滥用生物技术、生态系统日趋脆弱等严峻形势。有学者在分析全球生物安全现状基础上，认为全球生物安全治理体系亟待全面革新，提出以人类命运共同体理念力促全球生物安全治理的路径选择。③ 有学者进一步以全球视角对生物安全法律机制进行研究，认为“法治”与“全球治理”两种工具进路无疑是纾解全球生物安全危机最为可行与有效的方法。中国应当承担相应的国际义务，团结世界上大多数国家构建科学、中立、有效的生物安全治理机制，承担建立“人类卫生健康共同体”的历史使命。④

2022 年，野生动物保护也有很高的关注度。有学者关注野生动物保护法治的进路，野生动物保护的法治完善应当以生态整体主义为视角，回应野生动物保护法律理念的缺失、生境保护破碎化、权利内容单一、保护手段滞

① 杨轶婷、徐鹤：《将生物多样性纳入环境评价的国际经验与启示》，《环境影响评价》2022 年第 3 期，第 5~11 页。

② 李睿思：《大国博弈视角下欧亚地区生物安全治理》，《俄罗斯东欧中亚研究》2022 年第 6 期，第 117~136、162~163 页。

③ 卢浪、徐能武：《人类命运共同体视域下的全球生物安全治理——现状分析、原因探究与路径选择》，《湘潭大学学报》（哲学社会科学版）2022 年第 2 期，第 115~120 页。

④ 宋阳：《构建生物安全法律机制的全球视角》，《郑州大学学报》（哲学社会科学版）2022 年第 3 期，第 41~46 页。

后带来的困境，立足于保护生物资源、维护生物多样性、保障生物安全重塑野生动物保护的立法路径。① 有学者研究野生动物名录制度，针对当下野生动物名录制度的种种缺陷提出制度完善建议。具体而言，建议将野生动物名录定性为规范性文件并建立附带性审查机制、“整合化”编纂野生动物名录以及健全国际名录在国内的适用规则以创设野生动物名录的实体性规范。通过补全野生动物名录的公众参与程序、说明理由程序以及动态调整程序，完善野生动物名录的程序性规范，以期更好地保护野生动物、维护生物多样性与生态平衡。② 亦有学者关注野生动物禁食问题，对禁食野生动物的法理基础与制度构建进行研究，禁食野生动物的法理主要建立在公共安全与生命伦理基础上，前者侧重于社会整体利益的维护与风险规制，而后者则侧重于对生命的尊重和人与自然和谐关系的维护。为推动全面禁食野生动物制度的构建，应当通过设立可食用动物“白名单”进一步明晰、厘清禁食的野生动物范畴，同时平衡公共卫生风险的有效防控与合法养殖户的利益。③ 在有关野生动物禁食的研究中，有学者从公共利益原则和公共安全风险防范原则角度出发，对建立全面禁食野生动物“红绿灰名单”制度进行探索，从立法、执法、司法、守法四个方面对该名单制度进行落实，合理禁食野生动物，从而有效防范重大公共卫生风险。④

2022 年，关于湿地保护的研究成果丰富，推动湿地相关国际公约在我国的施行。我国《湿地保护法》自 2022 年 6 月 1 日起实施，该法构建了系统化的湿地保护治理法律体系，是推进新时代湿地保护高质量发展的重要法

① 周珂、蒋昊君：《整体性视域下野生动物保护法律制度研究》，《湖湘法学评论》2022 年第 1 期，第 26~37 页。

② 唐绍均、魏雨：《论野生动物名录制度的问题检视与完善路径》，《环境法评论》2022 年第 1 期，第 102~119 页。

③ 万红慧、黎桦：《全面禁食野生动物的法理基础与制度构建》，《中国卫生法制》2022 年第 1 期，第 1~8 页。

④ 王亚萍：《关于建立全面禁食野生动物“红绿灰名单”制度的探索》，载《上海法学研究》第 6 卷，上海人民出版社，2022，第 47~56 页。

治保障，是我国参与全球生态治理、彰显大国责任担当的重要法治实践。有学者对《湿地保护法》进行评述，指出《湿地保护法》突出了湿地生态系统的保护，湿地的定义更加科学，制度设计系统全面，加大了处罚力度，更为注重湿地的生态价值。[①] 还有学者对《湿地保护法》的立法进程展开深入研究，认为该法在全方位推进我国湿地全面保护的同时，充分与《关于特别是作为水禽栖息地的国际重要湿地公约》、《生物多样性公约》以及《联合国气候变化框架公约》等国际环境公约相衔接。概括而言，《湿地保护法》基于国际共识科学定义法律中的湿地概念，从国家法律层面规定编制湿地保护长期规划，通过加强湿地资源基础管理夯实国际环境公约的履约基础，结合本国国情将国际通行的湿地保护制度措施纳入国家立法，强化国际广泛关注的湿地生态功能和生物多样性保护，坚持国际普遍推广的湿地合理利用理念，响应国际社会对公众参与湿地保护的号召，重视科学研究、人才培养与国际合作，发挥湿地保护在应对全球气候变化中的重要作用。这体现了我国长期致力于推进构建人类命运共同体、彰显大国责任与担当，为实现更高水平的全球生物多样性保护与可持续发展所作出的不懈努力。[②]

生物多样性关系人类福祉，是人类赖以生存和发展的重要基础。我国不断完善生物多样性保护法律法规体系，例如《湿地保护法》极大地保障和推动了生物多样性保护法律法规体系构建。同时，《应对气候变化法》、《国家公园法》、《自然保护地法》以及《青藏高原生态保护法》也在抓紧制定中。[③] 中国积极与世界各国携手前行，共建地球生命共同体，共谋全球生态文明之路，共绘人与自然和谐共生的美好画卷，为实现人类和地球更加美好的未来作出更大的贡献。

---

① 张明祥：《〈中华人民共和国湿地保护法〉解读》，《绿色中国》2022 年第 20 期，第 8~11 页。

② 马梓文、张明祥：《湿地保护法实施机制与我国的国际环境公约履约》，《自然保护地》2022 年第 3 期，第 9~16 页。

③ 《自然资源部办公厅关于印发〈自然资源部 2022 年立法工作计划〉的通知》，自然资源部网站，2022 年 7 月 5 日，http：//gi. mnr. gov. cn/202207/t20220706_ 2741628. html。

（二）海洋环境治理

海洋孕育了生命、连通了世界、促进了发展，对于人类社会生存和发展具有重要意义。海洋环境保护是“人类共同关切事项”以及全球环境治理的重要领域，全球海洋环境治理问题成为国际社会共同面临的重要课题。2022 年，我国学者对于海洋环境治理的研究热度依旧，学者围绕海洋环境治理体系、国家管辖范围外海域生物多样性（BBNJ）、国际海底区域环境保护、极地治理与保护等议题展开了诸多研究。

2022 年正值《联合国海洋法公约》开放签署 40 周年，中国作为较早签字和批准该公约的国家之一，积极践行该公约所确立的现代国际海洋法律制度的基本框架，在维护全球和地区海洋秩序等方面发挥作用。① 中国作为负责任的大国，积极参与全球海洋治理并贡献中国智慧，这一中国智慧便是坚持基于人类命运共同体理念的海洋命运共同体理念。② 有学者详细地阐述了习近平主席关于构建海洋命运共同体的重要理论，主要内容包括：政治上应该相互尊重，平等互信，深化涉海领域务实合作；经济上注重发展海洋经济，使其更好造福于人类；安全上树立海洋安全共同体意识，合力维护海洋和平安宁；文化上坚持和谐包容理念，促进海洋文化的发展与交融；海洋环境保护上推动海洋生态文明建设，实现海洋可持续发展。③ 亦有学者重点研究了全球海洋环境危机治理的挑战与对策，海洋环境危机分为灾害性、生态性和资源性三大类别，对各国海洋产业、海洋权益、海洋生态以及公民生命财产安全造成严重威胁。当前，全球海洋环境危机治理凸显海洋危机治理碎片化、资源开发与生态保护、南北协同与技术博弈等矛盾，而中国所持续推进的海洋命运共同体的构建对于推进全球海洋危机治理的标准与规则制定具

① 贾宇：《以〈联合国海洋法公约〉促进海洋及其资源的养护和可持续利用》，《太平洋学报》2022 年第 8 期，第 96~98 页。

② 白佳玉：《〈联合国海洋法公约〉缔结背后的国家利益考察与中国实践》，《中国海商法研究》2022 年第 2 期，第 3~13 页。

③ 唐刚：《习近平总书记构建海洋命运共同体重要论述的主要内容及实现》，《北京科技大学学报》（社会科学版）2022 年第 3 期，第 256~263 页。

有重要意义。这需要中国加强参与全球海洋环境危机治理的能力建设，推进全球海洋环境危机治理新领域的标准与规则制定，建构系统长效的区域与全球海洋环境危机协作机制，最终建构公平合理、绿色共享、协同共治的全球海洋环境危机治理体系。①

BBNJ 国际谈判，是当前国际海洋法领域最为重要的立法进程之一。2022 年，BBNJ 养护和可持续利用协定第四次政府间会议召开。BBNJ 国际谈判主要围绕四个议题：海洋遗传资源、包括海洋保护区在内的划区管理工具、环境影响评估、能力建设与海洋技术转让。② 其中，前三个议题与全球海洋生态环境治理的对象相关，能力建设与海洋技术转让涉及全球海洋生态环境大数据库建立以及知识产权问题。学者们从宏观角度和微观角度对 BBNJ 国际谈判问题进行研究。从宏观角度来看，有学者围绕 BBNJ 国际谈判所面临的挑战展开研究并提出相应对策。学者总结了目前 BBNJ 国际谈判所面临的四大挑战，即法律原则中“人类共同继承财产”与“公海自由”之争、环境影响评估是否应该“国际化”之争、BBNJ 争端解决机制之争、“一揽子交易”中的相关要素在谈判中面临不均衡发展和难以同步推进的挑战。而作为人类命运共同体理念在海洋领域具体体现的海洋命运共同体理念，能够克服目前 BBNJ 国际谈判所面临的主要挑战。具体而言，海洋命运共同体理念可以成为 BBNJ 法律原则中一项新的选择，环境影响评估也应该坚持“国家主导、国家决策”的基本原则，指引争端解决模式坚持国家同意、优先通过谈判协商解决海洋争端，提倡在“一揽子交易”中坚持“一体化的海洋治理模式，保护海洋环境”的同时，“对全人类利益的维护和相关国家利益的特别考量”。③ 从微观角度来看，学者们主要围绕四个议题中的具体议题展开探讨。海洋遗传资源议题中存在的主要争议为国家管辖范围

① 李昕蕾：《全球海洋环境危机治理：机制演进、复合困境与优化路径》，《学术论坛》2022 年第 2 期，第 1~15 页。

② 贾宇：《塑造国际海洋法律秩序的中国贡献——纪念〈联合国海洋法公约〉开放签署 40 周年》，《亚太安全与海洋研究》2022 年第 5 期，第 1~21、2 页。

③ 施余兵：《国家管辖外区域海洋生物多样性谈判的挑战与中国方案——以海洋命运共同体为研究视角》，《亚太安全与海洋研究》2022 年第 1 期，第 35~50、3 页。

外海域生物资源开发所遵守的原则是“公海自由”还是“人类共同继承财产”，由此，有学者重点研究了海洋遗传资源中人类共同继承财产原则的法律内涵与适用，结合现有各方立场，得出此原则最终被明确列入 BBNJ 国际协定一般原则或方法条款中的实然可能性偏小，建议将人类命运共同体理念作为价值导向引入 BBNJ 国际协定，增强各方国际合作与责任承担共识，在平衡诉求矛盾基础上积极推进 BBNJ 国际协定的出台与生效，进一步增强中国运用人类命运共同体理念参与全球海洋治理的能力。① 而对于包括海洋保护区在内的划区管理工具议题，有学者探析 BBNJ 国际协定中海洋保护区管理模式的路径选择，通过对各国所提议的全球模式、区域模式、混合模式的优势和局限性进行深入分析，得出结论认为现有方案皆难以满足各国诉求。有学者提出，基于人类命运共同体理念采取全球模式兼顾区域模式要素，构建 BBNJ 国际协定管理机构与第三国之间、全球机构与区域机构之间的内外双重协调机制，以实现 BBNJ 国际协定海洋保护区的设立目标。②

随着国际海底区域活动由勘探向开发转变，“区域”的环境保护成为受到重点关注的问题之一。蕴藏在深海海底的丰富矿产资源引起世界各国的广泛关注，深海海底资源的价值也开始被大众认识。而厘清国际海底区域资源的权属问题是维护国际海底资源可持续发展的关键所在。有学者研究国际海底区域资源的权利属性，根据《联合国海洋法公约》第 11 部分规定，“区域”资源具有全人类共有共用属性、各成员国共同管理属性以及全人类共同获利属性。国际海底区域资源的物权形式规则是在“平行开发制”下申请国依《联合国海洋法公约》规定所取得的区域资源排他性使用权。由此，厘清国际海底区域资源的权属问题，有利于确保全人类在“区域”资源开发过程中获取利益，也可为各《联合国海洋法公约》缔约国更好地承担责

① 刘惠荣、齐雪薇：《BBNJ 国际协定中人类共同继承财产原则的去留探析——人类命运共同体理念下的中国因应之策》，《法学论坛》2022 年第 1 期，第 150~160 页。

② 武昊：《探析 BBNJ 协定中海洋保护区管理模式的路径选择——以人类命运共同体为视角》，载《上海法学研究》第 3 卷，上海人民出版社，2022，第 71~79 页。

任和义务提供依据。[①] 有学者通过分析国际海底区域矿产资源开发中环境影响评价的发展、环境影响评价的国际法价值定位，认为环境影响评价在国际海底区域适用已在国际层面达成共识。但是当前国际海底区域矿产资源开发中环境影响评价面临科学操作中信息来源不确定、立法架构中体制框架不健全、组织机构中专业人员不充足、公众参与中数据信息不透明等挑战。为此，环境影响评价制度应当在科学技术、立法体制、知识结构、数据资料等方面予以调整，以回应当下国际海底区域矿产资源的开发需求。[②] 亦有学者分析“区域”开发中担保国的环境法律责任，认为担保国环境法律责任构成要件的特殊性在于损害后果和因果关系，损害后果应以重大标准为门槛要件；因果关系表现为初级规则而非次级规则的形式。担保国法律责任的承担范围分为对海洋环境的损害与对构成人类命运共同体的区域及其资源的损害，“区域”环境损害的主要赔偿方式应当为金钱补偿。[③]

在极地海洋环境保护方面，随着北极地区生态环境的不断恶化，现行北极海洋生态安全治理机制在法律规范、主体协作及公共产品供给等方面暴露出诸多不足，碎片化的治理现状与系统化的治理需求之间的矛盾日渐凸显。有学者探讨北极治理体系问题，认为北极生态安全治理应从治理主体、治理客体、治理目标、治理理念、治理手段五个方面构建系统有效的治理体系，以有效纾解北极海洋生态安全治理困境。[④] 还有学者关注北极公海保护区的治理模式与体系构建，北极独特的地理位置、脆弱的生态系统、复杂的地缘政治等决定了其公海保护区的设立与治理面临诸多困境，因此应当以《联

① 王黎黎、裴兆斌、李琦：《全人类共有视角下国际海底区域资源权属思考》，《沈阳农业大学学报》（社会科学版）2022年第2期，第177~184页。

② 高鑫：《国际海底区域矿产资源开发中环境影响评价的适用及发展》，《中国海洋大学学报》（社会科学版）2022年第S1期，第119~126页。

③ 冯静茹：《论国际海底区域开发中担保国的环境法律责任》，《法商研究》2022年第5期，第32~45页。

④ 杨振姣：《人类命运共同体视域下北极海洋生态安全治理机制研究》，《理论学刊》2022年第3期，第60~68页。

合国海洋法公约》、《保护生物多样性公约》、BBNJ 国际协定为基础构建北极公海保护区的全球性治理体系，借鉴波罗的海模式与《保护东北大西洋海洋环境公约》，构建北极公海保护区区域性治理体系，严格遵循公海自由、适当顾及原则及国际公约、区域性协定等关于北极公海保护区治理的原则性规定形塑国家治理体系，促进全球、区域、国家治理体系的互动融合。① 此外，亦有学者探讨北极渔业资源治理的国际机制中中国的治理对策，认为中国应当加大对中北冰洋的科学考察力度，积累和分享关于渔业资源治理的知识，深入广泛地运用好非国家行为体，推动中国组织发起的非国家行为体在北极渔业资源治理中发挥作用，建立或加强区域渔业管理组织或安排。②

南极是地球尽头的“白色宝库”，是人类共同的家园，目前南极治理处于挑战与机遇并存的状态。有学者从参与主体出发探讨了南极治理问题，指出参与南极事务的主要非政府组织是参与南极治理的重要主体，具有《南极条约》协商会议、南极海洋生物资源养护委员会及南极环境保护委员会三个机制的参会权与建议权，并在《南极条约》体系的立法和法律实施层面发挥了重要作用。非政府组织作为参与南极治理的多元角色，以科学数据的提供能力、参与力度以及公众关注度，在南极治理过程中发挥了显著的作用。鉴于此，中国应注重厘清非政府组织作为南极国际治理重要参与者的权利与功能，关注其利益与立场，在兼顾中国利益的基础上加强与关键非政府组织的密切合作，实现中国南极话语权的稳步提升。③ 具体而言，鉴于非政府组织的特性，中国可利用多方数据丰富中国南极科学研究数据库，在法律框架内利用非政府组织讲好中国故事，通过政府与非政府组织双向互动形成良性循环等，提升南极海洋保护区研究水平、南极磷虾渔

① 杨显滨：《北极公海保护区的治理模式与体系构造》，《学术界》2022 年第 11 期，第 130~143 页。

② 唐尧、夏立平：《人类命运共同体视域下北极渔业资源治理国际机制研究》，《中国海商法研究》2022 年第 2 期，第 64~71 页。

③ 王怡然：《非政府组织参与南极国际治理的地位与作用》，《太平洋学报》2022 年第 3 期，第 79~93 页。

业管理科学水平，进而提高南极治理的整体水平，为南极生态环境保护贡献中国力量。①

（三）应对全球气候变化

中国气象局气候变化中心组织编制的《中国气候变化蓝皮书（2022）》提供了中国和全球气候变化的最新监测信息，全球变暖趋势仍在持续，极端天气事件趋多、趋强。我国积极为应对气候变化作出努力，为稳妥推进“双碳”目标的实现，我国制定出台重点领域和行业碳达峰实施方案和支撑保障措施，持续构建并完善碳达峰碳中和“1+N”政策体系。随着能源结构的持续优化，2021 年，我国单位 GDP 二氧化碳排放比 2020 年降低 3.8%，比 2005 年累计下降 50.8%，全国碳排放权交易市场启动一周年时，碳排放配额（CEA）累计成交量 1.94 亿吨，累计成交金额 84.92 亿元。面对全球气候变化的严峻挑战，中国发布了《中国应对气候变化的政策与行动 2022 年度报告》，全面总结我国应对气候变化的部署和政策行动，展示我国应对气候变化工作的成效与经验，为推动应对气候变化全球治理作出贡献。②

2022 年 11 月 6~20 日，《联合国气候变化框架公约》第二十七次缔约方大会（COP27）在埃及沙姆沙伊赫举办。此次大会的主要议题是“减缓、适应、资金、合作”。有学者梳理和总结了 COP27 的成果：大会通过了具有里程碑意义的“损失与损害基金决议”，决定启动建立全球适应目标框架，首次将“早期预警与系统性观测”作为一个单独的小节纳入最终决议，为《联合国气候变化框架公约》技术机制启动了一项新的联合工作方案。③ 其中，设立“损失与损害基金”是 COP27 最为亮眼的成绩，“损失与损害基

---

① 韦想云、朱国平：《由南极海洋保护区与南极磷虾渔业论非政府组织在南极治理中的角色与作用》，《水产学报》2022 年第 3 期，第 513~523 页。

② 生态环境部：《中国应对气候变化的政策与行动 2022 年度报告（摘编）》，《环境保护》2022 年第 21 期，第 45~56 页。

③ 顾佰和等：《COP27：成果、挑战与展望》，《气候变化研究进展》2023 年第 1 期，第 127~132 页。

金决议”的通过，极大地鼓舞了发展中国家。这项历史性决议力求推动各国继续团结一致为人类和地球实现具有里程碑意义的《巴黎协定》目标，标志着大会向气候正义迈出了重要一步。①

2022 年，学者围绕碳达峰碳中和展开了丰富的研究。碳达峰碳中和对中国既是挑战也是机遇。有学者对“双碳”目标及其实施进行国际法解读，分析“双碳”目标的提出所具有的多重国际法性质，它既是基于《巴黎协定》的履约行为，又是一国单方面的行为。关于“双碳”目标的具体内容、措施及其实施，《巴黎协定》并未过多干预，主要是由国家在自主自愿的基础上提出的，并且主要依靠国内的努力来实现。该学者通过比较联合国框架下的国际人权法获得启示，即应对气候变化的国际法及其实施机制是要在尊重各国自主性、创造性的基础上，主要依靠各国国内的努力实现“双碳”目标。② 亦有学者分析遵约背景下中国“双碳”承诺的实现困境与基本路径，从国际法角度来看，在《巴黎协定》背景下，“双碳”承诺经国家自主贡献机制被赋予一定的法律约束力；从逻辑上来看，以遵约为基础的“双碳”承诺以“过程+结果”为导向，并已成为一项国际法义务。而当前中国“双碳”承诺的实现面临内外双重挑战，一方面，外部发展环境日益复杂，单边主义、保护主义和“逆全球化”抬头；另一方面，内部发展需求逐渐增长，中国作为最大的发展中国家，面临经济发展、民生改善和环境治理等艰巨任务，对承诺履行提出了更高要求。为此，中国应当以遵约为导向，在参与实践中加强与国际体系的良性互动，加强涉“碳”领域国际合作，推动建立公平高效的全球气候治理体系，助力形成合作共赢的涉“碳”国际关系。③

学者们对气候变化方面亦有所研究，主要聚焦气候变化的理论与实践。

---

① 刘茜萌、李志文：《COP27 设立“损失与损害基金”》，《生态经济》2023 年第 1 期，第 1~4 页。

② 柳华文：《“双碳”目标及其实施的国际法解读》，《北京大学学报》（哲学社会科学版）2022 年第 2 期，第 13~22 页。

③ 冯帅：《遵约背景下中国“双碳”承诺的实现》，《中国软科学》2022 年第 9 期，第 6~15 页。

当前气候正义基本共识仍难达成，全球气候治理存在民主赤字，条约和协议规定的减排义务约束力弱。由此，有学者指出人类命运共同体理念对完善全球气候治理机制具有重要作用，人类命运共同体理念为全球气候治理提供了理论指导。该理念中的平等互利、共商共建共享、法律道德国际法意涵为各国树立正确的义利观、同理心以及为各国履行气候责任提供约束，以保障弱小国家的平等权利，实现高质量民主，弥补国际法强制性弱的不足。① 此外，气候变化诉讼是学者研究的又一热点问题。根据伦敦政治经济学院格兰瑟姆气候变化与环境研究所收录的数据，截至2022年12月底，全球各洲共产生了2174件气候变化诉讼案件，其中气候变化诉讼案件数量排在前三位的国家分别是美国（1506件）、澳大利亚（128件）以及英国（88件）。② 提起气候变化诉讼成为各国通过司法途径规制跨国公司碳排放行为以及公民、非政府组织等主体监督政府履行气候变化承诺的重要途径。有学者梳理了气候变化诉讼在国际法实践中的发展历程，从1972年的《联合国人类环境会议宣言》到1992年的《联合国气候变化框架公约》，再到《巴黎协定》，均不断推动气候变化诉讼的形成与发展。③ 还有学者聚焦《巴黎协定》对气候变化诉讼发展的意义，认为气候变化诉讼在实体法上推动气候变化国际法律规则体系（如《巴黎协定》）的形成，以《联合国气候变化框架公约》为基石的《巴黎协定》国际法规则体系积极反哺气候变化诉讼的实践，推动气候变化诉讼从政治宣示意义向司法实证意义嬗变。具体而言，一方面，《巴黎协定》为气候变化诉讼奠定了实证逻辑基础，其温控量化目标条款明确了气候变化诉讼客体，其国家自主贡献规则化解了政治问题的分权原则对法院能动司法的拘束；另一方面，《巴黎协定》展现出的实体法规范功能将国际法律规则与国内法衔接从而拓展气候变化法律依据，并推动气候变

① 王雨荣：《人类命运共同体在气候治理中的国际法意义》，《北京航空航天大学学报》（社会科学版），网络首发日期：2022年6月12日。

② 参见 World Climate Change Law Database，https：//climate-laws. org/#map-section。

③ 秦天宝：《“双碳”目标下我国涉外气候变化诉讼的发展动因与应对之策》，《中国应用法学》2022年第4期，第105~125页。

化因果关系原则的既定化，发挥了推动2015年以后气候变化诉讼蓬勃发展的实证作用。[①] 还有学者从气候诉讼请求权出发研究气候司法问题，通过分析各国有关气候诉讼案例，将全球已有的气候诉讼请求权概括为气候人权和国家注意义务、清洁健康环境权、财产权、气候稳定权。其中，气候稳定权作为一个典型的权利束，可以涵盖前述多种气候诉讼请求权的上位概念，兼具实体性与程序性，跨越国际法与国内法。气候稳定权会给传统诉讼增添新的诉讼机遇和动力，并有助于将气候诉讼概括为一个独立的案件类型。由此，在诉讼权利的设计上，我国可以直接引入气候稳定权并将其作为气候变化诉讼的权利基础，统合公法诉讼和私法诉讼并兼顾国际气候诉讼之需要。[②] 还有学者从比较法的角度了解其他国家的气候变化诉讼实践，指出气候变化诉讼的全球趋势体现了明显的从自治型法向回应型法转向的态势，欧美和发展中国家的气候变化诉讼中出现了一种司法推动气候政策发展的模式。所谓气候政策推动型司法是指为了回应社会需求，法院要求政府执行既有政策或制定新的、更为严格的气候政策，各国法官都在面对策略性气候变化诉讼时超越了中立裁判者的角色，转而采取政策决定的举动以回应社会对更积极气候政策的要求。[③]

气候变化导致的气候灾害给人类的生存和发展带来巨大影响，给相关受灾国家生命、财产、环境资源带来不可逆转和永久性的损失损害，甚至会引发全球范围的能源短缺以及经济和政治动荡。有鉴于此，如何加强气候灾害防治能力建设并进一步完善气候灾害防治之国际环境法机制成为亟待解决的关键问题。由此，有学者对气候灾害防治机制进行研究，现行气候灾害防治机制框架形成于联合国协调引领国际灾害防治，迄今已有30多年的历史。从1989年联合国通过《国际减轻自然灾害十年国际行动纲领》直至今日，

① 杜群：《〈巴黎协定〉对气候变化诉讼发展的实证意义》，《政治与法律》2022年第7期，第48~64页。

② 高利红：《气候诉讼的权利基础》，《法律科学（西北政法大学学报）》2022年第2期，第113~122页。

③ 朱明哲：《司法如何参与气候治理——比较法视角下的观察》，《政治与法律》2022年第7期，第18~33页。

与气候灾害防治机制相关的国际框架被不断充实、完善和细化，重点涉及灾害防治之预警与防御、国际协作和能力建设领域。然而，气候灾害防治机制存在与相关国家政府间进程的统筹协调力度不足、缺乏系统性及执行力、资金资助规模不足以及“南北合作”主导性不强的问题并显示出明显的局限性。对此，国际社会应以预防原则为圭臬，以“华沙机制”为中心，加强国家之间以及相关国际组织间的协调，细化“华沙机制”的相关规定，并于气候变化所致损失损害责任范畴内加强气候灾害防治能力建设，以切实推动气候灾害防治之国际环境法机制的进一步完善。①

此外，气候变化与生物多样性之间具有紧密的耦合关系，实现应对气候变化与生物多样性保护的协同增效已经成为国际环境治理的重要任务。有学者剖析应对气候变化与生物多样性保护协同规制存在未建立具体的生态系统碳汇制度、适应气候变化制度与生物多样性保护制度的融合不足、未建立风险权衡机制与协同规制机制等问题。由此，提出完善协同规制的顶层设计、价值理念和目标，完善碳汇制度，建立风险权衡机制和国内国际协同规制机制的对策建议。② 在应对气候变化和生物多样性保护规则协同方面，有学者指出应对气候变化与生物多样性保护规则协同的演进大致经历了三个阶段，即互不关联的各自规则建构期、生物多样性和气候变化的规则关注期，以及气候变化与生物多样性的规则协同期。学者认为目前在应对气候变化和生物多样性保护规则协同方面凸显诸多滞后与不足，诸如气候变化条约体系缺乏一个明晰的规则协同规定、《生物多样性公约》有关规则协同的规定不能完全适用于应对气候变化领域，以及《维也纳条约法公约》难以解决气候变化与生物多样性的规则协同问题。为推动二者规则协同，可从法律、政治和理论基础三个层面加以考虑：在国际法层面应确立相互支持原则，在政治层面应将碳中和共识作为促成应对气候变化与生物多样性保护规则协同的重要

① 林灿铃、张玉沛：《气候灾害防治之国际环境法机制探析》，《北京理工大学学报》（社会科学版）2023 年第 1 期，第 102~113 页。

② 陈悦：《应对气候变化与生物多样性保护的协同规制：以生态系统服务为路径》，《中国政法大学学报》2022 年第 4 期，第 5~20 页。

推动力，在理论层面应将整体系统思维作为应对气候变化与生物多样性保护规则协同的理论基石。①

气候变化是全人类面临的共同挑战，应对气候变化关乎人类前途命运与中华民族的永续发展。在习近平生态文明思想指引下，中国积极推动共建公平合理、合作共赢的全球气候治理体系，为应对气候变化贡献中国智慧、中国力量。②

（四）其他方面

在国际核安全领域，日本福岛核污水排海的决定所涉及的诸多国际法理论和实践问题已引起学界的普遍关注。有学者对福岛核电站事故以及日本政府排海方案进行研究，分析日本福岛核废水排海的违法性与周边国家的危机应对。日本作为1972年《防止倾倒废物及其他物质污染海洋的公约》、1982年《联合国海洋法公约》、1986年《及早通报核事故公约》、1994年《核安全公约》、1997年《乏燃料管理安全和放射性废物管理安全联合公约》的缔约方，其向海洋排放放射性核废水的行为违反核安全相关国际公约。日本福岛核废水排入海洋不构成《乏燃料管理安全和放射性废物管理安全联合公约》规定的合法排放，还违反核能利用领域的安全原则、跨界环境影响评价义务、通知和协商义务、辐射防护义务。日本福岛核废水排海会危及日本和周边沿海国家的公众健康安全，该学者进一步提出了周边国家对于日本福岛核废水排放危机的应对措施，包括国际诉讼或仲裁、请求国际法院发表咨询意见、督促国际原子能机构审查，以保护本国海洋生态环境和国民健康安全。③ 还有学者系统梳理日本国内环境法对核污染风险的规制制度，进而导出对于核污染风险需要建构区别于一般污染风险的预防机制，应

① 吕江：《应对气候变化与生物多样性保护的国际规则协同：演进、挑战与中国选择》，《北京理工大学学报》（社会科学版）2022年第2期，第50~60页。

② 孙金龙：《为全球气候治理贡献中国智慧中国方案中国力量》，《环境保护》2022年第12期，第8~11页。

③ 胡正良、李雯雯：《日本福岛核废水排海的违法性与周边国家的危机应对》，《学术交流》2022年第10期，第65~80、192页。

当采取特别预防措施，从风险的内涵定位、判断要素、禁令诉讼等多方面对其规制路径进行整体建构。[①] 还有学者建议我国应当加强与其他国家特别是可能受到核污水影响国家的国际合作，并构建一套完善的救济途径和手段，如专门对放射性污染物质扩散进行监测的机制、责任追究法律机制，积极敦促日本政府履行情况通报、协商和合作义务，并与有关国际组织进行协商。[②] 此外，有学者认为日本单方面决定将核污水排入海洋的行为在违反核安全相关国际法公约的同时，对海洋生态环境及我国远洋渔业造成严重影响，特别是违背了《联合国海洋法公约》以及《联合国鱼类种群协定》中对海洋生物资源的养护义务。由此，该学者提出在遵守国际环境法原则的基础上，我国应制定远洋渔业捕捞专门法以形成健全的监管机制，推动完善远洋渔船监测系统及渔船登临检查体系，防止非法捕捞被核污水污染鱼类问题的发生。同时，我国还应灵活扩大禁渔区范围，以防止受核辐射鱼类的远洋捕捞。[③]

2022 年，针对国际水法学者们也有较为丰富的研究成果。有学者基于国际水法的基本原则，基于文本分析和案例分析的方法，研究国际水法原则在谈判和水外交中的作用。结果表明，国际水法原则在事前和非司法化的谈判过程中发挥特别重要的作用，包括事后功能与事前功能之间的冲突和协调、作为谈判框架或谈判主题以及助推形成的法律制度。这使得国际水法原则不仅是治理共享水道的国际制度的重要组成部分，也是处理国际关系和水外交的重要工具。[④] 而如何处理国际水法原则中公平合理利用原则与不造成重大损害义务之间的关系一直是最具挑战性的问题。下游沿岸国赞成不造成重大损害规则，因为它们认为该规则可以保护已有使用不受上游沿岸国活动

---

① 刘明全：《论日本核污染的法律规制》，《法学评论》2022 年第 1 期，第 142~155 页。

② 袁泉：《核污水排放入海引发的国际法问题及其应对》，《求索》2022 年第 4 期，第 169~177 页。

③ 黄玥、韩立新：《日本核污水排放后我国远洋渔业立法思考》，《北方法学》2022 年第 2 期，第 143~150 页。

④ 苏珊娜·施梅尔、杨焱：《谈判和水外交中的国际水法原则》，《中国政法大学学报》2022 年第 2 期，第 294~298 页。

的影响。相反，上游沿岸国倾向于公平合理利用原则，因为它为上游沿岸国利用水道的公平份额但却可能影响下游沿岸国的活动提供了更大的空间。有学者讨论了这两个规则之间关系争论的起源，介绍不同沿岸国在这一问题上的对立立场，并阐释 1997 年《国际水道法公约》处理和调和这一问题的方式是国际水道国之间的合作，即在该公约中要求以一种公平合理的方式参与国际水道的使用、开发和保护，并强调这种参与既包括利用共享水道的权利，也包括合作保护和开发共享水道的义务。① 此外，如何解决在先和后序开发者的竞争使用问题一直是国际水法的核心议题。有学者基于对 459 项国际水资源条约的实证分析，得出在先使用和后序使用的平等保护正在成为国际条约惯例的一个新趋势，而“尽职调查”义务的出现则重新定义了“无害”原则。此外，对环境保护的日益关注挑战了对“损害”和“合理性”概念的基本理解。为了加强平等保护并确保国际水法具有更大的灵活性和适应性，应当关注水资源机构合作，促使其对跨界环境保护的重要性达成共识，并制定更为先进的全球法律框架。②

结　语

中国始终坚持绿色发展观，秉持人类命运共同体理念，与各国一道共谋全球生态文明建设之路，共同应对前所未有的挑战。通过对 2022 年中国学者在国际环境法领域研究成果的梳理，可以发现研究视野聚焦生物多样性保护、海洋环境治理、应对气候变化、国际核安全以及国际水法等领域，学者们丰硕的研究成果为国际环境法发展添砖加瓦，但仍有些问题存在深入研究的空间。在国际环境治理的问题上，随着环境问题构成风险社会的一个重要

---

① 萨曼·M. A. 萨曼、胡德胜：《公平合理利用原则与不造成重大损害义务之间的冲突——可以调和吗?》，《中国政法大学学报》2022 年第 2 期，第 299~304 页。

② Y. Zhao, X. Xiong, S. Wu, et al., “Protection of Prior and Late Developers of Transboundary Water Resources in International Treaty Practices: A Review of 416 International Water Agreements,” *International Environmental Agreements: Politics, Law and Economics* 22 (2022): 1-28.

维度，人类命运共同体理念的提出逐步开拓了环境治理的新思路，但仍需不断提升人类命运共同体理念的国际话语权，推动人类命运共同体国际法治化建设。中国倡导人与自然和谐共生，坚持同舟共济、权责共担，携手全世界共同推进生态环境治理，就共同呵护人类赖以生存的地球家园提供中国主张、中国方案、中国智慧、中国力量，彰显了中国对全球环境治理和生态文明建设的大国担当。

附　录　2022年中国促进国际法治大事记*

2022 年 1 月 20 日　中国常驻联合国代表团举行“全球发展倡议之友小组”启动会议，强调中国愿同各方一道，合力落实倡议，力争实现对发展问题“再聚焦”、对可持续发展目标“再承诺”、对全球伙伴关系“再提振”、对国际发展合作“再激活”四个目标。

2022 年 1 月 24 日　商务部等六部门联合印发《关于高质量实施〈区域全面经济伙伴关系协定〉（RCEP）的指导意见》。该指导意见涵盖利用好协定开放承诺和规则、促进制造业升级和提升产业竞争力、推进标准合作与转化、完善金融支持和配套体系、地方因地制宜用好规则、持续做好配套服务六个方面内容。

2022 年 2 月 5 日　中国向世界知识产权组织提交《工业品外观设计国际注册海牙协定》（以下简称《海牙协定》）加入书，协定于 5 月 5 日对中国生效。加入《海牙协定》有利于中国融入外观设计全球化体系，促进工业品外观设计创新能力提升，助力中国创意、中国设计、中国制造走向世界。

2022 年 4 月 20～22 日　博鳌亚洲论坛 2022 年年会在海南博鳌举行。国家主席习近平在北京以视频方式出席开幕式，并发表题为《携手迎接挑战，合作开创未来》的主旨演讲。年会设置了 30 余场分论坛和活动，发布了《博鳌亚洲论坛创新报告 2021》《亚洲经济前景及一体化进程 2022 年度报

---

* 本部分由冯洁菡、王竞航整理。

告》《可持续发展的亚洲与世界 2022 年度报告——绿色转型亚洲在行动》。

2022 年 5 月 9 日　“全球发展倡议之友小组”高级别视频会议在纽约联合国总部举行。国务委员兼外长王毅在北京以视频方式出席开幕式并发表致辞。中国建议重振推进落实 2030 年可持续发展议程的全球合作，营造加快全球发展的有利环境，构建平等均衡的全球发展伙伴关系，发挥联合国系统的核心和引导作用。会议形成了主席小结，全面梳理会上讨论情况和成员共识，为“全球发展倡议之友小组”未来工作提供指导。

2022 年 5 月 19 日　金砖国家外长会晤以视频方式举行。国务委员兼外长王毅主持会晤，国家主席习近平在会晤开幕式上发表视频致辞。与会各国在会后发表了关于“应对国际形势新特点新挑战加强金砖国家团结合作”的联合声明，外长们重申对多边主义的承诺，维护国际法，包括作为其不可或缺基石的《联合国宪章》宗旨和原则，维护联合国在国际体系中的核心作用。在此体系中各主权国家合作维护和平与安全，推动可持续发展，促进和保护民主、所有人的人权和基本自由，并基于相互尊重、正义、平等的精神加强合作。

2022 年 6 月 20 日　中国国际发展知识中心发布首期《全球发展报告》。该报告梳理了 2030 年可持续发展议程落实进展与挑战，指出国际社会应当更加聚焦发展合作和全球伙伴关系建设，迎接数字变革和绿色转型，实现人类共同可持续发展。该报告还立足于中国和世界各国积累的有益经验，从八个方面对落实 2030 年可持续发展议程提出政策建议。这是中国落实“全球发展倡议”的一项重要举措，为各国发展提供有益借鉴，为全球发展事业提供智力支持。

2022 年 6 月 23 日　中国担任金砖国家主席国主办的金砖国家领导人第十四次会晤以视频方式举行。国家主席习近平在北京以视频方式主持会晤，并发表题为《构建高质量伙伴关系　开启金砖合作新征程》的重要讲话。五国领导人围绕“构建高质量伙伴关系，共创全球发展新时代”的主题，就金砖国家各领域合作和共同关心的重大问题深入交换意见，达成许多重要共识。会晤通过并发表了《金砖国家领导人第十四次会晤北京宣言》。

2022 年 6 月 24 日 由中国倡议并主办的全球发展高层对话会在金砖国家领导人第十四次会晤期间举行。国家主席习近平在北京以视频方式主持对话会，并发表题为《构建高质量伙伴关系 共创全球发展新时代》的重要讲话，宣布了中国落实“全球发展倡议”的重要举措。各国领导人就加强国际发展合作、加快落实 2030 年可持续发展议程等重大问题深入交换意见。对话会发表了《全球发展高层对话会主席声明》。

2022 年 7 月 12 日 世界互联网大会国际组织成立大会在北京举行。国家主席习近平向世界互联网大会国际组织成立致贺信，强调成立世界互联网大会国际组织，是顺应信息化时代发展潮流、深化网络空间国际交流合作的重要举措，中国愿同国际社会一道，以此为重要契机，推动构建更加公平合理、开放包容、安全稳定、富有生机活力的网络空间，让互联网更好造福世界各国人民。

2022 年 9 月 1 日 由中国外交部和自然资源部共同举办的纪念《联合国海洋法公约》开放签署四十周年国际研讨会开幕，联合国副秘书长兼法律顾问苏亚雷斯、中国国务委员兼外长王毅以视频方式出席开幕式并致辞，国际海洋法法庭、国际海底管理局、大陆架界限委员会、国际海事组织等涉海国际组织负责人与会发言，各国专家学者于线上与会并开展深入研讨。

2022 年 9 月 14~16 日 上海合作组织成员国元首理事会第二十二次会议在乌兹别克斯坦撒马尔罕举行。国家主席习近平出席会议，并发表题为《把握时代潮流 加强团结合作 共创美好未来》的重要讲话。会议发表了关于维护国际粮食安全、国际能源安全、应对气候变化、维护供应链安全稳定多元化等多份声明和文件；签署了关于伊朗加入上海合作组织义务的备忘录；启动了接收白俄罗斯为成员国的程序；批准了埃及、沙特阿拉伯、卡塔尔，同意了巴林、马尔代夫、阿联酋、科威特、缅甸为新的对话伙伴，批准了成员国睦邻友好长期合作条约未来五年实施纲要等一系列决议。上海合作组织成员国领导人签署并发表了《上海合作组织成员国元首理事会撒马尔罕宣言》。

当地时间 2022 年 9 月 20 日 “全球发展倡议之友小组”部长级会议在

纽约举行。国务委员兼外长王毅主持会议，并发表题为《携手推进全球发展倡议 合力谱写共同发展新篇章》的主旨发言，指出中国为落实2030年可持续发展议程将再采取的一系列行动，并提出坚持协同增效、坚持共商共建共享、坚持包容共进等三点建议。会后，各方发表新闻声明，进一步明确了全球发展倡议的推进路径和原则。

当地时间2022年9月20~27日 第77届联合国大会一般性辩论在纽约联合国总部举行。国务委员兼外长王毅出席辩论，并发表题为《为和平发展尽力 为团结进步担当》的演讲，展现中国对联合国及其代表的多边主义的坚定支持。

2022年10月16日 中华人民共和国国务院令第756号公布《缔结条约管理办法》。该办法是落实党中央、国务院关于加强国际法研究和运用，提高涉外工作法治化水平决策部署的重要举措，在总结实践经验和有关规定的基础上，进一步完善和优化了相关程序。该办法自2023年1月1日起施行。

2022年11月5~13日 由公约秘书处主办，中国承办的《湿地公约》第十四届缔约方大会在湖北武汉、瑞士日内瓦同时举行。国家主席习近平以视频方式出席开幕式，并发表题为《珍爱湿地 守护未来 推进湿地保护全球行动》的致辞。大会共通过21项决议，其中包括中国提议的《设立国际红树林中心》《将湿地保护和修复恢复纳入国家可持续发展战略》《加强小微湿地保护和管理》等三项决议。大会还通过了《武汉宣言》《2025—2030年全球湿地保护战略框架》。

2022年11月7日 国务院新闻办公室发布《携手构建网络空间命运共同体》白皮书。白皮书全面总结了中国的互联网发展治理实践，围绕数字经济合作、网络安全合作、网络空间治理、促进全球普惠包容发展等介绍了构建网络空间命运共同体的中国贡献，并围绕网络空间发展、治理、安全、合作等方面提出了构建更加紧密的网络空间命运共同体的中国主张。

2022年11月15日 第77届联合国大会全会举行联合国上诉法庭和争议法庭法官选举。中国最高人民法院法官高晓力当选联合国上诉法庭法官，任期自2022年11月15日至2026年6月30日；中国最高人民法院法官孙祥壮当选联合国争议法庭法官，任期自2023年7月1日至2030年6月30日。自联合国上诉法庭和争议法庭设立以来，这是中国法官首次当选两法庭法官。

2022年11月15~16日 二十国集团领导人第十七次峰会在印度尼西亚巴厘岛举行。国家主席习近平出席峰会，并发表题为《共迎时代挑战 共建美好未来》的重要讲话。峰会以全球卫生基础设施、数字化转型和可持续的能源转型为三大优先议题，通过了《二十国集团领导人巴厘岛峰会宣言》。

2022年11月18~19日 亚太经合组织第二十九次领导人非正式会议在泰国曼谷举行。国家主席习近平出席会议，并发表题为《团结合作勇担责任 构建亚太命运共同体》的重要讲话。会议聚焦亚太和世界经济平衡、包容和可持续增长，促进贸易投资合作，共同应对挑战，与会代表围绕可持续贸易和投资问题进行了讨论。会议发表了《2022年亚太经合组织领导人宣言》和《生物循环绿色经济曼谷目标》。

2022年12月9日 首届中国—阿拉伯国家峰会在沙特阿拉伯利雅得举行。国家主席习近平出席峰会，并发表题为《弘扬中阿友好精神 携手构建面向新时代的中阿命运共同体》的主旨讲话。峰会发表《首届中阿峰会利雅得宣言》，宣布中阿双方一致同意全力构建面向新时代的中阿命运共同体。峰会还发表了《中华人民共和国和阿拉伯国家全面合作规划纲要》《深化面向和平与发展的中阿战略伙伴关系文件》。

2022年12月9日 首届中国—海湾阿拉伯国家合作委员会峰会在沙特阿拉伯利雅得举行。国家主席习近平出席峰会，并发表题为《继往开来，携手奋进 共同开创中海关系美好未来》的主旨讲话。峰会发表《中华人民共和国和海湾阿拉伯国家合作委员会峰会联合声明》，通过《中华人民共和国和海湾阿拉伯国家合作委员会战略对话2023年至2027年行动计划》，就中国同海合会国家各领域合作作出规划。

Abstract

Annual Report on China's Practice in Promoting the International Rule of Law (2023) is the annual report on specialized and practical topics of international law in China. It is edited by Wuhan University Institute of International Law and Wuhan University Academy of International Law and Global Governance, one of the high-ranking national think tanks in China. The Bluebook is divided into three parts with nine reports, namely, the general report, the state practice and the development in theories, and the appendix on "Events of China's Practice in Promoting International Rule of Law in 2022". It is dedicated to give a full picture of China's contribution to promote the international rule of law through the analysis and comments on ideas, principles and positions presented by, and specific actions taken by China in various important areas through the whole year. The Bluebook is conducive to enhancing the transparency of China's practice and contributing the international community to be well-known of it and make an objective evaluation towards it afterwards.

The general report presents that in 2022, the ups and downs of the COVID-19 and the gunfire-filled conflict between Russia and Ukraine have intensified geopolitical games, and the international pattern has moved towards compound pluralism. The overall development trend of international law exhibits the characteristics that the Russia-Ukraine conflict impacts the existing principles, rules and mechanisms of international law, the competition for the dominance of international rule-making is still cut-throat, and the judicialization of political and diplomatic games becomes increasingly prominent. As a responsible and the largest developing country in the world, China has always hammered at upholding multilateralism with the principled method to justice and interests, taken a coordinated approach to the rule of law at home and in matters involving foreign parties, and maintained the international order based on international law. Correspondingly, China has made remarkable achievements in enriching and innovating foreign-related legislation and judicial practice, promoting the development of international law through diplomacy, advancing the reform of international governance system and developing autologous international law theories. In 2023, China will deepen the research and application of international law with respect to building the independent knowledge system of international law to fill the shortcomings within the construction of foreign-related rule of law, and improving the ability of international communication and competition by applying international law, so as to expedite the cultivation of high-quality foreign-related rule of law talents and contribute to the construction of a community with a shared future for mankind.

On the new development of foreign-related legislation and judicial practice, it reveals China has been committed to constructing a systematically complete legal system, paying more attention to the refinement of legislation, and continuously optimizing the business environment. China has yielded substantial results in the revision of the Civil Procedure Law, the report and verification of arbitration judicial review cases, the jurisdiction of foreign-related civil and commercial cases, the high-quality joint construction of the "Belt and Road" Initiative, the construction of the pilot free trade zone, the establishment and promotion of China International Commercial Court, the innovation of international land trade rules, the settlement of maritime disputes, and the observance and participation in the formulation of international rules.

In the field of promoting the development of the international system and the reform of international governance, it unfolds that China has actively carried out the head-of-state diplomacy, practiced the concept of a community with a shared future for mankind with actual deeds. China, in the meanwhile, has unswervingly safeguarded the international order based on international law, steadfastly supported the international system with the United Nations as the core, and actively participated in the construction and practice of international rule of law.

In terms of facilitating the development of China's discourse system of international law, Chinese scholars attach more importance to the theoretical innovation of international law in the new era, put forward theories of international law with national characteristics, and further enhance the discourse power of Chinese scholars of international law in the development of international law.

Keywords: Rule of Law at International Level; Foreign-related Rule of Law; Rule of Law at National Level; International Governance; International Legal Theories in China

Contents

Ⅰ General Report

Abstract: In 2022, the ups and downs of the COVID−19 and the gunfire-filled conflict between Russia and Ukraine have intensified geopolitical games, and the international pattern has moved towards compound pluralism. The overall development trend of international law exhibits the characteristics that the Russia-Ukraine conflict impacts the existing principles, rules and mechanisms of international law, the competition for the dominance of international rule-making is still cut-throat, and the judicialization of political and diplomatic games becomes increasingly prominent. As a responsible and the largest developing country in the world, China has always hammered at upholding multilateralism with the principled method to justice and interests, taken a coordinated approach to the rule of law at home and in matters involving foreign parties, and maintained the international order based on international law. Correspondingly, China has made remarkable achievements in enriching and innovating foreign-related legislation and judicial practice, promoting the development of international law through diplomacy, advancing the reform of international governance system and developing autologous international law theories. In 2023, China will deepen the research and application of international law with respect to building the independent knowledge system of international law to fill the shortcomings within the construction of foreign-related rule of law, and improving the ability of international communication and competition by applying international law, so as to expedite the cultivation of high-quality foreign-related rule of law talents and contribute to the construction of a community with a shared future for mankind.

Keywords: International Rule of Law; A Community with a Shared Future for Mankind; International Governance; The Belt and Road; Foreign-related Law System

Ⅱ State Practice

Abstract: In 2022, China promoted both domestic and foreign-related rule of law, mainly in the fields of international economy and trade, national security, ecological and environmental protection, and treaty conclusion. The business environment has been continuously optimized, which fills the gap of legal construction in futures and derivative markets. The Reforms to "Streamline Administration and Delegate Power, Improve Regulation, and Upgrade Services" has been further deepened to assist the operation and development of Chinese and foreign enterprises. The "1+N+4" legal system of ecological and environmental protection has been established to protect wildlife and maintain ecological balance. Transnational telecom network fraud crimes have been accurately cracked down on in the method of "Small Incision" legislation, which has greatly responded to people's concerns. The opening up policy has been continued, which provides clear guidance for exercising treaty-conclusion power and contributes Chinese wisdom to the rule of law in international relations. National security has been upheld, and the legal weapons are increasingly abundant, especially in the security issues involving Hong Kong and Macao, which provides China's experience for other countries to solve inter-regional security issues.

Keywords: Futures and Derivative Law of the People's Republic of China;

Black Soil Protection Law of the People's Republic of China; Yellow River Protection Law of the People's Republic of China; Combating Telecom and Online Fraud Law of the People's Republic of China; Measures for the Administration of Conclusion of Treaties

B.3 Domestic Judicial and Arbitral Practice

Guo Yujun, *Wei Yanru* / 034

Abstract: The number, diversity, and complexity of China's foreign-related cases in 2022 have all shown certain improvements compared to the previous year. In this report 31 cases are chosen from the judgments rendered in 2022, focusing on issues such as jurisdiction, choice of law, recognition and enforcement of foreign judgments, and judicial supervision over foreign-related arbitration in foreign-related civil litigation, aiming at extrapolating insights from specific cases to gain a broader understanding. In summary, the new trends in China's foreign judicial practice in 2022 include addressing cutting-edge issues such as the validity of jurisdiction clauses in standard terms signed between foreign internet companies and Chinese users, the nature of disputes related to equity incentive plans, the relationship between decisions of the International Federation of Association Football (FIFA) and foreign arbitration awards, and the recognition and enforceability of personal bankruptcy orders from Hong Kong SAR, while also reflecting a more open attitude towards reciprocity when it comes to recognizing and enforcing foreign judgments, as well as greater respect for international treaties and foreign laws, and stronger support for party autonomy. However, some issues still remain, such as cases that overlook their foreign-related nature, inadequately characterize the issues under dispute, or lack coherent reasoning for the choice of law. In the future, Chinese courts should continue to focus on enhancing their judicial capabilities, upholding the principle of supporting arbitration, ensuring impartial justice, improving the quality of foreign-related judicial decisions, and safeguarding the legitimate rights and interests of both Chinese and foreign parties.

Keywords: Jurisdiction; Applicable Law; Recognition and Enforcement of Foreign Judgments; Judicial Supervision on Arbitration

Abstract: In 2022, in the face of changes in the world, times and history, the world once again stands at the crossroads of history, and the international system is once again facing severe challenges. In the face of the severe international situation, China continues to demonstrate its responsibility as a major country, actively carry out head-of-state diplomacy, and continue to expound China's propositions on the international system: committed to promoting the building of a community with a shared future for mankind, safeguarding international fairness and justice, practicing true multilateralism, and firmly upholding the international system with the United Nations at its core, the international order based on international law, and the basic norms governing international relations based on the purposes and principles of the UN Charter. China actively participated in the negotiation, signing and implementation of treaties to strengthen international rule of law. Practice has once again proved that China is a true defender of the international order, a builder of world peace and a contributor to global development.

Keywords: International System; A Community with a Shared Future for Mankind; Global Security Initiatives

Abstract: In 2022, the world was experiencing new turbulent changes, and various global challenges are complicated and intertwined. As a responsible developing country, China firmly upholds the international order based on international law, actively advocates and practices international rules, calls for the legalization of international governance. China unhesitatingly supports the reform agenda of the United Nations, contributes to the compilation and development of international law, actively facilitates international governance in the fields of peace and security, public health, human rights and the "global commons" as sea, air, outer space and cyber-space. In addition, China puts efforts in shaping multilateral trade system, strengthening intellectual property, finance and taxation supervision, and provides support for international judicial practice. Looking to the future, China will continue to adhere to the path of peaceful development and win-win cooperation, contributing Chinese power to the development of the international rule of law.

Keywords: International Rule of Law; State Practice; Multilateralism; International Governance

Ⅲ Development in Theories

B.6 Theoretical Development on Public International Law

Yang Zewei / 132

Abstract: In 2022, the theoretical contributions of China's academy on public international law are mainly reflected in the following four aspects: the High-quality Development of Joint Construction of the "Belt and Road" Innitiative become hot topic, interaction of China and the United Nations Convention on the Law of the Sea in 40 years is a new research dimension, new development of international law is still an important issue, and premium quality awareness of international law increase gradually.

Keywords: Joint Construction of the Belt and Road; High-quality Development; United Nations Convention on the Law of the Sea

B.7 Theoretical Development on Private International Law

Qiao Xiongbing / 150

Abstract: In 2022, under the organization and promotion of the Chinese society of private international law and other academic organizations academic groups, Chinese scholars focused on the frontier theories of private international law and hot issues in judicial practice, and published a large number of theoretical achievements. They have put forward some viewpoints with strong theoretical and practical significance in the basic theories of conflict of laws, extraterritorial application of laws, sanctions and anti- sanctions and obstruction laws, recognition and enforcement of foreign court judgments, and revision and improvement of China's Arbitration Law. These theoretical achievements have played an important role in promoting the improvement of China's foreign-related legal system. However, there are also some new private international law issues that scholars need to further strengthen their research.

Keywords: Conflict of Laws; Extraterritorial Application; International Civil and Commercial Jurisdiction; Recognition and Enforcement of Foreign Judgments; Third-party Funding

B.8 Theoretical Development on International Economic Law

Qi Tong, *Jia Xiaohan* / 181

Abstract: The world today is undergoing profound changes unseen in a century. World peace and development face severe challenges, and the international economic and trade system and its rules face profound adjustment and restructuring. In the new strategic environment, China faces great risks brought by the reform of the international economic and trade order, as well as important opportunities to participate in global economic governance. In 2022, Chinese scholars of international economic law conducted intensive studies on such hot issues as the rule of law on the "Belt and Road" Initiative, legal regulation of the unilateral economic sanctions and Countermeasures, WTO reform, digital trade governance, new international economic and trade agreements, international investment dispute settlement mechanism, and global tax reform, and actively explored the improvement and innovation of relevant legal systems.

Keywords: International Economic Law; International Economic and Trade Legal Risks; Global Economic Governance; China's Solution

B.9 Theoretical Development on International Environmental Law

Chen Haisong, *Tang Liyun* / 208

Abstract: The year 2022 is still full of challenges. China will contribute to the bright future of the world full of instability and uncertainty with firmer actions, actively participate in the construction of global ecological civilization, and accelerate the construction of an ecological system that respects nature and green development. Scholars have conducted in-depth studies on the basic theoretical issues of international environmental law, biodiversity protection, marine environmental governance, response to climate change and other global environmental issues of common concern, which provide a useful theoretical reference for the construction of international environmental law. At the same time, China has changed from an active participant in global environmental governance to an active contributor, actively participates in global ecological environment governance, contributes to China's program of world environmental protection and sustainable development, showing China's responsibility as a responsible major country.

Keywords: International Environmental Law; A Community with a Shared Future for Mankind; Biodiversity; Marine Environmental Governance; Climate Change

皮 书

智库成果出版与传播平台

皮书定义

皮书是对中国与世界发展状况和热点问题进行年度监测，以专业的角度、专家的视野和实证研究方法，针对某一领域或区域现状与发展态势展开分析和预测，具备前沿性、原创性、实证性、连续性、时效性等特点的公开出版物，由一系列权威研究报告组成。

皮书作者

皮书系列报告作者以国内外一流研究机构、知名高校等重点智库的研究人员为主，多为相关领域一流专家学者，他们的观点代表了当下学界对中国与世界的现实和未来最高水平的解读与分析。

皮书荣誉

皮书作为中国社会科学院基础理论研究与应用对策研究融合发展的代表性成果，不仅是哲学社会科学工作者服务中国特色社会主义现代化建设的重要成果，更是助力中国特色新型智库建设、构建中国特色哲学社会科学“三大体系”的重要平台。皮书系列先后被列入“十二五”“十三五”“ 十四五”时期国家重点出版物出版专项规划项目；自 2013 年起，重点皮书被列入中国社会科学院国家哲学社会科学创新工程项目。

皮书网

（网址：www.pishu.cn）

发布皮书研创资讯，传播皮书精彩内容
引领皮书出版潮流，打造皮书服务平台

栏目设置

◆关于皮书

何谓皮书、皮书分类、皮书大事记、
皮书荣誉、皮书出版第一人、皮书编辑部

◆最新资讯

通知公告、新闻动态、媒体聚焦、
网站专题、视频直播、下载专区

◆皮书研创

皮书规范、皮书出版、
皮书研究、研创团队

◆皮书评奖评价

指标体系、皮书评价、皮书评奖

所获荣誉

◆2008 年、2011 年、2014 年，皮书网均在全国新闻出版业网站荣誉评选中获得“最具商业价值网站”称号；

◆2012 年，获得“出版业网站百强”称号。

网库合一

2014年，皮书网与皮书数据库端口合一，实现资源共享，搭建智库成果融合创新平台。

皮书网

“皮书说”
微信公众号

法律声明